德胜治理
的人和事

赵雷 林姝宏 著

首都经济贸易大学出版社
Capital University of Economics and Business Press
·北京·

图书在版编目（CIP）数据

德胜治理的人和事/赵雷，林姝宏著．--北京：首都经济贸易大学出版社，2023.7

ISBN 978-7-5638-3540-9

Ⅰ．①德… Ⅱ．①赵… ②林… Ⅲ．①建筑企业-工业企业管理-研究-苏州 Ⅳ．①F426.9

中国国家版本馆 CIP 数据核字（2023）第 115926 号

德胜治理的人和事
DESHENG ZHILI DE REN HE SHI
赵　雷　林姝宏　著

责任编辑	王　猛
封面设计	风得信·阿东 FondesyDesign
出版发行	首都经济贸易大学出版社
地　　址	北京市朝阳区红庙（邮编 100026）
电　　话	（010）65976483　65065761　65071505（传真）
网　　址	http：//www.sjmcb.com
E-mail	publish@cueb.edu.cn
经　　销	全国新华书店
照　　排	北京砚祥志远激光照排技术有限公司
印　　刷	唐山玺诚印务有限公司
成品尺寸	170 毫米×240 毫米　1/16
字　　数	347 千字
印　　张	18.5
版　　次	2023 年 7 月第 1 版　2024 年 1 月第 2 次印刷
书　　号	ISBN 978-7-5638-3540-9
定　　价	78.00 元

图书印装若有质量问题，本社负责调换
版权所有　侵权必究

缘　起

1997年，一家特立独行的企业——德胜（苏州）洋楼有限公司（以下简称"德胜公司"或"德胜洋楼"）诞生了，她虽然名不见经传，但一本《德胜员工守则》，自2005年出版后，一下子红遍大江南北，一时成为学者关注、企业效仿的明星企业。

时至今日，人们对德胜公司的关注依然不减当年。在培训和咨询管理过程中，不断有读者询问：

德胜公司有没有新书出版？

德胜有没有最新消息？

虽然是外资公司，但德胜的管理人员都是清一色的中国人，为什么能够做得如此优秀？

一家建造公司为什么会成为国内外研究的管理案例？

德胜公司为什么能够获得中国人力资源管理学院奖和"彼得·德鲁克中国管理奖"？

德胜的管理模式如今还可以复制吗？

这使我不得不考虑该把德胜公司后续的发展及其人和事呈现给广大读者，回复他们的关注和关切。

衡量一家企业的影响力，人们往往会考虑人才、技术、规模、地域等，很少有年产值仅几亿元人民币的公司受到如此的关注。德胜公司唯有一个位置优势，就是身处长三角这块始终走在中国改革开放最前沿的热土。中国拥有几千万家中小型企业，管理周到、文化先行、富有品味的企业却是凤毛麟角。德胜公司为什么能够脱颖而出并且一直保持良好的治理？她怎么实现的这一点？德胜公司的成功引发人们的思考。

本书对多年来德胜公司的人和事的故事和事件进行了回顾、整理和总结，希望能从这些故事中找到上述问题的答案，不负广大读者多年来对德胜公司一贯的关注、支持和厚爱。

基于德胜洋楼的管理案例，本书提出了"ROSE跨文化治理系统"：

R——尊重员工的尊严（Respecting the dignity of employees）

O——遵守统一的规则（Obeying the uniform rules）

S——服务和影响他人（Servicing and influence others）

E——员工自主管理（Enabling employee）

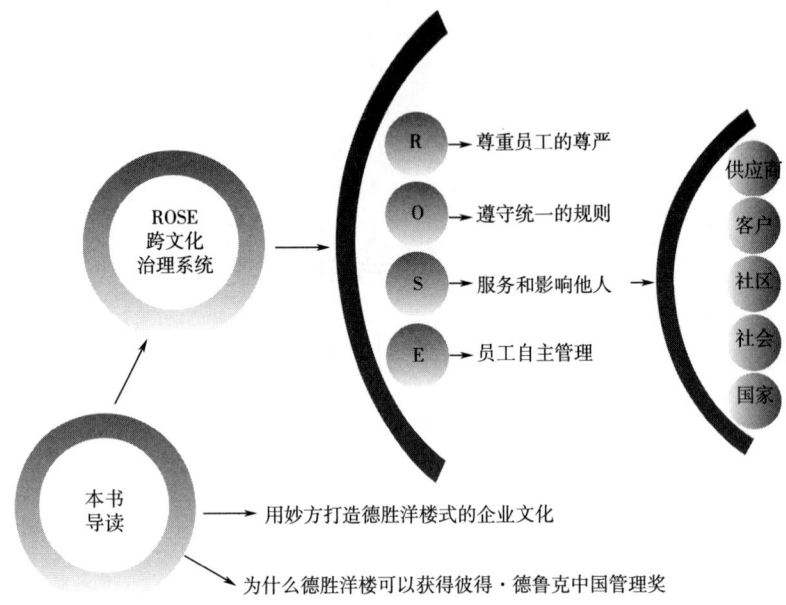

下面我们来逐一说明。

一、尊重员工的尊严——安定感

人总是要求得到尊重而不是贬抑。一个人在一个环境中若能处处感觉到安全，不担心被伤害、被羞辱，有顾虑也可以放心地说出来而不害怕被惩罚。这便是一个人得到尊重后获得的安定感。

在企业里，尊重员工涉及的内容非常多，其中员工的尊严、人格和基本权利是最重要的。

首先，尊重员工的人格。美国一家电器公司曾经有一个结论：员工不单是靠工资来调动积极性的经济人，而是有获得别人尊重和友谊需要的社会人。这就表明，要管理好企业员工，首先必须充分尊重他们。员工的人格受到尊重，往往会产生比金钱激励大得多的激励效果。一些不需要成本的激励措施，尤其需要我们关注。然而，有的老板和管理者习惯了对下属员工颐指气使、呼来喝去；有的老板和管理者喜欢员工唯命是从，员工稍有不同意见，便会横眉竖目、态度恶劣，甚至以话语相威胁。试想一下，这样的管理者怎么能得到员工的认同和信任呢？

其次，尊重每一个员工个体的尊严。要开诚布公地让每位员工参与对话，使他们与公司同心同德，共谋发展策略，发挥出员工最大的潜能；让每位员工都有获得培训和发展的机会，确保公司拥有能干、有效率的劳动力；尊重资深员工的劳动，以工资、福利、物质等激励对员工的劳动给予相应的回报；以能力为依据，贯彻向员工提供均等发展机会的政策；用价值观为每一个员工创造一种健康积极的文化氛围，尊重员工的人格、尊严和各种需要，这是优秀企业必不可少的工作。

最后，尊重员工在生命、性别、生理、居住和选择等方面的基本权利。员工只有在人身安全、健康、资源、财产、工作及家庭得到足够的保障，同时得到最大的尊重，才会树立起信心和安定感，才会尊重他人，做更多利他的事，才能控制自我，避免产生各种负面思想。

德胜洋楼实行的报销不需要领导签字、上下班不需要打卡和可以随意调休制度，体现的就是对员工的信任和尊重，员工在这种环境氛围下可以安心地工作，离职率才会降到最低。

二、遵守统一的规则——秩序感

有人说：好的规则使好人更好，坏的规则下好人也会变坏。的确，良好的规则和秩序可以使大家心往一处想、劲往一处使，大家在一个频道上工作，都可以从遵守规则中获得好处：不会担心有人在背后说风凉话、戳脊梁骨，避免打击员工的积极性、挫伤员工的进取心、影响员工的情绪。

在企业里，规则是必不可少的。关于规则，有两个至关重要的问题：规则由谁来制定？是否所有人都能百分百地遵守规则？

先谈一下第一个问题——规则由谁来制定？有人说，这还用说，肯定是公司管理者和人力资源部门制定的，这当然是不可否认的。但是，考虑到激励和尊重员工，由员工参与制定规则效果是不是会更好？如果赋予员工参与行使一定的权力，规则就有了内生的动力，员工自己制定的规则，怎么能不遵守呢？

人性本善还是本恶，这是问题，但是任何人都逃不出人性。人性就是趋利避害，有惰性，自私，人总要追求自己的利益。既然这样，我们就必须理解和把握人性。在理解和把握人性的基础上设计和制定规则，才能调动团队的能量聚焦于企业想要的方向。德胜洋楼认为，人既有善的一面，也有恶的一面，在企业管理中必须要从机制和规则上抑恶扬善，引导和教育员工。

第二个问题，是否所有人都能百分百地遵守规则？企业里的规则本来是创始人、各级管理人员和普通员工都要遵守的，但是并不是所有的企业都是这样的。在某些企业里，越是职位高的人，越容易破坏规则，他们游离于规则之外，认为规则是为他人制定的。如此一来，规则就沦为一纸空文，无法发挥应有的作用。

优秀企业制定的规则既要确保公平、公正和公开，还要做到一视同仁，甚至职位越高的人越要带头执行规则。德胜洋楼制定了许多规章制度来约束董事会和股东。

三、服务和影响他人——价值感

企业做得好，自然就会吸引一大批社会上的人来探访、交流和学习。有责任感的企业一定会向社会进行管理思想和经验的输出，满足各界对知识的渴望和需求。好的管理方式方法会给社会带来价值，服务和影响的人越多越好。企业在开门四件事（即增收、节支、提效、避险）和数字化转型方面给予他人以帮助，可从输出管理经验和思想中获得价值感，赠人玫瑰，手留余香。

在服务和影响他人过程中，企业也会不断地完善、更新和升级，从而释放更多的正能量。

企业所面临的环境，既包括企业外部环境，即客户、供应商、社区、国家和社会，也包括企业内部环境，即员工。企业要持久健康地发展，就必须建立起"六位一体"的利他环境，即要利于员工、利于供应商、利于客户、利于社区、利于社会和利于国家。请大家注意这个排序，员工是第一，其次是供应商，接下来依次是客户、社区、社会和国家。这不是根据重要程度排列的，而是根据因果关系的逻辑顺序来排列，也就是说，前一个是后一个的基础。对于企业家和管理者来说，这"六位一体"要想面面俱到需要很大的精力，因此我们需要做一个排序。在掌握好因果关系的基础上，重新制订时间、精力的规划，排序越是靠前，所花费的精力应该越多，这样才能有效保障后位要素的实现。这一切从利于员工开始，利于员工必须是企业管理者投入精力最多的领域。本书中的"尊重员工的尊严""遵守统一的规则""员工自主管理"都是围绕利于员工的事务展开的。

四、员工自主管理——归属感

有人片面地认为，只有通过股权分配、员工持股，才能调动员工的积极性，激发员工的士气。反之，如果员工没有股权，就难以发挥他们的能动性。但是持股也有持股的问题和风险。

通过赋能员工，让员工积极主动地行使权力，参与各类规则的制定和执行，员工受到尊重才会产生主人翁意识和归属感，这种激励机制也能激发和调动积极性，即便不持股，也可以创造出价值，为企业效力。股权激励，其本质是利益刺激，用科学管理的思维吸引员工。而赋予员工主人翁的权力，则更多的是从精神鼓励和管理艺术层面出发，这会使企业避免陷入"跟更多的人开会，与少数人商议，最后一个人说了算"的管理怪圈。

一旦员工的积极性和主动性被激发出来，他们在工作中就会获得情感支持，使个人的道德品质得到升华，创造力和自觉性将不断提高，员工的身心都得到成长，自愿接受公司的各项规则，持久地留在公司工作。

ROSE跨文化治理系统所涵盖的尊重尊严、遵守规则、自利利他和员工自主管理这四项内容，囊括了一个人的安定感、秩序感、价值感和归属感。这些是跨越国家和民族界限的，解决了企业管理的核心问题，重新塑造了企业的文化，这套治理系统具有广泛的适用性。

这套系统，加上"用妙方打造德胜洋楼一样的企业文化"和"为什么德胜洋楼可以获得'彼得·德鲁克中国管理奖'"，共同构成本书的框架。本书记录了发生在德胜公司内部、外部的人与人之间的交流与合作，以及对德胜人的评价等内容，大多以小故事的形式呈现，主要围绕其独特的价值观及有效的执行方式展开，这是德胜公司独特管理的根本和哲学基础。

对于德胜公司的管理模式是否可以复制，我认为，如果企业有高质量的产品、良好的形象和口碑，那么通过改变认知，是完全可以向德胜学习的。在此基础上，再结合企业自身的特点，打造自己有特色的企业文化，创造出适用于自身的做法，先学道后学术，既学本又学末，最终一定会取得成功。

本书得以顺利出版，首先要感谢德胜洋楼创始人，也就是我的大老板聂圣哲先生。在本书撰写和整理过程中，还得到了以下热心朋友的大力支持：

北京大学国家发展研究院工商管理硕士、创业黑马创始团队前记者、央视财经《创业英雄汇》首创团队主编胡宇萌女士热情介绍了首都经济贸易大学出版社的编辑。

西交利物浦大学执行校长、英国利物浦大学副校长、西安交通大学管理教授席酉民博士为本书写了题为《玫瑰与适应博士》的序。

南京大学人文社会科学资深教授、商学院名誉院长、行知书院院长赵曙明博士，黄埔商学研究院院长、著名领导力专家、首创TTC教学法的陈志云教授，《第一财经》原主笔王培霖先生为本书作了序。

企业人才管理专家、商学课程架构师联盟主理人常云磊先生，法学硕士、上海劳达企业管理咨询公司总经理、《员工关系》总编魏浩征先生，徐州软实力企业咨询有限公司首席讲师、北大软实力培训机构总经理霍久磊先生为本书作了跋。

江苏大学管理学院博士生导师朱永跃老师，伯乐会资深策划师颜高雨先生，长期从事丰田管理方式的研究与实践、名城流程管理（MPM）研究所唯一中国研究员赵城立博士，上海自主创新工程研究院院长、中国量子管理发起人、同济大学王慧中教授，从事企业文化工作的吴高杰先生以及日本名城大学经营学部、研究生院河田信教授等撰写了有关德胜洋楼的文章。

另外，苏州正远学社的创始人邱伯瑜教授和合伙人贾若虚女士，西交利物浦大学汪潇教授，SATINO 中国精密智能制造总经理、生命成长训练师、幸福人生导师陈春霞女士，安徽快亮家涂料定制创始人张长春先生，苏州新悦摩尔提汽车部件公司闻海波博士等都对本书给予了大力支持和帮助，在此一并表示感谢。

由于时间仓促，写作过程中难免会有所疏漏，敬请广大读者批评指正。

序

序一　玫瑰与适应博士
席酉民

赵雷先生邀请我为他和林姝宏的新著《德胜治理的人和事》作序，因不愿用自己浅薄的语言影响他人选书和读书，我轻易不接受这样的作业。但又因知道圣哲兄创立和领导的德胜洋楼以其独特的管理远近闻名，本人曾推荐德胜洋楼申请"彼得·德鲁克中国管理奖"，也曾介绍管理教授进入德胜做案例研究，还应圣哲兄之邀多次赴公司考察学习，故有了此文，是为序。

公司的治理显为股东、董事会、监事会、经营团队、员工与客户等相互制衡的法理体系和制度安排，经长期积淀，日常润物细无声般起作用的则是隐性的文化。本书以德胜公司人和事为脉络，提出了"ROSE 跨文化治理体系"：R——尊重员工尊严，O——遵守统一规则，S——服务和影响他人，E——员工自主管理。揣摩其理论和实践意义，我突然意识到，ROSE 与自己服务的西交利物浦大学（XJTLU）（以下简称西浦）所形成的文化 Dr. Fit 异曲同工。

西浦师生来自全球 100 多个国家和地区，为了以文化驱动西浦人践行其面向未来、持续创新、勇于探索、大胆实践的理念，影响教育发展的使命，逐步孕育了五种核心文化价值：多元（Diversity）：鼓励和尊重包括国籍、文化、背景、追求的多元，多元有利于创新生态的营造；规则（Rules）：和谐共处与有效合作需要规则，成熟透明的法规有利于建设性创新秩序的达成；自由（Freedom）：学术自由可以不断肥沃创新土壤，孕育和涌现创造性思想；创新（Innovation）：创新是未来发展的生命线，拥有多元和健康的创新环境、自由思想的市场才能释放其创新力量和突破性发展；信任（Trust）：现代社会重大创新离不开人际、网际和人机之间的包括虚拟、实体与虚实结合的广泛协作，而信任是有效合作的基石。简而言之，西浦的文化体系是 Dr. Fit，或者"适应博士"。

尽管企业与大学在形态上存在较大的差异，但面向未来，特别是面对人

---

① 作者简介：席酉民博士，西交利物浦大学执行校长、英国利物浦大学副校长、西安交通大学管理教授。

工智能冲击下的新时代，其生存、转型、升级和持续发展面临着类似的挑战，拥有智慧营造创新生态的相同本质。数智化时代的基本范式是共享和共生，唯有回归自然最基础的生态逻辑，学会共生共赢才是出路。这也是德胜"玫瑰"（ROSE）与西浦"适应博士"（Dr. Fit）文化理念的底层逻辑。

快速发展的人工智能正在颠覆人类社会生存方式，重新定义人才、教育、产业和生活，让我们以玫瑰象征的那样，恪守对真诚的向往、执着，对浪漫生活的追求；像"适应博士"那样，融合人类智慧和数字智能，以创造性和持续创新与颠覆性变革共舞！

序二

赵曙明

在中国的优秀企业中，德胜洋楼是我最关注的企业之一，其在2021年荣获"彼得·德鲁克中国管理奖"。这个奖项是由南京大学管理学院、彼得·德鲁克管理学院、机械工业出版社华章分社和领教工坊联合发起的，其宗旨是发现国内一批真正符合德鲁克博雅管理导向的成功企业，并将他们的成功实践经验予以推广。我有幸担任该奖项的评委之一，这一殊荣德胜洋楼实至名归，因为她是国内少有的、输出管理思想和理念的企业。以德胜洋楼的管理模式为蓝本，先后诞生了至少23篇国内外学术论文和管理学案例；还先后出版了五本管理类图书，尤其是《德胜员工守则》的部分内容还被翻译成英文、波兰文、马来文、土耳其文等七种文字公开发行到其他国家，引起了各国管理者的强烈反响。2017年，我的博士生曾颢老师、我及赵宜萱老师共同撰写了一篇题为《构建工匠精神对话过程体系模型——基于德胜洋楼公司的案例研究》的论文，发表后反馈不断，在学界和业界引起了广泛关注。

德胜洋楼是一家很有特色的企业，她不仅较完美地践行了德鲁克的管理思想和理念，还在员工管理、制度体系建设以及利于他人方面做了大量探索性的工作。在对员工的管理方面，提倡员工要做优秀公民；在制度体系建设方面，她面面俱到，细致有加；在利于他人方面，她对多年来的经营管理经验进行了系统化梳理，毫无保留地公之于众，所表现出的无私和分享精神令人钦佩。如今，赵雷先生计划从尊重员工的尊严、遵守统一的规则、服务和影响他人及员工自主管理四个方面出发，介绍德胜的经验，这是一件让人高兴的事，对其他企业具有一定的借鉴意义。赵雷先生在德胜洋楼工作了20多年，在长期的工作过程中，他亲身经历了公司的发展与变革，同时曾为多家企业提供过管理咨询和辅导，积累了大量的第一手实践管理经验和资料素材。赵雷先生把它们整理出版，这本身就是利他心的集中体现，他请我为这本书作序，我欣然同意，愿向广大读者推荐此书。

我常常在想，如果企业的经营仅仅拘泥于以产品或服务占领一定的市场份额，那只是对一定的客户群进行瓜分赚取利润而已。其实，健康完善的企

---

① 作者简介：赵曙明，南京大学人文社会科学资深教授、商学院名誉院长、行知书院院长、博士生导师。

业，对内要为员工和股东谋求利益，对外要给供应商、客户、社区、社会和国家创造价值和做出贡献，这也符合德鲁克提倡的创新原理。德胜洋楼就是这样的组织，从这本书中，读者可以读到她对供应商慷慨解囊、江湖救急的故事；对客户，她以幽默的形式化解了干戈；对社会各界，她给予了不同方式的关爱和帮助；对利益相关方也施加了一定程度的积极影响，等等。简言之，优秀的企业不损人，还要利他。这两点是德胜洋楼对企业管理的有益启示，其辐射作用无疑是巨大的。

这本书故事性强、叙述生动，读起来有趣味、不枯燥，许多内容寓意非常深刻。比如，在管人和管理制度方面，既要求员工不伤害自己和他人，又得防止他人来侵害自己和企业；员工不仅要管理好自己，做好自己的工作，还要同时照看好家人，不求后代成龙，只求子孙平安……这些内容既有理念做引导，又有方法供参考，是值得一读的一本好书。

面对百年未有之大变局，如果中国能诞生更多像德胜洋楼这样有效践行德鲁克管理思想和理念的企业，将有利于中国屹立于世界民族之林、实现中华民族的伟大复兴。

序三

陈志云

万事万物，因缘而起，应运而生，顺势随缘。

2023年4月29日，企业文化学者赵雷老师在翠屏谷嘱我为《德胜治理的人和事》一书写序。翠屏谷，面朝穹窿山（孙子和道家），远眺太湖水，周边有灵岩山（佛家）、上方山（范仲淹，儒家）……好山、好水、好风水！天时、地利、人和，因缘际会；天道、地道、人道，众缘和合。以我多年来对"场境论"和"角色论"的研究心得，有幸学习领会和感悟解读赵老师著作，特别应景切景，可以说，因缘际会，纯属偶然；众缘和合，实乃必然！

文如其人，多年来赵老师给我深刻又美好的印象是：顺乎天道，为人地道，待人厚道！赵老师和蔼谦卑，面对弱小，悲悯自生，尽可能让身边人生活中的每一天都能多一份平和、安宁和幸福，从骨子里透出对人的人格和尊严的尊重——无论在现实工作和生活中，还是在微信朋友圈和微信群里，总是存好心、说好话、行好事、做好人，给人欢喜、给人方便、给人信心、给人希望。更难能可贵的是，赵老师做到了"对比你低的人，把别人当人；对比你高的人，把自己当人"，不卑不亢，有同情心，有正义感。

《道德经》中说：大丈夫处其厚，不居其薄；处其实，不居其华。真正贵气的人，存心朴实，舍弃浅薄虚华而朴实敦厚，不过度追求繁华、虚名，见素抱朴，返璞归真。海宽不如心宽，地厚不如德厚。生活中，做人光明磊落，不见得比那些机关算尽的世故取巧者懂得的少、得到的少，凭着厚道诚恳做人，踏踏实实做事，保持抱朴守拙的状态，知机巧而不用，恰是赵老师脱俗的境界和格局。就像翠屏谷主人宴请我们，向我们询问就餐要求，答曰：翠屏谷位于玉屏山之南坳，因树木葱翠而名，玉屏山位于光福太湖之畔，乃世外桃源也，每每将正宗鲃肺汤等地道苏帮菜从鸟语花香间托出，美景美食相伴且相佐，信可乐也，其余皆可："简单，纯粹，朴实；不骄奢，不摆谱，不见外；身边人，家里人，至亲老友！"

记得张瑞敏说过，《圣经》在西方能深入人心，靠的是里面一个个生动的故事，讲故事是一种可行的方式。铸就企业文化的过程，通常是以最经济、

---

[1] 陈志云，黄埔商学研究院院长、著名领导力专家，首创TTC教学法（教育、培训、咨询相结合）。

最有效的方式讲故事，传播思想理念和价值观，这样才能摆脱说教，摆脱抽象理论，摆脱生硬指令。或娓娓道来，或慷慨激昂，或语重心长，轻松愉快，润物无声，内化为员工们心中的准绳。作者是有心人，站在普通人的视角来观察记录，朴实白描，既然值得写下来，总是有所触动、打动和感动。《德胜治理的人和事》中的文化内涵与外延包括了精神与灵魂（思想、意识、价值观），风俗、习惯与舆论（形式、手段、载体、话语体系），环境与氛围（场、气场、场合、仪式），规范与准则（规矩）。

众所周知，企业文化是指企业内部成员所持有的价值观、态度和行为，是根植于内心的修养，无需提醒的自觉，以约束为前提的自由，为别人着想的善良。赵老师2001年进入德胜洋楼，他长期亲自整理公司的会议档案，梳理提炼文化理念。对德胜洋楼文化确信无疑，身体力行，一以贯之地关注人文精神，努力配合聂圣哲董事长把企业文化和管理制度不断渗透到更多员工的心田，持续推进管理创新，为使德胜成为具有强大文化和竞争力的中国企业而始终不懈地努力。文化就是不需要告诉你该怎么做，而却让你知道该怎么做。看一个企业的文化，不是看它说了些什么，而是看它做了些什么。赵老师说，21条匠人守则，读书千遍，其义自见，韧性非常重要，比柔性、刚性更重要。

系统地讲，企业文化，一看企业主要领导者的个性、风格和特征，二看企业历史发展的经验和教训，三看企业全体员工的认同。德胜洋楼创始人聂圣哲先生，1981年考入四川大学化学系，先后在安徽大学及中国科技大学任教，赴美国攻读博士课程后，放弃博士学位，下海经商，现任同济大学、哈尔滨工业大学兼职教授、博导，长江平民教育基金会主席等。德胜洋楼于1997年创立，主业是预制式木结构住宅的研究开发和建造，现是国内唯一具备美式预制木结构住宅施工资格的企业。德胜虽然是外资公司，但德胜洋楼的管理人员都是清一色的中国人。企业文化是一以贯之、彻头彻尾、从里而外的，从企业家精神到高层团队一致的价值取向，到全体员工的认同，再到管理思想、制度体系、运营模式。

多年来，我所研究的场景论讲的是：时间—空间—关联，即天时—地利—人和。简言之，天—地—人；敬天—尊地—爱人；敬畏心—恭敬心—同理心。这其中，最重要的是人道，就是一群人遵守了共同的规则，尊重了人的尊严，服务和影响他人，自主管理。

R——尊重员工的尊严（Respecting the dignity of employees）

赵老师认为，人总是要求得到尊重而不是贬抑；一个人在一个环境中若能处处感觉到安全，不担心被伤害、被羞辱，没有顾虑，也可以放心地说实话而不害怕被惩罚，这便是一个人得到尊重后获得的安定感。之前的事既往不咎，有勇气承认自己的错误，就要受到我们的表扬和奖励，你们跨进了公司一小步，却是向诚实迈进了一大步。不管是社会还是企业，每个角落都应该充满欢声笑语以及纯真、坦诚、关爱和友好。任何时候，都不能让员工冒着生命危险去做事，也不提倡带病坚持工作，这是不珍惜个人身体的行为。在强调多、快、好、省的同时，坚决不能忽视健康和安全的重要性，这样才能体现出管理的人性化。

O——遵守统一的规则（Obeying the uniform rules）

制度文化包括了组织体系、运营机制和管理制度，是塑造企业精神文化的主要体系、机制和基础，是企业为实现自身目标对员工的行为施予一定权威，带有某种强制性和限制的文化。制度文化是人文与法制的结合，是企业为求得最大效益，在经营管理实践活动中制定的各种带有强制性的、并能保障一定权利的各项规定和条例。最能体现企业价值取向的是人事制度中的考评奖惩制度。奖励意味着提倡的价值取向；惩罚意味着禁止的价值取向。与价值观一致的人才能持久相处，否则，迟早都会闹翻。管理不是要想方设法去讨好人、取悦他人，而是要直面人性。好的管理制度可以有效地激发人性的善良，激发人的内驱力；而错误和不当的制度不但起不到积极、正向的作用，反而会给管理者增添困难和麻烦，给企业增加额外的成本。对职工如何做公平的考核至关重要，说它是管理的第一要务都不为过；评价一个员工单位时间贡献值的原则非常简单，就是多、快、好、省，再加上健康和安全就可以了。企业高管职务越高，越要做人诚实、做事严谨；否则，越是高管，做坏事的隐秘性就越强，给企业带来的损害也越大。

S——服务和影响他人（Servicing and influence others）

有一家企业，规模在全国同行业排名第二，一贯诚实守信，与德胜洋楼多年的合作非常愉快，因此德胜公司没有因为他们水龙头的质量问题而上纲上线，而是与他们一起分析，并提出了一系列改进和创新思路。当这家公司遇到资金困难时，德胜洋楼主动提出按照上一年度德胜采购金额的3倍签订今年的订购合同，并先支付合同总额1/3的预订款，让工厂先运转起来。只要企业运行好了，按合同向德胜洋楼如数供货就行。江湖救急，大义行侠，德胜只与价值观趋同的客户做业务。也因为这个原则，德胜每年都会拒绝一批订单。但也因此，20多年来几乎没有客户欠款或违约，没有与客户打过官司。与价值观趋同的伙伴合作才能愉快持久，相安无事。

E——员工自主管理（Enabling employee）

德胜洋楼提出"在任何事情面前，请不要说与你没有关系"的观点，要关心他人。德胜有这样一项不成文的规定：每次会议结束，都会向酒店方写一封反馈信。类似的做法还有，公司出国人员每次回国后，都会第一时间向领事馆发一封传真，说明本次出国的详细情况。这种做法，增强了德胜的信誉，表达了由衷的感谢，体现了中国人的情谊。

概言之，德胜洋楼的精神文化是企业鲜明独特的并得到员工认同接受的价值取向、理想追求、精神境界、内心态度和意志状态。企业价值观是企业本质的和持久的一整套原则，不可以向企业的财务收益和短期目标妥协。德胜洋楼的企业家精神包括文化、价值观、愿景、使命；责任、品格、人文情怀和人文智慧；诚信、敬业、守契约、讲规则；创新、冒险、学习、宽容与合作；打通了母文化与子文化（亚文化），非正式文化与正式文化，个人文化与企业文化；摈弃负面、向下、消极、被动、冷漠的落后文化，倡导正面、向上、积极、主动、热情的先进文化。

《德胜治理的人和事》涵盖了德胜洋楼治理建设的教育文化、技术文化、行为文化和物质文化。教育文化学习心理调适，以提高心智；学会潜能开发，以提高能力；学会把经验抽象为对今后有指导意义的理论，以实现经验分享。技术文化须改变网络传播文化，即正式的和非正式的传播方式，更有效地实现人际、团队、组织和整个社会的开放、合作、沟通和融合。行为文化中的《员工手册》《经理人手册》《行为准则》等作为企业行为准则与规范的前期导入，随后逐步导入经营、管理、科研、营销等的工作流程、环节、细节和结合部等方面。物质文化从《产品手册》《管理手册》《营销手册》《服务手册》《卖场管理规范》《现场管理规范》等入手加以实现，将产品、服务、运营、管理和环境作为企业文化的有形载体。关于CIS（企业形象识别系统），企业文化体系建设则是渗透在心智模式，呈现在团队执行，表现在CIS的精神文化、制度文化、行为文化和物质文化的方方面面，也是视觉可见的。MI（理念识别）、BI（行为识别）、VI（视觉识别），心灵美、行为美、形象美。

好友丹蕨先生在他的每日课群里说，君子敬而无失，与人恭而有礼，四海之内皆兄弟也，君子何患乎无兄弟也。天地人三才，有天经了，什么是地义？某些规矩是地义；你在公司里做事，公司的业务、你的职责，是地义；履行职责，能够安其位，也就是你知道你的本分、你的身份，有所礼让，尽职尽责，是地义；能够尊重这里的文化，这里的乡俗人情，尊重一个地方的文化特征特质，与人为善，是地义；了解自己的身份，让自己的举止能尽本分，符合自己的角色，这也是地义。这方面，赵老师是典范，所著《德胜治理的人和事》一书，他写的，就是他相信的；他写的，就是他做到的。知之者不如好之者，好之者不如乐之者，《德胜治理的人和事》，是有意思、有意义、有价值的；与赵老师相处的气场、磁场、能量场是阳光、健康、向上的。让我们在赵老师的《德胜治理的人和事》一书中吸取营养，一起绽放、焕发、洋溢。只有将当下的、身边的、有价值的、简单的事做到极致，下一步的美好，自然就会呈现；健康、快乐地过好生活中的每一天，就能遇见未知的更好的自己。

序四
王培霖

在中国大量企业的探索中,我最推崇的是苏州德胜洋楼有限公司的经验。德胜洋楼完全实现了"自下而上的治理",而且其方法可推广、可复制,可以广泛应用于几乎所有组织治理领域。

德胜洋楼的业务是为客户建造美式木结构住宅,所以通常不为大众所知晓。但管理学界慧眼识珠,德胜洋楼早早就被哈佛、耶鲁、清华等收入了管理案例库。

先介绍几个德胜洋楼的小事。

2021年春,我带领一队企业家到德胜洋楼参观,大家脱了鞋子进入样板房,20多双鞋子横七竖八地摆在门口。之前就听说过德胜洋楼有一个神奇之事,每当下楼就会发现鞋子已经被摆放整齐,这次我也决定暗暗观察一下。十几分钟后,我们参观完样板房,下楼时果然看到鞋跟朝内鞋尖朝外,整整齐齐码了三排,不由得暗暗佩服。问是谁摆的,工作人员答曰不知道,因为德胜公司任何人经过这里都会整理鞋子,可能是会计,可能是总裁。恰好有人在打电话没有上楼参观,告知我们是一个在外面遛狗的人,停下来理好鞋子,又继续去遛狗了。

整个德胜洋楼上千号员工,专职管理人员却只有十几个,其他人都实现了自我管理,极大地降低了管理成本,而且部门之间有很高的协作热情。创始人聂圣哲先生也天天逍遥自在,拍电影、写剧本、搞教育。与此同时,公司却一直保持行业冠军地位,这可谓达到了管理的巅峰境界了。

德胜洋楼何以修成如此境界?在我看来,核心是实现了自下而上的治理。

举几个例子。

运营总监是德胜洋楼公司非常重要的高层管理岗位,这个岗位有十几个管理层候选人,每年更换一次,方法是匿名投票选举。每年选举结果确定以后,通知董事长和总裁——董事长和总裁是后知道的。

还有一个内部听证会制度,以自下而上的方式处理内部纠纷、确立内部文化。假设,副总和食堂做饭的阿姨闹矛盾了,该怎么办?难道就是开除阿

---

① 作者简介:王培霖,组织治理专家,长期做企业治理培训和咨询辅导工作。同时还是投资人,曾任《第一财经日报》社论主笔,著有《至简中国史》。尊重作者的建议,本文做了部分修改。

姨吗？德胜洋楼的做法是：如果有人违反了规章制度，那就照规章处罚，但规章制度不可能定那么细，有时甚至两人都有道理，这时就需要通过"模拟陪审团"机制来处理。两人都有权发起公司内部听证会，公司不得拒绝，具体做法是抽调九个左右的基层员工（有一套抽取人员的细则流程），按照陪审团的模式去审理这个矛盾纠纷。陪审团可以经过几天时间，把事情原委理清楚，重在建立规则，而且结论要形成书面"判例"，以后类似的内部纠纷全部参考这个处理。多年以来，德胜洋楼已经启动了16次以上的内部听证会。

为什么上级领导不宜调解下级之间的纠纷？为什么自上而下的决策往往是愚蠢决策？实际上，最高决策者（如董事长）没有那么多精力和专业知识，且对很多细节信息也不掌握，信息缺失，决策质量当然低下。面对矛盾双方的辩论，会觉得各自都有道理，陷入清官难断家务事的窘境，只有自下而上的治理最有效。因为下级掌握充分的信息，反倒能做出较好的判断，这也是任正非所说的"让听得见炮声的人指挥"。

德胜洋楼实现自下而上的治理并不是简单放权，简单放往往会乱哄哄，而为了恢复秩序，又回到中心化决策。实际上，去中心化决策必须要有工具载体。例如，德胜洋楼在员工集体参与决策时，就采用了类似于罗伯特议事规则的工具。

德胜靠制度体系来养成、保障风气，不靠简单放权或道德自觉。以其远近闻名的报销制度为例，德胜洋楼员工报销不用上级领导签字，而是对着报销声明先来一个诚信承诺，然后自己签字、领钱。这听上去有点像空想，但其实不然，不靠员工道德自觉，但背后有一套事后监管规则制度体系，一旦发现有人作弊，将会给予非常严厉的处分。

再谈谈企业治理的未来。

企业在创业早期，往往生机勃发，但发展到一定规模后，就会遇到组织问题，大企业病浮现。为了应对治理难题，老板往往会更加努力，但在我看来这恰恰是错误的方向。在此，我们需要搞清楚组织运行的原理。

集权为何不但不能集中力量，反倒导致了组织能力低下？原因很简单：集权会带来极大的熵增。具体表现是：高层听不到真实信息，各部门表面团结实则内斗，遇事相互推诿，员工没有激情、出工不出力，留不住能人，权力交接、传承困难，等等。

那么该怎么办？简单放权，股权激励，老板努力，加强领导？

以上都不对，而是要系统激发组织的活力，这才是方向。我认为，对绝大部分中国企业来说，方向简单又明确：扩大自下而上的治理。

具体而言，有三个要点：第一，要约束高层的权力。第二，要有自下而上治理的多种组织工具。第三，要找到中心化与去中心化的平衡点。

制度应该是双向的，既要向下制约员工，又要向上制约管理者、董事会。企业家本人需要走出舒适区，限制土霸王式的权力以及权力滥用，自我优化升级。上市公司治理之所以普遍优于非上市公司，正是因为上市公司受到监管部门、媒体、金融机构、股民等多种外力制约。

自下而上的治理要通过组织工具来运行，否则就会乱作一团。

我推荐德胜洋楼用于组织治理的实用工具，如管理岗位选举制度、内部独立质量检察官制度、内部听证会制度、企业文化考核表，等等。

这些工具组成的制度体系会内生出优秀的文化，此乃企业文化的真谛。从这个角度来说，"90后""00后"并不难管，因为人性是永恒的。

在中心化和去中心化之间，有广阔的地带，中国企业目前几乎全都站在极度中心化这一端。未来，随着自下而上的治理逐渐扩大，企业领导者要带领众人找到这个广阔地带中的平衡点，形成活力与合力兼具的良好竞技状态，使得企业稳健规范而又朝气蓬勃。而不能向去中心化方向移动的企业，则将成为气候变化中的恐龙，其亡也忽焉。

中国自古以来"富不过三代"的魔咒，本质上也是治理弊病的自然后果。若治理结构进化，则富不仅可以过三代，还可以千秋万代。

目 录

1 尊重员工的尊严
不要把难看的脸色给别人看 ………………………………………… 3
迈进公司一小步，迈向诚实一大步 ………………………………… 5
"押送"实习者回老家 ………………………………………………… 6
评价人不能偏颇 ……………………………………………………… 7
平生唯一一次遭遇骂街 ……………………………………………… 10
谈谈员工的敬业度 …………………………………………………… 12
用"视罪"和"实罪"判断员工的行为 …………………………… 15
尊重员工的人格和尊严 ……………………………………………… 17
接待礼仪的关键：顾及参观者的感受 ……………………………… 19
逆向思维解决春节值班和上班迟到问题 …………………………… 21
宁可漏掉一万个坏人，也不能冤枉一个好人 ……………………… 23
是发票还是"发飙"？——说说报销发票的事 …………………… 24
把系统和组织结合起来防止诈骗 …………………………………… 27
做有灵魂的人力资源工作 …………………………………………… 28
一位临时工的特殊经历 ……………………………………………… 30

2 遵守统一的规则
既不做损人之事，又要懂人之常情，更要讲规则 ………………… 35
随意接受吃请要受到重罚 …………………………………………… 37
德胜的幸福元素 ……………………………………………………… 38
请提前确认对方通话是否安全 ……………………………………… 44
不合理的管理制度导致发生不该发生的事件 ……………………… 45
误解比恶意对抗和攻击更可怕 ……………………………………… 47
通过正当渠道反映诉求 ……………………………………………… 48
既要保护知识产权，又要防止任人宰割 …………………………… 50
德胜工匠精神的体现 ………………………………………………… 52
德胜企业文化的四类呈现形式 ……………………………………… 56

员工日常行为与践行价值观双重综合评价体系 ………… 59
企业一定要防止高管的蒙蔽行为 ……………………… 62
一条难忘的领带 …………………………………………… 64
浅议专精特新 ……………………………………………… 66
贪不诚实的小便宜，吃十年以上的大亏 ……………… 80
档案最好异地备份 ………………………………………… 82
商业的本质就是不做伤天害理之事 …………………… 83
企业的安全管理与医者的职业道德 …………………… 84
一起不该发生的安全事故 ………………………………… 85
千万不能过于迁就客户 …………………………………… 88
企业文化规划 ……………………………………………… 90

3 服务和影响他人

服务他人篇

江湖救急：义务帮助供应商 …………………………… 95
千万要注意个人的"随便"行为 ………………………… 96
维护员工的权益永远是第一位的 ……………………… 97
成功解决了一桩小事 …………………………………… 99
职业经理人谎称120万元打理客户 …………………… 101
否定自己 …………………………………………………… 102
成功抢救落水者 …………………………………………… 104
成功制止隔壁的胡作非为 ………………………………… 105
员工动手安装车篷 ………………………………………… 107
致Y酒店领导的函 ………………………………………… 108
为集团公司董事长做代言人 ……………………………… 111
咨询顾问的价值到底在哪里 ……………………………… 113
一诺值千金 ………………………………………………… 115
提高数字化运营能力是大势所趋 ………………………… 118
社群组织的价值
　——基于苏州正远学社案例 ………………………… 120
用最强人士锚定企业发展定位
　——一次特殊的咨询交流会 ………………………… 124
如何变不利事件为有效教育 ……………………………… 126
美好的一天从背诵语录开始 ……………………………… 128

目录

　　决不容忍恶人 …………………………………… 130
　　用"苦肉计"成功催收欠款 …………………… 132
　　搬起石头砸自己的脚 …………………………… 133
　　要善待善良的人 ………………………………… 134
　　利用企业文化共创佳绩 ………………………… 135
　　赠"不""输"给朋友 ………………………… 137
　　保护是保安的职责 ……………………………… 139
　　赌输后一走了之 ………………………………… 140
　影响他人篇
　　德胜洋楼工匠精神随笔 ………………………… 141
　　德胜公司有温度的员工福利 …………………… 144
　　企业管理中的阴阳平衡
　　　　——德胜管理解读 ………………………… 146
　　量子思维
　　　　——以新视角看德胜 ……………………… 150
　　德胜洋楼的人与事 ……………………………… 158
　　中国式制造业经营改革的可能性
　　　　——以德胜洋楼为例 ……………………… 160
　　Z公司践行《德胜员工守则》的具体做法 …… 169

4　员工自主管理
　　用听证会制度有效解决实际管理问题 ………… 177
　　小题大做：德胜听证会助力企业文化落地 …… 182
　　用听证会制度有效解决一起滥用职权事件 …… 187
　　对一起举报的调查及处理 ……………………… 193
　　管理需要"小题大做" ………………………… 198

5　用妙方打造德胜洋楼式的企业文化
　　对标德胜洋楼，谈谈企业文化落地的六大法宝 … 203
　　德胜洋楼：组织与管理创新
　　　　——2022年组织进化年会上的讲座 ……… 209
　　浅谈企业文化组成
　　　　——以房屋做类比 ………………………… 218
　　从个体、团队和组织三个维度构建企业文化 … 230

千里始足下，高山起微尘	240
企业文化创新的源动力	241
好管理需要"前提假设"	243

6 为什么德胜洋楼可以获得彼得·德鲁克中国管理奖

为什么德胜洋楼可以获得彼得·德鲁克中国管理奖	249

跋

跋一	264
跋二	266
跋三	268

德胜 治理的人和事

1 尊重员工的尊严

不要把难看的脸色给别人看

胡适曾经说过一段话：……世间最可厌恶的事莫如一张生气的脸；世间最下流的事莫如把生气的脸摆给旁人看，这比打骂还难受。

我们设想一下，如果胡适先生没有遭受过某些人的嘴脸，他可能永远不会说出这样的话。

如果有人向你摆出一副苦瓜脸，你的感觉是怎样的呢？是不是比打骂还难受？一张生气的脸，没有任何语言，却胜似千言万语，让人不知怎样去面对，一旦遇到只能感到无奈之极。

在一个企业或团队里，如果有这样的人存在，脸色如同夏季的天气一样，伙伴们怎么能接受？

我刚参加工作时，公司有一位女士，父亲是某国企的党委书记，母亲是公务员，家庭条件非常优越。这位女士从事房屋设计工作，能力一般，平时也偶尔与同事开一下玩笑。

但是，她有一个让人受不了的特点，就是对同事的一言一行过于敏感，稍微有什么不顺心就给同事们脸色看，许多时候同事摸不着头脑，不知道如何与她打交道。她要是高兴了，会与同事唠叨个没完，但要是不高兴了，脸拉下来难看得要命，好像别人欠她似的，让同事无所适从。

公司有规定，为了不影响与客户之间的正常业务往来，公司员工在工作期间与客户产生恋情的，要调离原工作岗位，去其他部门工作。

后来，这位女士与在上海的客户公司的一位男士谈恋爱。因为这个规定需要将她调到其他部门工作，她心里的疙瘩一直解不开，执意不遵守，说她去其他部门什么都不能做，最后干脆主动提出了离职，非常绝情地不再与公司任何人联系了。

这位员工，与她一起工作的同事早都加薪、升职了，而她始终还在原岗位徘徊，最后还炒了自己的鱿鱼。

经常摆脸色给别人看的人，如果不改变自己的习惯，极容易被团队或朋友孤立，直到被淘汰出局。

川剧中有一个变脸的绝技表演，一张脸刹那间就可以变幻出十多张，让人惊异万分。但是，现实生活中，"变脸"还是越少越好。

不管是社会还是企业，每个角落都应该充满欢声笑语以及纯真、坦诚、关爱和友好！

迈进公司一小步，迈向诚实一大步

与许多打工者一样，马先生和朱先生抱着对城市生活的向往，来到了苏州一家企业应聘。这家公司对他们提出一个要求，应聘前必须要去当地县级以上人民医院做一次体检，并在到公司后提交体检报告。

体检的事情好办啊，请人在县医院帮我做一份报告不就行了吗！两个人的想法如出一辙，二人拿到体检报告后就直奔公司前去应聘。

面试当日，公司把前来的50多人召集在一起，教官把公司的情况介绍了一遍后，接着说："今天大家都拿着体检报告来了。现在我就想问一下，你们的体检报告是不是本人亲自去县级以上人民医院体检后拿到的？"

这时，只见下面的一部分人你看看我，我看看你，这个问题在应聘者中引起了一阵骚动。这时，胆子比较大的马先生和朱先生先后站起来说："报告教官，我的体检报告是我请亲戚帮忙做的，我没有去医院体检。"

听到这话，教官立即宣布："给予马先生和朱先生每人各100元奖励，立即兑现。"助手立即走上前去把钱交给马先生和朱先生。但是两位先生一头雾水，明明他们提交的是假的体检报告，怎么还要奖励？是不是有什么陷阱呢？

此刻，教官似乎看穿了他们的心思，就开导说："你们之前的不诚实和撒谎可以原谅，那是因为一些不正风气影响了你们，之前的事既往不咎。但是今天你们来到了我们公司，有勇气承认自己的错误，就要受到我们的表扬和奖励。你们跨进了公司一小步，却是向诚实迈进了一大步。"

两位先生慢慢回过神，这才拿了钱。

这家用奖励的办法，现场教育入职员工要诚实做人，引导他们践行诚实价值观的公司，正是苏州的德胜洋楼！

"押送"实习者回老家

在我代理人力资源经理期间公司发生了一件事：一位暑期实习生仗着自己父亲是局级官员，又是老板的好朋友，在实习期间总是做出让人难以容忍的事。

他痴迷于 NBA 篮球赛，上班期间每天都会偷偷地看球赛；

上班时间喜欢抽烟和聊天，动不动一个上午就蒙混过去了；

喜欢躲在无人处做自己的事情；

……

考虑到实习生的父亲是老板的朋友这一特殊的关系，部门负责人对他敢怒而不敢言。

为了以儆效尤，我安排了一位同事作为神秘人物，完成一项特殊任务：在一周内，观察和记录他一天究竟是如何工作的。神秘人物非常认真地履行了使命，认真记录着他的一举一动，连他几点去厕所、几点从厕所出来都登记得清清楚楚。

掌握了该实习生一周的实际工作情况后，我把这一切如实地汇报给了远在美国的老板。

老板立即做出了一项特殊的决定：让我购买三张火车票，安排两位膀大腰圆的男同事，把实习生"押送"回他的老家。他们出发前，我安排人打印好辞退实习生的公告，让两位同事携带在身上。

到达实习生的老家后，两位同事把实习生交给他父母，并当着他们的面，宣读公告，然后一口茶水也不喝就返回公司了。

他们三个人一离开这边，我就在全集团发布了辞退实习生的公告。于是公司其他实习生都认真地投入到了工作中，再也没有拖沓、懒散和怠工的现象发生了。公司的优良秩序得到了恢复。

作为实习生，理应严格要求自己，按照公司的规定认真完成自己的工作任务，但这位实习生的表现却让人失望至极。值得称道的是老板的快刀斩乱麻。

企业要想维护好正常的秩序，就需要适时使用管理的"尚方宝剑"。

评价人不能偏颇

企业管理者应该如何评价一个职工的好与差,这是一个极其严肃的问题。

首先,绝不能以父母评价子女或者老师评价学生的标准来判断。

在父母的眼里,自己的孩子一切都是好的,因为父母带着情感色彩。在学校里,老师评价一个学生的好与差,许多时候依据他们的学习成绩。

这里说两件事:

某学校有一位女老师,她就喜欢女孩。在她执教的生涯里,她喜欢的都是女学生,而对男孩她总有一种莫名的不爽。

某单位一个领导,他的最大期盼就是想有一个男孩。第一个孩子是女孩,第二个孩子还是一个女孩。于是,他就给两个女孩子都留成男孩子的发型,就好像自己拥有儿子了。这种偏执的观念由此可见一斑。

但在企业里,管理者绝不能仅仅以职工业绩的好与差来评价职工,更不能以一个人心地的好坏来判断职工的好坏。

我们常听到这么一句话:这个人是好的,但是这件事情没有做好,他好心办了坏事。或者说,这个人的用意是好的,但他把事情办砸了。这种传统观念并不一定是正确的。

德胜洋楼的做法是,只能以事论事,最后只能以事论人。一个人的好与差不能以他的所谓"心"的好坏来衡量。打个比方,如果一个人的心是所谓"好"的,但他一辈子办的事情都是损害人的坏事,那么这个人完全就是一个坏人;反之,如果这个人的心是所谓"坏"的,但他一辈子干的都是好事,那么这个人基本上就是一个好人。

与许多人惯性思维下所形成的认知不同,好和差是通过一个人所做的事情及最后的结果来体现的,而不只是把他的心的好与不好作为判断依据。

最后,也不应以学历高低来评价一个人,而应以他所持的价值观判断其好与差。

事实上,一个人的学历和能力高,如果他做坏事,隐秘性和危害性可能更大。在我看来,一个人,无论他的学历高低,只要是诚实和勤劳的人,在社会上他就应有一份可靠的、有保障的工作,就会有立足之地。

如果一个人通过欺骗获得了一张假文凭,但缺乏基本的能力,那他是经不起考验的。而假证件是不可饶恕的、极不诚信和触碰底线的行为。

在用人方面，要正确对待一个人的优缺点。一个人往往优点明显，某些方面的缺点也明显。因此，要善用他的长处，避其短处。比如，有些人喜欢埋头于案头工作，有些人则擅长交际，在分派任务时应因人而异，不能搞一刀切。

值得强调的是，评价一个人是好还是坏，必须建立在法律和规章制度的基础上。如果一个公民按照法律和规章制度做事，他做得再过也不能被认为是坏人。我们来看一个发生在外企的实际案例：

人品比专业能力更重要

有一位娇生惯养的女士，凭着自己一口流利的英语和人力资源专业的毕业证书，顺利地被一家德资企业录用为人事经理。

这位人事经理上任后，公司每月支付工资1.6万元。后来，她休产假三个月，企业仍然照付她4.8万元工资。产假结束后不久，当地医保部门向德资企业账户支付了生育补贴2.89万元。

做过人事管理的人都知道，这是补贴给单位的，不是给个人的。企业女员工的生育津贴与产假期间的工资不重复享受，既领产假工资又领生育津贴，这种做法是不允许的。但这位人事经理通过操作，让不知道相关规定的德国经理签字，后强行将这笔款转到了她个人的账户上。

后来，新上任的总经理是一个中国通，听说了这件事后，认为非同小可，管理人员不能利用职务之便占公司的便宜。这位新总经理认为：人品比专业能力更重要！

但让人不可思议的是，这位人事经理不但不认错，还诬告新任总经理骚扰她，还叫自己的妈妈、哥哥一行人到公司里闹事。

德资公司于是让公司聘请的专职律师协调这件事。律师好言相劝：必须将这笔生育津贴款退还给公司。不然，公司会走法律程序的。虽然按照《劳动法》的规定，公司一旦与她解除合同，要双倍赔付她14万元费用，但是，即便她离开公司，公司也要追回那2.89万元的补贴款。如果拒不执行，公司会依法办事的。

但她不同意退还这笔款，还向劳动部门投诉。最后，在劳动部门的协调下，双方同意解除劳动关系，公司赔付人事经理14万元，同时扣除2.89万元补贴款。

从事人力资源管理工作的人，人品是最重要的。不管一个人学习多么优秀、学历多么高、经验多么丰富，如果不具备良好的职业素养和极高的责任感，不仅起不到表率作用，还会影响其他职工。

我们应为这家德资企业点赞，宁肯赔付 14 万元，也绝不能容忍职业人士的不诚实行为。

总之，我们不能单纯凭借自我感觉或印象如何来评价一个人，不能唯职工的业绩论英雄，不能以一个人心地好与差判断人的好与差，也不能以一个人的文凭等片面地评判，而要在尊重和平等的基础上，综合、辩证地判断和分析一个人。

平生唯一一次遭遇骂街

一些人心中有怒意，又无法找人发泄，于是就不顾及自己的形象，漫无边际地骂人。这类人看似底气十足，实则不堪一击。

我在代理人力资源工作时，发生过这样一件事。

我把刚入职不久的一位教授的女儿得罪了，得罪得还不轻，这下不得了啦，天要塌下来了。

原来，她只上了两天班，第三天就迟到了一个小时，同事向我反映了情况。我就询问这位女士迟到的原因，她却向我提出了每天要晚一个小时上班，早一个小时下班的请求。

我对她说："你还在实习期，公司还没有正式录用你。公司也没有推迟一个小时上班和提早一个小时下班的规定。"

她说："我每天往返公司，少上两个小时班是为了准备'成人高考'。"

我说："你既然都是从上海往返苏州，下了班后，你也可以准时赶回上海，第二天提前来苏州上班的。"

她说："会影响我的学习的。"

我说："你从苏州返回上海，可以直接按时到达指定地点听课，也不影响你晚上上课。你只是调配一下时间而已。"

她坚决不同意。

我说："那给你保留一个名额，你成人高考结束后再来上班吧。"

她还是不同意。

大家都知道，成人高考考虑到许多人白天要上班，可以在晚上或周末去学习，然后集中参加全国的考试。

我以为她会认真考虑一下我的建议，先用一年时间向成人高考冲刺，毕业后再来公司上班。没承想，事情完全不是我想象的样子。

第二天一上班，我正在主持一个会议，这时有同事火急火燎地跑来告诉我一件意想不到的事：那位女士带着她的教授母亲怒气冲冲地上门来找我，询问为什么不答应她的请求。

同事们如实地告诉她们我在主持会议，但是母女二人以为我是有意躲着她们，于是就开始大骂起来了。

大骂持续了 40 多分钟，我专门安排同事给她们母女送去面包、咖啡和水果，让她们补充一些能量继续开骂。

母女二人吃喝了以后，声音明显变小，直到最后悄无声息地离开了。

后来，通过她的一位朋友我才了解到，她要求迟到早退的主要原因是：她极不愿意与其他女同事一起住在公司的集体宿舍里。除了午饭没有办法外，她每天早上和晚上都要吃她母亲做的对她口味的饭菜，而且每天晚上她一定要亲自喂养自己的两只猫。

骂街事件充分暴露了她们母女的本性，显然我们不可能再给这类人入职的机会了。我的老板听了这件事后说："你虽然是先斩后奏，但是你做得对，这类人是坚决不能留在公司的。"

作为一位管理者，当公司委以重任时，你就要在其位、谋其政。管理不是要想方设法去讨好他人、取悦他人，而是要直面人性。

只有与价值观一致的人才能持久相处。否则，迟早都会闹翻的。

谈谈员工的敬业度

先举一个例子，假设某企业开给一个员工的工资为 100 元/天，以八小时每个工作日来计算，公司所支付的单位劳动力成本为 12.5 元/小时。从表面上看，这个劳动力成本并不高，但事实究竟如何？

事实上，该员工在一天的工作时间里做了这些事：
- 花在网购上的时间为一小时；
- 花在聊天软件上的时间为一小时；
- 又拿出一小时的时间用于刷抖音和看新闻；
- 一位老友出差顺便到访，两人又在办公室叙旧了一个小时；
- 在办公室打私人电话一个小时；
- 昨天 60 元购买的办公用品今天报账报销了 100 元；
- 下班回家时，又顺便拿了一包 10 元的打印纸回家；

……

这样计算下来，这一天，该员工真正为企业贡献的时间只有三小时，而企业实际在他身上花了 150 元还不止，企业为员工支付的单位成本则变成了 50 元/小时，对比表面上的 12.5 元/小时，企业支付的劳动力成本远远被低估。这些效率和财务的损失都是怎么造成的呢？

西方管理学者对于员工的敬业度进行了较为详细的总结，并开发了许多测评工具。他们认为：

第一，一个员工的敬业度体现在以下三个方面：①赞扬公司；②有强烈的归属感；③全力以赴，把工作当作自己一生的事业，有主人翁意识，不需要监督。

第二，在测评员工的敬业度时，综合考评的影响因素有：①职业发展；②直接上司的管理水平；③是否愿意主动提出中肯的问题和意见；④对公司的认可程度；⑤薪酬，以及稳定、持续的福利水平；⑥愿意提出创新思路和积极建议。

在第一条中，按照西方人提出的 MECE 原则（即相互独立不重叠，穷尽全部可能的原则），我认为，在员工敬业度的体现方面，应该不止以上三个方面，还应该加一条：任何时候都不能打击员工的积极性，不要让员工背着沉重负担去工作。

第二条列出了 6 个测评因子，其实还应考虑一个至关重要的考核因子——单位时间内员工的贡献值。

比如，有些企业对如何提高员工单小时净产值进行了有效尝试，并取得了一定的效果。其作用体现在减少用工人数，减少出勤总工时，提高单小时净产值。利用现有人数提高生产效率，增加出货金额。提高生产良品率，减少客户退货金额、报废金额、返修数量等。

"单位时间内员工的贡献值"这个参数实在太重要了，尤其对我们中国企业来说，对职工如何做最公平的考核至关重要，说它是管理的第一要务都不为过。同等条件下，两位员工究竟谁的贡献更大，通过这个参数一目了然。有了这个考核参数，本篇开头的员工的贡献值就得重新进行计算。

其实，评价一个员工单位时间贡献值的原则非常简单，就是多、快、好、省，再加上健康和安全就可以了。任何时候，都不能让员工冒着生命危险去做事，也不提倡带病坚持工作，这是不珍惜个人身体的行为。在强调多、快、好、省的同时，坚决不能忽视健康和安全的重要性，这样才能体现出管理的人性化。

我曾在一家施工企业做了一个"群魔乱舞"的特殊试验，就是请 6 个正在同时施工的项目工地分别统计出那些他们评为工作较差的员工，汇总后，6 个工地总共 25 名员工。

我们立即抽调出这 25 名员工，把他们汇集到一个新开工项目上，然后，对他们进行"特殊照顾"，辅助摄像头，秘密对他们的工作情况进行观察。结果发现，有 5 名员工的确是工作较差的员工，有 7 名员工是工作一般的员工，还有 13 名员工的工作其实非常卖力，并不是原来的项目部领导认为的工作不怎么样。

为了找到原因，我们与所有 25 名员工进行了交流，最终我们发现：

5 名比较捣蛋的员工，相对来说比较年轻，确实不是能静下心来干活的人，完全可以调配他们从事其他工作。

7 名表现一般的员工本身就是动作不协调、出工不出活的那类人，但并不是偷懒，也许他们天生就是那种不紧不慢的性子。

最有意思的是那 13 名员工，尽管他们工作都挺卖力，既出工又出活，完全颠覆了人们对他们工作较差的印象，但是经过调查，发现他们现在工作业绩不错的原因多种多样，汇总如下：

● 更换了环境；

● 与新的队友一起干活有劲头，在原来的氛围里受气，受打击和排挤；

- 有人肯定他们在工作中取得的成果；
- 新项目对他们不会进行苛刻的管理，所以干起活来就得劲儿；

……

通过这个试验可知，除了环境、员工的行为和个人能力外，一定不能忽视员工之间相处的关系。

德鲁克说过：管理就是激发人的善意和潜能。但是摆在每一位管理者面前的一个问题是：如何激发员工的善意和潜能？

这就离不开企业文化，需要一套完整的文化体系来提高员工的积极性。

有人说，企业文化就像海洋一样，具有自我净化的功能。的确，企业有了完善的文化体系后，就如同细胞一样具有自我保护和修复功能。这也是我们德胜教育不断地开发一系列企业文化落地工具和方法的原因。

用"视罪"和"实罪"判断员工的行为

董事长陈女士刚从英国回来，公司就发生了这样一件事：

公司一位专职驾驶员一段时间以来经常发现自己钱包里的现金总是莫名其妙地少了几百元，他隐约觉得有人盗取他钱包里的现金，数目从100元到300元不等。为了不打草惊蛇，该驾驶员就向陈女士等几个人反映了情况。

在陈女士看来，公司一贯提倡家文化、追求幸福企业，这是不可原谅的事情。于是秘密安排技术工人在楼梯等隐蔽处安装了摄像头。

经过调取录像，仔细辨认，发现一位李姓职工明显有偷窃嫌疑，最让人感到不可思议的是他还是技术部门的一名负责人。派出所友好建议："你们公司先对嫌疑人进行处理吧。如果你们处理妥当，受害人也愿意调解，我们就不追究；如果你们不能处理或者受害人投诉，我们派出所就要抓人。"

但嫌疑人面对事实仍然死不承认是自己偷的。

我当时恰好担任该公司的文化顾问，陈女士第一时间想到了我，就拨打电话询问这种事情该怎么办。

我就问她：这个人人品如何？他的工作有没有人可以替代？

她把这个人的基本情况告诉了我：此人虽然在公司做技术部门负责人，但平时表现一般，随时有人可以替代他。最可气的是这位员工还欠被盗驾驶员1万多元钱。

我建议她采取以下措施：

偷盗历来都是犯法的行为，按照我们在辅导过程中提出的"视罪与实罪"原则判断，嫌疑人对发生的事件显然持"视罪"的态度，就是即使有录像，也死不承认自己有盗窃的事实，他压根儿从心里边就不承认自己有错，那么，对这种人就要零容忍，该出手时就出手，立即与他解除用工合同。

在支付宝、微信等电子支付手段非常便捷的今天，在陈女士的公司内居然发生了偷盗事件，受到伤害最大的是这位驾驶员，因为他把嫌疑人当作朋友才会借钱给他，但嫌疑人却多次趁驾驶员不备作案，实在让人忍无可忍。案发后还矢口否认，态度恶劣，可见其人品存在严重问题。

后来，公司从其他同事处了解到，嫌疑人每个月的工资悉数上交给了太太，然后到处向同事借钱消费，甚至与不三不四的人打麻将赌钱。

陈女士果断地与嫌疑人终止了合同，同时也安排人员拆除了摄像头。

德胜洋楼公司提出了"视罪"与"实罪"的概念。"视"与"实"本质上是两种价值观。"视罪"指的是一个人做了错事或犯罪后，如果抵赖，死不认账，说明他心里不认为自己犯错。"实罪"则恰好相反，是指一个人做了错事后，无论有没有被别人发现，内心都会认识到自己的错误，愿意求得企业或受害人的原谅，并从内心深处改变自己。

尊重员工的人格和尊严

尊重是一种修养，是一种宽厚待人的美德。人在生活和工作中需要尊重，就像少不了明媚灿烂的阳光一样。

提到尊重，首先是尊重人的生命，因为人的生命只有一次。其次是性别，永远要男女平等，不能有性别歧视。当然，还要尊重人的生理权、居住权等。

在职场上，有一种尊重是不能忽视的，那就是对职工的人格和尊严的尊重。管理者的言行如果时时处处都能尊重人，他一定会具备师长一样的风范、慈母般的温柔和亲朋般的温暖，一定会成为驰骋职场的绝顶高手。

有一家饭店庆祝开业10周年，红毯铺地，旗帜飘飘，花木芬芳，乐队鸣奏……一应俱全，好不热闹，300多位宾朋好友，络绎不绝前来祝贺。

庆祝宴会开始前，董事长来到宴会厅大门口，两位身着艳丽旗袍的礼仪小姐站在大门口，热情地迎接他。然而，他没有表现出一丝的高兴，反而脸色凝重，掏出手机立即呼叫庆祝活动的一位负责人，当着两位礼仪小姐的面指责并呵斥道："你怎么找了这么难看的两个礼仪小姐，我们有那么多的服务员，随便拉一个都比她们漂亮，实在丢尽了我们饭店的脸……"负责人唯唯诺诺，答应立即换人。

两位礼仪小姐当时就流下了眼泪。可想而知，此刻她们的心一定像刀割一样难受。这是对正在全身心做服务工作的年轻女性的极大不尊重！

礼仪小姐的工作性质是全力做好迎宾、引领和陪伴等工作，主要为了烘托现场热闹气氛，礼迎八方宾朋，增强与客户的黏性，提升公司信誉。只要心中有爱，工作积极主动，勤劳敬业，说到做到，灵活应对，态度端正，方法得当，及时沟通，充满活力，就完全可以了。至于人的外在形象，那是由父母的基因决定的，不是每一个人都长得羞花闭月、国色天香、倾国倾城。

董事长这种对女性骨子里的不尊重，对职工辛苦付出的蔑视，实在让人难以接受。尤其是在职场上，唯有用正确和积极向上的价值观作为标尺，客观、公正地评价员工的好与差，从骨子里透出对人的人格和尊严的尊重，才能吸引人、留住人。

有人风趣地说，员工是"因为企业而来，因为企业管理者而去"。离职有多种原因，但是其中不容忽视的就是由于领导者不尊重人和处事不公平不公正，职工心灰意冷，才产生"大不了我不跟你玩了"的心态，最终愤然离职。

在任何时候，善意的批评和教育是可以的，但应以恰当的方式对员工循循善诱。专横跋扈式的训斥、以长相论高低，不尊重人的人格和尊严的现象和行为是要极力避免的。

任何企业都应该给予员工应有的尊重，而不是贬抑。尊重什么呢？德胜洋楼是这样做的：

第一，尊重他们的生命权。你可以不同意他的观点，但不能威胁恐吓他。

第二，尊重他们的性别权。男女平等，互相尊重。

第三，尊重他们的生理权，比如休息权、生育权等。

第四，尊重他们的居住权。

《道德经》中说：大丈夫处其厚，不居其薄；处其实，不居其华。先贤老子早就阐明了这一道理：真正贵气的人，存心朴实，要舍弃浅薄虚华而朴实敦厚。不过度追求繁华、虚名，见素抱朴，返璞归真。

实际生活中，学识越高、修养越高的人士，越能表现出和蔼和谦卑。他们无视一切权贵，面对弱小，悲悯自生。在他们眼里，人人都是平等的，没有等级和高低贵贱之分。

尊重人就是关爱他人和在意他人！为了生活中的每一天都能多一份平和、安宁和幸福，期盼职场上到处都充盈着尊重人的良好风气。

接待礼仪的关键：顾及参观者的感受

有一次，王教授和我去西安参加一场讲座，效果出奇地好。讲座结束后，王教授提到她有一位朋友开办了一家现代化养猪场，朋友盛情邀请她去参加他们的10周年庆祝活动，让我一同前往。该养猪场正好位于我的老家，为尽地主之谊，我就请我的好朋友、西安的滕女士一同驾车前去，她也想去参观一下这家在当地有名的养猪场。

但到了这家养猪场后，我才体会到了什么叫尴尬。

养猪场的老板倒是十分热情，见面一阵寒暄后，就安排一个小女孩带领我们参观。在偌大的屠宰区，小女孩解释的内容大致如下：

宰杀是全自动流水线技术，首先，对猪进行体检。还要播放音乐以使猪全身放松。然后把猪运到传送带上，先是沐浴干净，再通过传送带送到电击操作台上。电流在一瞬间、短短3秒钟时间就结束了猪的生命，接下来，猪会被送到操作台上清理血液，刮毛，开膛破肚，内脏分离……

就这样，小女孩一一详细地向我们进行介绍，滔滔不绝，我却发现朋友滕女士要么故意躲避，要么拨打手机，表现出心不在焉的样子。

随同我们勉强走出猪场后，她突然整个人就瘫坐在一旁了，脸色煞白煞白的。我的第一反应是她是不是生病了，赶忙一起搀扶她到办公室休息。

在办公室里，她告诉我：第一，她晕血；第二，她是佛教徒。说休息一下就好了。

原来如此啊，我悬着的心这才放了下来。

这件事让我不禁注意起接待礼仪的问题。

我们公司小有名气后，每年都有大量的中外客人来访，我自然少不了要去参与接待。接待过程中会遇到各式各样的客人，如何做好接待工作成为我需要考虑和解决的问题。

为此我们花费大量心血专门整理和制作了《接待工作口袋书》，便于携带，每一位负责接待的同事人手一册，可以随时翻看，具体的规定和要求分为四大类：接待须知、接待常识、友情提醒和有备无忧。尤其是在接待礼仪章节里规定：一定要尊重客人的生活和风俗习惯，并尊重每一位客人的宗教信仰；

- 信仰基督教的客人，忌吃血类食品，安排入住的房间内不可有佛像。房间内要放置《圣经》等。
- 信仰伊斯兰教的客人，主食为牛、羊、鸡、鸭和水产品，忌吃猪肉，不可以带客人参观教堂等。
- 信仰佛教的客人，忌吃荤菜。房间内不能放《圣经》，不可以带客人参观教堂等。
- 信仰道教的客人，特别强调禁止饮酒、食肉及"五辛"类的蔬菜。与道士打招呼，不可以用佛教的"合十"礼仪，而要用"拱手"礼仪，即两手抱拳行礼。

……

《接待工作口袋书》从衣、食、住、行、医、保、游、购、娱等多个方面做了非常详细的规定，在公司访客接待方面发挥了巨大作用。毫不夸张地说，这本口袋书几乎可以照顾到绝大多数来访客人的感受，让他们真正有一种宾至如归的体验。

回想那家现代化养猪场的接待工作，我强烈建议他们在接待礼仪上好好下功夫。

逆向思维解决春节值班和上班迟到问题

逆向思维，是对司空见惯的似乎已成定论的事物和观点反过来思考的一种思维方式。有时，人们对一些事情怎么想都想不通，但是换一种思维方式去思考往往就会豁然开朗，获得意想不到的惊喜。《三国演义》里的空城计就是逆向思维的代表。

春节期间值班问题是每一家企业必须要解决的现实问题。对于绝大部分员工来自全国各地的德胜洋楼来说，就更需要认真思考春节期间究竟由谁来值班的问题，因为员工们都习惯性地想回到老家与家人团聚。对此，德胜洋楼公司利用逆向思维，比较圆满解决了春节值班的问题：凡是愿意在公司和全国各项目部值班的同事，可以自愿报名，对于值班的员工，公司给出的优惠条件是值班人员的亲属可以陪同他们在各地过年，亲属的差旅费、食宿行安排都由企业承担。值班结束后，还允许员工驾驶公司车辆带着家人去当地旅游，并赠送1 000元的慰问卡，代表公司慰问亲属。这种逆向思维改变了春节期间员工们都愿意返回老家过年的固有做法，许多人自愿在各自工作的地方值班。

德胜洋楼还制定了员工上下班不需要打卡的管理制度。那么，万一有人天天晚来上班怎么办呢？如果发生这种现象，解决办法就是：连续或累计5天晚来上班的人，被督察员发现后，公司会专门购买打卡机，要求晚来上班人员连续打卡两个月，并且每天检查他打卡的情况。这就是典型的逆向思维解决问题的方法。公司规定员工上下班不需要打卡，但是连续或累积多天迟到的人却与大家相反，要求他们必须打卡。再良好的管理制度，一旦有人故意破坏，就要采用有效的办法来加以约束。

在国外也有一个典型的逆向思维案例。

法国南部的一个小镇上有一位名叫希克力的男孩。他16岁那年，相依为命的父亲不幸患上了一种罕见的肺病，医生们束手无策，只是建议说："如果病人能生活在空气新鲜的大森林里，改善呼吸环境，或许会有一线生机。"但到底有多少希望，他们也不清楚。

遗憾的是，希克力的父亲的身体已经非常虚弱，无法长途旅行去有森林的地方生活。看着父亲的病越来越重，希克力心急如焚。突然，他灵机一动："我为什么不自己种植一些树呢？"

父亲听说儿子要为自己种树后，很是感动，却苦笑着对希克力说："我们这里缺少水源，气候干燥，土壤贫瘠，让一棵树存活谈何容易？还是算了吧！"但希克力还是暗暗下定决心，一定要在自家门前种出一片茂密的树林来，因为这是唯一让父亲的生命得以延续的方法。

从此，希克力攒下父亲给他的每一分零花钱，有时早餐都舍不得吃，周末他还会到镇上去卖报纸和做些小工。攒了一些钱后，希克力就乘卡车去买树苗。卖树苗的老板劝他不要做无用功，可当得知希克力买树苗是为了拯救父亲的生命时，老板被深深地感动了。此后，老板卖给希克力的树苗常常只收半价，有时还会送给希克力一些容易成活的树苗，并教授他一些栽培知识。

希克力在自家门前挖坑栽培、提着一桶桶水灌溉树苗。由于当地干旱少雨，土壤缺乏养分，大部分树苗种下后很快就干枯死去，侥幸活下来的几株也长得歪扭矮小。一天深夜，突然下了冰雹，小树苗被砸倒了一大半。一年下来，他栽下的100多株树苗仅活了43株。

一年又一年过去了，希克力种的树苗越来越多，许多树苗已渐渐长大。希克力经常搀扶着父亲去树林里散步，老人的脸也渐渐红润，咳嗽比以前少多了，体质大为增强。

此时，再也没有人讥笑希克力是疯子了，因为所有居民都亲眼看到了树木的魔力，它带来了新鲜的空气，引来了歌唱的小鸟，小镇变得越来越美丽了。

希克力种树拯救父亲生命的故事在巴黎国际电视台第六频道播出后，不少媒体纷纷转载。许多人被希克力的孝顺、爱心、挑战自然的勇气，以及不屈不挠的精神感动。而小镇的人也纷纷投入到种树的行动中，树林的面积不断扩大，放眼望去，小镇四周都是绿色的屏障。

2004年，39岁的希克力被巴黎《时尚之都》杂志评为法国最健康、最孝顺的男人。令希克力欣喜万分的还不止这些，2005年初，医学专家对希克力父亲再次进行诊治时发现，老人的肺部病灶已经不可思议地消失了，他的肺部如同正常人一样！医生感慨地说："在这个世界上，爱是最神奇的力量，有时它比任何先进的医疗手段都有效！"

是呀，只要心中有爱，无论在多么贫瘠的土壤里，都能长出最粗壮的树木。

在企业管理中，逆向思维不仅能让人们想明白很多事情，更能找到问题的根源和解决办法。面对看似无解的问题，运用逆向思维，换一个角度来想事情，可能就会柳暗花明了。

宁可漏掉一万个坏人，也不能冤枉一个好人

施工工地宿舍里发生了一件事，一个工人去银行取了 1 200 元，第二天却意外地发现，自己的钱包里少了 500 元，只剩下 700 元现金。于是，他把情况详细地反映给了工地主管诸葛先生。

在当天晚上召开的例行会议上，诸葛先生表示：首先，偷窃是严重的违法行为。工地上往来人员比较多和杂，既有我们的职工，也有甲方人员和监理人员，还有其他闲杂人员出入。如果是我们在座的员工谁拿了 500 元钱，我们决定不予追究。我们今晚在施工现场的一个角落放置一个木箱子，希望他能主动把钱投到这个木箱子里。这里没有摄像头，也不允许任何人去监视。

第三天一大早，诸葛先生去查看那个木箱子，结果并没有现金的影子。到了晚上再次开会，他强调说：有两种情况，第一种是我们员工没有人偷拿这笔钱；第二种情况是我们的员工偷拿这笔钱了，他不敢把钱投到这个木箱子里，可能没有勇气去承认自己的行为。本着"宁可漏掉一万个坏人，也不能冤枉一个好人"的原则，诸葛先生重申：绝不能冤枉我们在座的每一个人。我们再把那个木箱子放 3 天，如果哪位员工拿了这笔钱，请你随时把它放到木箱子里，这件事就算了结，我们不予追究。人毕竟有一时糊涂的时候，犯了点小错，不用上纲上线。

第六天到了，最终那个木箱子里还是没有一分钱。再次召开例会时，诸葛先生说：如果是我们在座的员工偷拿 500 元钱的，希望你慢慢地改变，即使改变的过程是非常痛苦的，你都要慢慢地去改变自己的行为。这次你偷拿了别人的 500 元，如果下次又犯了偷窃的瘾，那你就只偷拿 300 元；下下次，你就只偷 200 元……一次一次慢慢地减少，最终不再偷拿别人的钱。醒悟过来就好，变成一个光明正大的人。

这种处理方式，目的是教育全体职工，即使是对待小偷也要宽宏大量，绝不痛打落水狗，只求一时的痛快。这样才能潜移默化，润物细无声地引导全体职工向善向上。生活和工作中，虽然我们不能改变一个人的天性，但可以改变他的行为。

在管理中，德胜公司一直坚持一个理念：宁可漏掉一万个坏人，也不能冤枉一个好人。

是发票还是"发飙"？——说说报销发票的事

我们首先来看关于报销发票的三件事。

第一件事，为了获得住宿发票，额外去酒店住宿。

某教授去外地出差，受到当地的朋友 A 的热情接待，下榻在 A 朋友的别墅里，畅叙旧情。三天后，教授却遇到一件麻烦事：回学校后不能报销所有发票，原因是出差缺少住宿发票：在 A 朋友的别墅里住宿，当然没有发票了。于是迫不得已，教授就在第四天，去了某酒店住宿了一个晚上，开具了一张发票后才返回了学校。

同样，某国有集团公司六位管理人员去外地出差，也是免费食宿在朋友的一处私家园林里。也是在临离开时，才发觉因缺少住宿发票而难以报销所有发票。于是，他们额外预订了一家豪华酒店，打破了原定计划，潇洒了两天后才返回公司。

第二件事，最长时间报销的发票。

某民营企业的办公室主任参加了一次培训，六个月后，他参加培训的发票 3 980 元居然还没有报销，原因是报销需要经过漫长的流程。他需要准备以下材料：

- 培训的发票。
- 培训的通知。
- 培训教材前三页的复印件。
- 培训前付款的凭证，如微信付款的截屏、转账的凭证等。
- 培训课堂上的照片和集体合影照片（照片上必须有培训横幅、LOGO 标志）。
- 培训后不少于 1 000 字的感想和心得体会。
- 其他可以证明培训的证据，如培训时佩戴的胸牌、用餐证照片、住宿酒店的照片、材料袋照片等。

以上所有资料还要逐一扫描并上传至公司的办公系统，经过财务人员检视，请董事长在发票上签字后，才能拿到报销款。

第三件事，盖章最多的发票。

某民营企业购买了一套台式电脑，工程师提前按照谈妥的价格开好了发票,高高兴兴地给企业送上了门。安装调试好之后准备结清款项,没想到的是报销却成了工程师不得不求爷爷告奶奶的麻烦事。先是电脑使用人员在发票上签好名字,然后又去找仓库经理签字,说是电脑要入库,还要具体入库管理员签字,这还没完,还需要找到财务会计签字、财务出纳签字,最后在办公室主任签名后,到财务室才拿到了钱。这张发票不应该叫发票,而应该叫"发飙"。

我们来简要地分析一下。第一件事,教授和集团公司迫不得已,本该三天出差就可以打道回府了,硬生生地需要再额外居住一两天,原因是为了开一张发票,这样既耽误了宝贵的时间,又额外增加了开支。难怪有朋友告诉我说,他出差时,一般都是先在规定标准的酒店里办理好住宿手续,然后他喜欢住哪儿就住哪儿,如此一来既不影响从酒店开发票,也不影响他与朋友聚会。

第二件事,提供至少七份资料,才能在六个月后报销。我们不禁要问:面对这样繁杂冗长的手续,员工如何才能有激情地工作?如何才能灵感迸发?

第三件事,经过六个人签字,效果是不是会大打折扣?谁都签字,似乎大家都有责任,但是最终的效果就会更好吗?这种形式主义在企业里根深蒂固,似乎谁都承担责任,万一出事,集体担责会得到令人满意的效果吗?

任何企业,只要开门就面临四件事,即增收、节支、提效和避险。那么,前文所述的教授和集团公司领导的出差,既增加了费用,又浪费了时间,这种劳民伤财又不得不为之的规章制度何时才能改变?

一张普通的培训发票,居然半年后才可以报销,相关人员会怎么想?六个人签字才能报销,这让供应商和客户怎样看待这家企业?让一位外来人员为了一张发票而跑来跑去,找这个签字,找那个签字,这对他合理吗?

之所以会出现以上怪现象,归根结底还是对人的不信任。为了根除这些怪现象,我们提出以下三个建议。

第一,建立共同遵循的价值观,那就是诚实做人。必须要相信,任何人不是一生下来就会作弊的。这个基础假设非常重要,不能任何时候把任何人都当成坏人。

第二,调整和改变相关的制度,或者制定一些补充规定,鼓励诚实。只要是有助于节省开支的行为,企业都应当给予大力支持。

第三,改变员工的心志和认知。鼓励管理者和员工对实际管理中出现的问题提出建议,然后有针对性地进行改善。心志,原意是指心志气力,现在大多指的是积极上进或做成某事的决心和勇气。如果大家都保持沉默,管理就会永远处于停滞不前的状态,缺乏活力和激情,这样再想要节约成本和高效方便，只能是天方夜谭了。

对于企业来说，要根除各种怪象，就要思考以下几个问题：

- 制度设计能够减少等待吗？
- 员工是否感受到被信任和尊重？
- 员工敢于、乐于揭露问题吗？
- 员工有足够的安全感吗？
- 员工的意见受到重视吗？
- 员工乐于贡献自己的智慧吗？

……

企业为了防止少数人的行为，设计出把每个人都当成防备对象的制度，从而扼杀了大多数人的主观能动性和创造力。这是本末倒置的。优秀的制度设计，不仅能够兼顾多个方面，还能让制度自动运行。在德胜洋楼，员工们报销完全免签字手续，领导压根儿就不管员工的报销，由员工自主去完成，省却了诸多烦琐的流程，节约了时间和费用。这种信任制度在长期的生产和工作过程中给德胜公司的全体职工带来了数不尽的益处。

信任、制度与人性所催生的关系值得每一位决策者深入思考。好的管理制度可以有效地激发人性的善良，激发人的内驱力；而错误和不当的制度不但起不到积极、正向的作用，反而会给管理者增添困难和麻烦，给企业增加额外的成本。

企业里，千万别把"发票"变成"发飙"！

把系统和组织结合起来防止诈骗

说起网络诈骗，人们对那些作案分子往往深恶痛绝，觉得应该把他们一个个都抓起来绳之以法。

针对网络骗子一而再、再而三地得手，骗得不义钱财，任何企业都需要从系统上和组织上分析一下。系统思考是一个完整的闭环，要从根源上思考以下问题：犯罪分子频频得手的根源是什么？他们是什么样的人？他们一般采取什么样的手段？他们主要从哪里下手？他们的话术和套路是什么？等等。对于这些问题，楼梯间的警示公告和公安系统防诈骗中心的信息是最可靠的。

从组织上思考，就是企业的全体人员要行动起来，集体研讨，有效论证，制定防范制度和措施，逐一落实执行，从而达到有效防范的目的。最终，通过系统思考和组织思考，把职工个人的智慧转变成企业共同的智慧，用企业的智慧弥补个人的智慧。商讨防骗的过程比防范结果更重要，通过商讨可形成一股强有力的打击行骗者的洪流，必定会有好的结果。

德胜洋楼曾经有一项规定：任何职工，收到任何中奖信息，都要将该中奖信息转告给公司指定的一个救助部门，由这个救助部门义务代他们领取奖品或奖金，不允许本人贸然去领取任何所谓的奖金奖品。这个救助部门什么都过问，帮助职工解决包括被诈骗在内的所有问题。职工购买彩票中奖了，公司替他免费代领奖金奖品，而且不允许中奖职工以宴请、付酬、赠礼物等任何形式向救助部门的任何人答谢。因为公司制定这项规定和设立这个部门的初衷就在于有效防止一切诈骗行为。

最近与我一起出差的潘老师说了一件他了解到的一种防范措施：公司的软件管理系统会不定期地模拟各类五花八门的诈骗信息，发到每一位职工的手机上。如果职工直接点开这条"诈骗"信息，系统就会马上提醒他：您要加强防范诈骗意识了！

类似这样的信息有一定的警示作用，对于保护职工的利益、有效地防范诈骗可起到应有的效果。

总之，防止被骗是每一家企业、每位职工和家属都必须重视的一个问题。希望不再出现类似"本社区×女士被网络诈骗18.98万元"的警示。

做有灵魂的人力资源工作

众所周知，人力资源经理是面试别人的。这一次，毛玠人力资源俱乐部却来了一个面试人力资源经理的差事，邀请我作为顾问之一。那些经常掌管别人职业命运的人，要面临对他们自己的一次大考了。

毛玠是三国时期曹操手下负责选拔人才的官员，他所推荐任用的都是清廉正直的人士，那些在当时虽有盛名而行为虚浮、不务根本的人，始终没有得到引荐。以毛玠为俱乐部的名字，正是寄希望人力资源人员要像毛玠一样做好各项工作。

人力资源经理这个岗位的重要性不言而喻，企业里凡是与人有关的大小事宜，归根结底都可以去找人力资源部门解决。

这一次，俱乐部从以下10个方面考察想要加入的人力资源经理：
- 谈吐、表达能力、逻辑思维。
- 加入俱乐部的意向和动机。
- 工作经验与潜能。
- 职业规划管理。
- 影响他人能力。
- 主动学习能力。
- 自知力、自控力、自律性。
- 时间观念、条理性。
- 事业心、进取心、自信心。
- 人际协调能力。

可见，面试评估的内容非常全面。很少有人能够完全满足以上的10条要求。

当天晚上，我们三位顾问一起面试了八个人，碰巧的是，这八人都是女性。俱乐部负责人说，做人力资源工作的男性数量远没有女性多。

面试通过腾讯会议进行，然后由各顾问评估打分，最后择优录取。

其中有一位女士，2016年到2022年8月，先后在五家企业做人力资源经理，而且大部分都是她主动离开企业的。但是作为一名人力资源经理，如此频繁地更换工作，是不是该从个人角度去思考一下？

人力资源经理作为企业老板的左膀右臂，要围绕企业的愿景、使命和价值观，从战略的角度去经营企业，调动企业的能量。人力资源经理应该去影响别人，改变别人，用自己的能力和为人去处理企业面临的一切问题。企业管理上的问题，大多数还是人的问题。人力资源管理要像黏合剂一样，把各个部门、各位员工聚在一起。基于人力资源管理的专业度，有效地解决企业管理中存在的问题，是义不容辞的责任。

这位女士频频跳槽一定还是自己能力的问题。

那么，从企业的什么方面入手去激发全体职工的能量，与领导者保持同频共振呢？一定要人力资源管理专业人士才能做好人事工作吗？还真不见得，有一件事情给我们的启示非常深刻。

有一家民营企业的运营经理在工作半年时间后，有一天老板对她说："我准备把现在的人力资源经理换掉，由你来做。"

她当时很吃惊，因为她从来没有做过人力资源工作，而那位人力资源经理已经工作了15年，经验非常丰富。于是她就去找老板，说她既没有经验，也没有学过人力资源管理，怎么能担此重任呢？

老板告诉她说："你虽然不专业，但是你更知道企业需要什么；他虽然很专业，但是企业不需要。他精通六个模块，也做了很多的工作，但是他的工作是没有灵魂的，他不知道每个模块的工作到底是为了什么。"

后来的事实证明这位非专业的人力资源经理做得确实不错，一举让这家民企成功上市。

无论是人力资源专业人士还是非专业人士，都要知道人力资源工作必须要有灵魂，只有用心去管理，才能与企业实现同频共振。

一位临时工的特殊经历

早期，因为各类工种的需要，施工企业是可以雇用临时工的。雇用临时工的目的是处理短期缺少人手、劳动密集型或额外性的工作。当遇到特殊或繁忙时节的事务需要处理时，公司就不得不聘请临时工救急，我们也不例外。

雇用临时工劳动用工成本低廉，招之即来，挥之即去，随时可以辞退，而且临时工一般都珍惜机会，工作起来认真卖力。

直到公司发生了一件事，促使我们对工人管理进行了深入思考，对部分制度进行了更新。事情是这样的：

一位刘姓的临时工，当天在一处项目施工地结束工作后，就出去了。不久，这个施工地的项目经理就接到了公安局民警打来的电话，询问工地是否有一位叫刘××的工人，对方毫不客气地说："你赶紧派人来公安局吧，他因为有嫖娼嫌疑被抓了。你们过来处理一下。"

挂断电话，项目经理立即驱车赶到公安局，详细地了解了情况，并立即将事情原委向公司老板做了汇报，老板即刻下达了命令："第一，无论花多少钱，先把人领回来。第二，这件事，目前只有你知我知，不要再让其他人知道，要保护好刘先生的个人隐私。"

最后，项目经理交了保证金，将刘先生保释了出来。

老板再次做了指示："第一，去医院检查。第二，给他放假三个月。"

第二天，项目经理抽时间亲自带刘先生去了当地医院，详细检查了一下。很快，检查结果就出来了，一切都正常。然后，项目经理安排刘先生回家，与妻子和家人团聚三个月。

这件事情发生后，老板一直在思考一个问题：究竟如何解决施工工人夫妻长期分居的问题。

一个月后，老板组织公司部分管理人员就工人夫妻团聚问题进行了一次专题讨论。经过认真讨论，公司做出了以下规定：

第一，工人配偶任何时候都可以去施工地现场，夫妻可以免费居住施工地宿舍五天六夜，其间也允许在施工现场食堂免费用餐。五天六夜后，如果夫妻继续团聚，可以实行下述第二条规定。

第二，夫妻二人还可以在施工地附近就近长期租住房屋，租房费用由公司报销一半。

第三，工人一年可以调休四次，每次假期返回公司的单程车票或淡季时的机票可以由公司报销。

第四，每半年可以连续调休 21 天。

项目施工地分散在全国各地，一般都距离员工的家较远，无论是临时工还是固定工，都会产生与配偶聚少离多的现象，这起事件引发我们从管理上进行了一系列思考。以上这些管理制度的及时出台，在一定程度上解决了施工工人夫妻长期分居的问题，体现了公司的人性化关怀。

后来，表现优秀的临时工先后转变成了公司的固定工。而那位刘先生回家后就再也没有回来。然而，他的事，只有老板、项目经理和他本人知道，公司切实地保护了每一位员工的隐私。

虽然这是一起不光彩的事件，但公司通过完善相应的管理制度，弥补了不足，有效地防止了同类事情的再度发生。这正是公司治理所必须要做的。

德胜 治理的人和事

2 遵守统一的规则

既不做损人之事，又要懂人之常情，更要讲规则

一

一天，我在地铁出口等候一个朋友，发现有一个中年男士在路面上到处寻找着什么东西。出于好奇，我就与他聊了起来：他的电瓶车停在这里，车钥匙忘了拔出来，就匆匆去办事了，车钥匙环上还附带着六把其他钥匙。然而，等他回来，发现电瓶车旁边地面上凌乱地散落着六把钥匙，唯独找不着电瓶车的钥匙，这把中年男士气得够呛。电瓶车都放着没偷偷骑走，偏偏要恶作剧地把车钥匙偷去，让他气不打一处来。

最后迫不得已，他只能推着车去配一把车钥匙了。幸好，公交车两站地的距离就有一个配钥匙店，否则他就麻烦了。

看着他推着车远去的背影，我不禁咒骂做出这种损人不利己行为的人。

二

一次，我驾着公司新买的小面包车去外地出差。由于是13座车，只有持A2驾照的我可以开，我一个人驾车持续行驶了六个多小时，才到达了目的地城市。随行的九个人都说饿极了，期盼着先吃饭，我们没有来得及登记酒店，就先在一处小饭店吃饭。大家吃饱之后，走出饭店大门，有人就发现：我们的新车左侧居然被人狠狠地划了一道长印子。

一琢磨，这里同时有三家餐饮店，我们在其中一家吃饭，另外两家饭店可能是因嫉妒而报复。

这是损人不利己的又一个例证。

三

一天，由于八点半要接待一批远道而来的客人，因此我一大早就准备出发。还没有出门，我的电话铃声就响了起来，一看是同事打来的。他说，一批客人6点20分就到公司了。

哦！说好听点，这批客人迫切想与我们见面交流；说难听点，这批客人没有时间观念，不懂人情世故。来得那么早，让人无所适从。但是，我的原

则是来的都是客，必须要以礼相待。于是，我让同事给他们准备西餐，先吃点东西，等候我到达。

见了面之后，其中一位老板一个劲地夸赞我们提供了免费早餐，还说面包、香肠等都是热乎乎的，让他们非常感动。

四

一天，有一批培训师客人一大早就直奔公司计划约见我。让人想不到的是，他们到达我们公司后，看到西餐厅布置得浪漫幽雅，有人直接入座前去用餐了。

这可把我们的服务人员急坏了，马上打电话向我报告。

这样的人，风度到哪里去了？起码的规则意识都丢了。

须知，培训师自己首先要做出表率，然后才能给各界的朋友传授各类知识。

发生在我身边的这四件事，看似平常，实则不简单。

现实生活中，做人可以普普通通，但不能不懂起码的规则。有些人之所以能够事业有所成就，在社会上如鱼得水，游刃有余，就在于他们懂得人情世故，时时处处讲求规则，不做损人利己之事。

随意接受吃请要受到重罚

早些年，公司遍布在全国各地的项目部办公室都要安装至少一部座机电话。

德胜洋楼有一个规定，每天早晨一上班，总部要拨打一次各项目部的电话，既起到情感连接、温情慰问的作用，又可以了解一下一线有没有可能需要总部帮助做的事项，抑或提醒一下当日的天气情况，目的是使管理人员保持一种永远不脱离一线、扎实做好服务的工作作风。

一天早晨，上班近一个小时了，一位负责人照例拨打电话到一个有50多人的项目部，结果拨打了多次，对方办公室都没有人接听。这位负责人立即纳闷和警觉起来，担心这个项目部发生什么意外，就立即通知督察部门进行调查。

调查人员后来了解到详细情况，大家这才放下心来：

原来是因为一客户的房屋上梁了，这在当地是一个特殊的时刻：上大梁的时候要放鞭炮，庆祝房子即将完工，要大摆酒席，请全村的男女老少和施工队伍热闹一番，给新房子添一些人气、喜气和旺气。

项目部的人员因为头天晚上热闹得有些过头，休息得太晚了，第二天早晨都还处在沉睡中，办公室无人上班，当然就没有人接听电话了。

问题调查清楚了，按照公司规定：任何职工都不能随意接受客户的吃请。最后，公司高层经讨论决定：项目部负责人和助理各处罚1 000元，给予其他参与吃请的职工每人处罚300元。

有人可能觉得有点委屈，但是规章制度就是这样的，必须不折不扣地遵守。这件事也给其他项目部提了个醒，如果头一天向公司申请，说明理由，及时做好夜间值班、安全防范等工作之后，公司一般会批准的。如果不打招呼，没有做好相应工作，私自接受客户吃请，就会有不安全因素存在，严重违反公司规定，性质就变了。

后来，这个项目部在施工过程中又有好的表现，公司又对全体施工人员给予奖励。

任何时候，我们都要严格遵守管理制度，维护良好的施工秩序。同时又要人性化地处理各方面问题。

德胜的幸福元素

不知从什么时候开始，企业界和各媒体都在探讨有关幸福企业的话题。

美国著名调研机构盖洛普公司认为，只有通过对幸福感进行测量，才能帮助国家和社会深入了解人民是生活在痛苦和挣扎中，还是生机勃勃、欣欣向荣地发展。它们强调"国内幸福总值（GNW）"应高于国内生产总值（GDP），提出国家应当为提升人民的幸福感而对生涯幸福、人际幸福、经济幸福、健康幸福和社区幸福这五大要素制定相应的政策和措施，由此，最终实现民生的改进和提高。

美国《哈佛商业评论》杂志则用了较大篇幅，从工作的意义感、对工作的掌控度、工作环境、人际关系、成长机会、全面薪酬和公司声誉七个方面对国内外众多企业和职工的幸福感进行了较为详细的分析，在企业界引起了较大的反响。

工作幸福的决定因素

人们纷纷关注幸福的现象无疑是一件好事。但现实情况是，老板打心眼儿里幸福、职工对团队心服口服，幸福指数非常高的企业凤毛麟角。无论是赚得盆满钵满的企业，还是正为了生存努力的企业，抑或是步入衰退期的企业，真正的幸福似乎是奢侈的事。

近年来，德胜（苏州）洋楼有限公司实实在在地展示了自己作为幸福企业的实力，形成了许多企业梦寐以求的管理状态。这里简要分析一下她的幸福元素，希望对其他的企业有所裨益。

一、心情快乐比业绩、工程进度更重要

假如你来德胜做客，接待人员不会向你展示公司历年来所取得的成就。你很难看到墙壁上悬挂着的荣誉奖牌和表示营业收入连年增长的各类图表，因为这些属于过去的荣誉和成就，也不会向你展现未来的宏大规划。但德胜会不厌其烦地向你介绍公司的管理细节，比如公司员工如何正确做人、踏实做事，如何把每一个环节做得充分、到位，如何每天勤劳并愉快地工作……他们认为这才是企业管理至关重要的事情。德胜的职工围绕最小的事情来解决企业存在的各类问题，职工自然就全身心愉快地投入到工作中。若小事没有完美解决，大事一定会处处受挫，大事都是由无数小事组成的。

德胜一贯认为企业经营的好坏永远是企业决策者的事，与企业的职工没有直接关系。职工做好自己的本职工作，企业就要按时发工资，年终还要给予一定的奖励，这是天经地义的。企业收入的多少与职工本身没有绝对的关系，因此也就不给职工每年分配经济任务和指标。德胜认为，经济任务和指标只会让职工喘不过气来，这不应是幸福企业所追求的。企业决策者没有能力制定一年的增长率，因为企业经营的结果是由国际环境、国家政策、行业规则、市场波动、企业自身的竞争实力等多种因素决定的。在德胜，工作和生活的氛围替代了许多企业处处谈论业绩的压抑。德胜从来没有对职工的业绩制定考核指标，但对职工的人格、品德和行为的要求很高，一系列规章制度都是以优秀公民的标准为基础的。代替传统意义上 KPI 指标考核的是职工日常具备较高的道德水准和对他人及社会正确、积极、达观的态度。

作为施工企业，德胜从来都不会人为地赶进度，而是在遵循自然规律和人员、物资充足的前提下，按照正常进度进行施工。如果没有检查和验证，下一道工序不能盲目向前推进。这也是对质量问题坚决不妥协的力证。这样做工程质量可靠，安全系数达标，房屋不会漏风漏雨，顾客没有投诉，员工能睡安稳觉，这才是最大的幸福和满足。

在德胜，员工如果工作不在状态或情绪低落，就可以提出休假。因为德胜任何时候都以保护职工的生命为第一要务，生命权高于其他一切权利，失去了生命，一切都没有意义。

很多时候，人不快乐的根源就在于欲望太高，过高的欲望会使人产生极大的压力。如果企业忽视员工的幸福感，无限制地膨胀，以不正当的手段获利，所谓的成功建立在不正当的基础之上，这样的企业注定会是失败的。其员工也被一张无形的大网笼罩，永远不会获得实实在在的幸福。

二、尊重职工的尊严比降低成本更重要

从成立伊始，德胜就规定必须要从骨子里尊重职工。这说起来非常容易，但做起来却比较难。在德胜，职工能够享受更多的实惠，甚至有的待遇比公务员还要好。这样职工就会一门心思为公司工作。

拿孕妇举例：国家规定孕妇可以休产假三个月。德胜则规定法定产假前后各加一个月，孕妇至少可以休五个月产假。有特殊情况的孕妇，往往休满一年才上班。有的孕妇每天要驾车一个多小时上下班，公司就干脆劝她们提前休息，以免发生意想不到的危险。对于年龄较长的孕妇，公司还会请医生介绍保胎知识。

在许多人看来，德胜这些做法会增加许多成本。但是职工的赤诚、爱心、凝聚力及其为公司所做的贡献是金钱无法衡量的。

保健因子（工作满意度）	激励因子（工作自豪感）
·工资与基本福利	·五星酒店年会
·生活环境与工作环境	·工作五年可出国考察
·禁止带病上班，生大病公司有保障	·终身员工承诺养老
	·获得各种认可和荣誉
·"生命第一"的原则	·得到尊重

双因子分析德胜洋楼员工的幸福度

三、业务专一比通吃更重要

自成立以来，德胜一直只做建造商。众所周知，做开发商会赚更多的钱，但德胜从来都没有去做开发商。她只是默默地把自己承包的住宅建造好，把优质房屋的钥匙交给客户。多年来，她的建造质量让国内外专家称赞，在业内树立了良好的口碑。她认为钱是永远赚不完的，不能见什么能赚钱就马上转向什么业务。如果大家都往一条道上挤，势必会造成多败俱伤的局面。企业样样都去做，就会分散时间、精力和金钱，最后可能样样都做不好，将会制约发展，影响品牌，不能发挥自身优势，增加经营风险。因此，通吃不全是好事。

德胜长年只专注于做施工企业，甘于寂寞，这在当今社会是难上加难的。

德胜的专一性还体现在：人无我有，人有我新，人新我精。

四、精通业务比依赖人脉关系更重要

如果一家企业依赖于各种人脉关系来开展业务，迟早是要出问题的。企业绝不能把自己的业务与人脉关系捆绑在一起。彼得·德鲁克先生在他的《21世纪的管理挑战》中说：企业要在同行业中居于领先地位，就要具备同行业其他企业根本无法效仿，或是远不能及的优势。这种优势能将生产商或供应商的特别能力，与顾客所重视的价值有效地融合在一起。

正确的赢利模式，还要与良好的道德水准相配套，才能永远立于不败之地。企业要永远以优质的产品、服务和信誉赢得客户。德胜认为：只有认真的工作作风及向客户提供高品质的产品和服务，才能博得客户永恒的尊重。言外之意，企业的发展如果是靠人脉关系和不正之风获得的，那是绝不能持久的。

此外，德胜认为企业一定要理性经营，不能投机钻营。老板也许可以通过一种思维，遇到一个机遇或者一定的人脉关系成功赚取第一桶金，但在以后的企业经营中，不可能还是套用赚取第一桶金的模式。认识到这一点，对于一夜暴富的老板或企业非常重要。老板绝不能自以为是，认为自己第一次成功了，那以后也会成功，这种想法是幼稚的，也是非常危险的。德胜永远不以一种模式经营企业，永远以企业一线的实际和充分的调研为决策的基础。

五、遵守规则比自以为是的小聪明更重要

德胜公司永远提倡按照既定的规则和程序做事，尽管许多程序操作起来并不容易，但是大家都遵守程序，公司变得有秩序、有条理，整体上提高了效率。人人都遵守程序，大家都会从中获得益处。规定和程序越明确，职工与企业间的矛盾或误会就会越少。职工只要遵守规则和程序，事情就变得简单和直接，职工才会坦然地工作和生活，幸福感和荣耀感就会油然而生。

进一步说，现代社会的公平与公正必须以遵守规则为前提。德胜公司旗帜鲜明地提倡公平公正，增强职工的规则意识，因为她认为公平和公正的环境是企业健康发展的基础，如果员工没有规则意识，公平、公正就无从谈起！

六、认错态度比犯错后果更重要

德胜对各岗位、各职责都制定了较为详细的标准、程序和规定，只要按照这些规定和程序做，职工就会少犯错误。即使出现差错了，公司首先考察操作人员是否遵守了标准、程序和规定，如果遵守了责任就会降低，如果违

反了则会加倍处罚。一旦犯了错误，无论是谁的责任，也无论责任轻重，必须真诚承认，求得公司的理解和原谅，这是正确对待所犯错误的态度。做到了这一条，相关责任先减一半。如果不承认，那问题性质就严重了，经济赔偿可能会加倍，可能会召开专题听证会，对事件和行为进行质证等。犯错后百般狡辩的人，其犯错的成本非常高，因此许多人都会尽量不违反公司相关规定，尽可能地不犯错。显然，遵守制度、规定、程序和标准要求是正确的选择。

责任人深刻地认识错误行为给公司、他人和自己造成的经济、荣誉损失，表示遗憾和愧疚的同时，还要从灵魂深处改变自己，保证同样的错误不能再犯。受到经济处罚的，必须当即就兑现。如果半年后再交罚款，心里的愧疚感就荡然无存了，处罚的效果就会大打折扣。

七、稳扎稳打比盲目扩张更重要

德胜提出，永远要"以能定产"，绝不能"以销定产"。市场是无限的，但公司有限的人力、物力决定了在承接业务时必须要量力而行，不可盲目扩张。一味地强调做大是不可行的，而是要好好衡量公司是否具备扩大的基本条件。在工作了一天后，老板是否能静下心来悠然自得地喝一杯咖啡，能够从侧面看出企业是否幸福。如果老板天天劳心劳神劳力，他的幸福感从何而来？老板不能沉溺于企业的管理与经营，而是应冷静地思考如何幸福地工作和生活，如何做到稳健、愉快。因此，德胜始终保持稳步的发展，不热衷于追求钱财的无限堆积。这一点值得企业界的朋友们深思！

八、终生保障比沉迷于钱财更重要

在德胜，实行的是"连工制"，就是职工从入职到退休都有保障，实现真正意义上的"老有所依，老有所养"。刚入职的员工就可以享受到许多福利和待遇，比如可以代表公司每年为自己的子女从小学一年级到大学毕业购买一件规定价值的礼物……连续工作五年后，可以获得一次免费出国考察的机会，享受到国家处级以上干部的待遇。第二次还想去，职工只需要支付非常少的费用就可以再次潇洒走一回。公司现在还在筹划一个新的规定：一旦职工意外离世，员工的父母或配偶可以领取 10 年的工资。连续工作 10 年后，职工就可以享受"终身职工"的荣誉，永久不解聘。到了 60 岁光荣退休后，公司立即启动养老保障体系，德胜称之为"金色降落伞计划"，公司为每位职工发"辅助养老退休金"。高龄的退休职工，无论生活能不能自理，都可以在德胜自己建造的养老公寓里颐享晚年。

德胜始终认为：幸福其实与人们拥有的金钱不能画等号，钱不能解决一切问题，比如钱不能解决夫妻感情问题，不能解决价值观问题，不能解决儿女问题，不能解决人的素质问题等。钱能解决的问题从根本上说都是小问题。

在德胜，还提倡职工做富有的精神贵族，不要做官僚味十足、牛哄哄的管理贵族。

德胜也从不片面地追求所谓的幸福，幸福的前提必须要符合人类文明，要遵守规矩。只有大家都遵守规矩，都在意别人，都能以别人为中心而不是以自己为中心，人们才会真正幸福，企业的发展道路才会越来越广阔。

从员工的角度分析，作为个体，员工的幸福应是发自肺腑的，不是包装或作秀。员工的幸福应是日常工作和生活的真实反映和自然流露，来自企业非常好地处理了职工与职工的关系，职工与他人和社会的关系。德胜既是这么认为的，也是这么做的。

德胜不盲目做大，专注于一种业务，看淡荣誉和钱财，没有绩效考核等一系列做法，让许多人百思不得其解。其实答案非常简单：德胜永远把追求快乐和幸福作为企业发展的重中之重，不给员工施加压力，员工的幸福指数自然就高了。这一简单的道理谁都明白，但并不是每家企业都能做到。许多企业以追求利润为目标，把幸福与利益挂钩，而德胜始终遵循人治、法治、心治的三重治理模式。

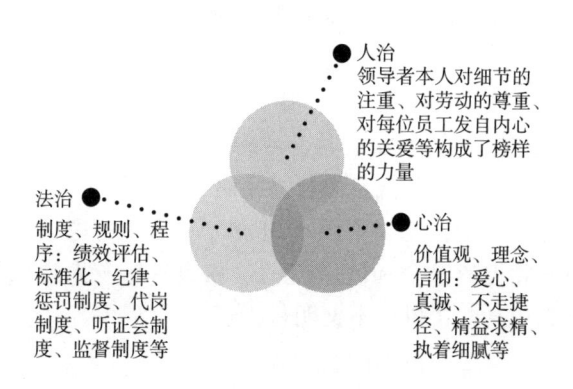

● 人治
领导者本人对细节的注重、对劳动的尊重、对每位员工发自内心的关爱等构成了榜样的力量

法治 ●
制度、规则、程序：绩效评估、标准化、纪律、惩罚制度、代岗制度、听证会制度、监督制度等

● 心治
价值观、理念、信仰：爱心、真诚、不走捷径、精益求精、执着细腻等

德胜洋楼的三重治理模式

德胜公司看淡利益，保持清晰思路，按照自己的逻辑管理企业，有自己的思想见地，永远以追求快乐和幸福为目的，有利于推动中国涌现出一大批幸福指数高的企业。

请提前确认对方通话是否安全

这是一起因为一边骑车、一边拨打电话而发生的令人悲伤的真实事件。

一天下午,某女士骑电动车去学校接读高中的女儿回家。顺利接到女儿后,她的心情自然是格外舒畅,于是赶快往家赶,以便及早与家人一起用晚餐。

谁也没有想到的是,恐怖的意外降临了。

途中,女士一边骑电动车,一边掏出手机打电话,由于沉浸在谈话中,压根儿就没有看到前方的货车,不幸就这样发生了。她们母女的电动车与一辆迎面驶来的大卡车猛烈地撞击在了一起。女儿被撞出了好远,再没有醒过来。她虽然躲过了一劫,被抢救了过来,但也成了残疾人。

之后,警方通过调查确认了交通事故中双方的责任。

事情到了这种地步,自然闹到了法庭上。在审理本案时,法官询问女士,在骑车回家时,这个电话是她拨向对方的,还是对方呼叫她的?女士如实回复是自己呼叫对方的。

法官最后做出裁定,骑车女士对这起事故负主要责任,卡车司机负次要责任。

任何时候,一边驾车一边拨打电话都不是正确之举,而是人命关天的大事。

德胜洋楼公司在接待外国友人时,考虑到语言交流障碍,制作了印有各国文字的卡片,便于外国友人独自出行时携带,可以随时出示给出租车司机,或提示司机注意行驶安全,比如不要一边开车一边拨打电话或者请勿在车内吸烟,等等。诸如此类的安全和健康提示信息为外籍友人提供了一定的安全保障,也有助于制止某些司机的不文明行为。

另有一些规定也是必不可少的,比如:

除非是紧急事务,否则最好语音留言或发文字信息。

拨通对方电话时,一定要先确认对方是否方便和安全地接听电话。

如果明确知道对方在进行高空作业,工作就是长时间驾驶车辆,或本身就是起重机械操作手、脚手架工作人员等,在联系时更要格外注意,安全防范意识要永远放在第一位。

一定要改变行驶途中拨打电话的习惯,避免走神或心不在焉。人命关天的事,无论通过什么手段和方法,怎么反复强调和重视都不过分。

不合理的管理制度导致发生不该发生的事件

先来看一起令人惋惜的事件。

"预约装电器的日期，最好避开周末。"晚上七点如约上门安装电器的师傅，一边动作娴熟地安装抽油烟机，一边告诉我说。但我也知道，许多人购买了电器后大都是利用周末时间预约师傅上门安装的。

这位师傅干活时话不多，但他说出来的话字字珠玑。

他在厨房的墙壁上固定好膨胀螺栓后，把抽油烟机送上固定位置时需要我帮忙稳定住设备，以便于固定螺丝。这时，我又与他攀谈了起来。

我说，今天你辛苦了，忙了一整天了，这么晚还在上门服务。

他说自己做事古板，不会说话，让我不要介意。平时周末这个时间他就不上门服务了。今天下午安装另一台机器时耽搁的时间太长了，就把跟我预约的下午推迟到了晚上。

我说，你很守信用。

他说，守信用是应该的，关键是晚上工作要特别注意安全。有一次，他的一个同事在周日晚上10点还在安装电器。那一天，他接了35个业务单，每一单提成50元钱。他觉得自己都已经安装34台机器了，只剩下最后一台设备了，只要再坚持一下，就全部完成了。那是他自上班以来，独立安装机器最多的日子，对他来说，是他创纪录的一天。眼看着1 750元钱就要到手了，他拼着命、鼓着气地去安装。结果，因为太过劳累，在墙壁上用电钻打孔时，直接将钻头钻进了自己的左手臂里，当时就晕了过去。多亏房东及时把他送到医院，这才把命救了过来。但年纪轻轻的他从此再也不能从事安装机器的工作了。

听了这件事，我的心情格外沉重，我的脑海里萦绕着很多关于企业管理的问题：

一提起激励制度，为什么有些企业总想到贡献和物质激励越多越好？一个员工一天独立安装35台机器，体力不支的问题难道不值得领导者去深思吗？在制定管理制度时，领导者心里的潜台词不可以是：员工安装越多的设备，公司就越鼓励，这样效益才能越好，业绩才能越高。为什么不能更人性化一些？比如，规定安装师傅每人每天最多只能接20个业务单，原则上不允许在晚间安装。

事实上，单纯的物质激励并不能调动员工的积极性。这样一件让人扼腕叹息的事件是完全可以避免的。

企业管理者必须要纠正不合理的激励制度，不能为了追求业绩而忽视更宝贵的东西，更不能一味地把所有责任都推给一线员工。

德胜洋楼从不刻意和片面追求经济效益，而是始终把员工作为公司的宝贵财富，始终把员工的生命、利益和幸福作为公司的根本追求。

误解比恶意对抗和攻击更可怕

  虽然三鹿"毒奶粉"事件已经过去十多年了,但其造成的影响时至今日仍没能完全消退,至今很多家长对于国产婴幼儿奶粉都还心存芥蒂。
  而国内企业德沐堂,无偿捐献其生产的皮诺敛酸(一种从松子中提取的不饱和脂肪酸),拯救了许多因"毒奶粉"造成健康损害的婴幼儿,不同程度地消除了后遗症对无辜孩子们的影响。这种良心产品值得大力宣传,这样的义举行为值得褒扬,这种高尚的情操值得点赞。
  "毒奶粉"事件发生后,最可怕的是全球对于我们食品行业的不信任,也让我们在接待外国朋友时格外谨慎。为了让贵宾放心,我们迫不得已做出了一项终生难忘的决定:专门去到从香港空运食材来苏州加工的饭店用餐。
  这次接待贵宾虽然成功,但我心情非常沉重,一件恶性事件发生后,在国内外引起的一系列多米诺骨牌效应多么可怕。
  某个曾获国际金奖的电影里有一个场景,主人公撒了一泡尿,成就了一坛好酒。这件事在国内外有两种声音,不能不引起我们足够的重视。电影在国外上映后,一些外国人误以为往酒里撒尿是我们制酒的一道工序,以至于他们不敢去当地的中国餐馆了。
  而这部电影在国内上映后,国内议论的热点却不是应不应该在酒里撒尿,而是这个方法有没有科学依据。这实在是荒唐至极。
  因做空而闻名的美国浑水公司在对某咖啡公司90位全职人员和1 000多位兼职人员进行调查后,发布了一份长达89页的报告,提出了"不透明也可以产生赚钱的机会"。我们想问的是:某咖啡公司的隐性文化,带给我们中国人的损害究竟是什么?对我国的商业信用产生的后果是什么?
  为了防范各类误解所造成的一系列伤害,德胜洋楼在实际管理中始终认为:误解比恶意对抗和攻击更可怕。

通过正当渠道反映诉求

在我辅导的一家企业里,发生了一起酒后发牢骚的案例。
经过是这样的:

某工厂的工作群。
李厂长:现在天气越来越热,近期需要大家加班,请生产组多加注意。
林组长:(连续6个哈哈笑脸)
李厂长:按这个计划做,不出问题就好。
林组长:这种情况下我肯定来不及的。
林组长:有空多来男人车间,不要一天到晚往老家人和女人车间跑。
林组长:厂长,一厂之长,不要偏心哦。
林组长:一个人看一台都看不过来的,产品生产不出来找我,我生产不出来找谁?
林组长:你搞清楚,我不是承包所有活的。我没有说过叫你们不要招人,反之,我也没有说过我必须要在这里做。
林组长:质量问题那么多,叫我怎么做,自己去看看吧,那么多的问题产品,一天到晚要我们怎么样怎么样,你们呢?
林组长:我是一肚子气,不好意思,发了一下牢骚。
李厂长:(发了两张国外订货单)6月18日要交货的,2吨货呀,你要开始安排生产了,不然来不及交货的。
林组长:增加机器,增加人员呀。
李厂长:我和老板都在包装呢。
林组长:时机正好,我今天找了老板两次,没找到。
林组长:话我也不敢说大了,最主要的是要加几台机器,应该没问题的。
李厂长:那你过来,我等你。
林组长:酒驾,你负责吗?马上过来。
林组长:(发了一张带有污辱性的照片,照片上显示"人呢?")已经来了。我最听话了,从明天开始,按规章制度,一个人开七八台机器加班(这里说的是气话)。

显然，林组长是在一边喝酒，一边发牢骚，失去了理智，对李厂长说粗话，发怨气。

针对这种情况，我向厂长询问了情况，他说：林组长是一位有十多年经验的老职工，公司现在招工比较难，尤其是熟练技术工人。他的工作能力还是好的，平时工作态度积极，对公司也有一种感恩心态。

为此，公司决定做冷处理，不追究其责任，返回工作岗位继续工作。

德胜洋楼管理制度有以下规定：

- 员工有任何委屈、疑问时，必须第一时间通过正当渠道（比如发微信、打电话、写信等）向上级或更上级反映，寻求帮助，但不能诋毁、谩骂、污辱他人，更不能打击报复。
- 饮酒后，不得打电话或发信息给客户、相关方。不得探听同事的隐私，更不得将同事的隐私对外扩散。
- 不允许指责、讥讽同事。这样既会给同事带来不快，又损坏公司形象，对自己也没有好处。

每一个措施、规定，后面都有一些事件引导，这样员工也更容易将规定记在心里。

既要保护知识产权，又要防止任人宰割

当前，人们对知识产权的保护越来越重视，在这个方面，我有一些发言权。

知识产权不保护、保护不当和被侵权都有可能给企业带来许多麻烦。任何企业（尤其是实体企业）都需要加大力度保护自己的知识产权。

实体企业研发出一个新产品受到市场欢迎后，往往会有同行马上仿制大同小异的产品，鱼目混珠，扰乱市场秩序。其结果是大家都挤在一条狭窄的竞争道路上。

站在客户的角度，在服务他人、满足他人需求和创造更大价值的基础上，同行应该是一种竞合关系。苏州的蔡云娣大师说过一句话：同行是亲家，不是仇家。为什么同行之间要自相残杀呢？为什么不能是竞合关系？为什么不能从细分领域着手，把竞争关系变成合作关系？

知识产权不单是一个法律概念，还是一个工具。关键在于我们怎样去使用它，我们怎么让它来帮助我们，这才是知识产权为我所用的根本。

国内曾经有一个很著名的VCD制造企业，万燕。老板是中国VCD的创始人，他从美国引进技术，加上自行研发和创新，使万燕品牌在国内的市场份额越来越大。但是万燕的老板不太注重知识产权，仅以市场为目标，没有申请任何专利，结果其他厂很快就研究和解析出VCD生产技术。它们轻而易举地获得了万燕的知识产权，一夜之间，国内市场上出现了各种VCD产品，结果万燕就倒下了，成为行业的先驱。

我们不但要保护知识产权，还要全方位地保护知识产权。诺贝尔成功发明了炸药后，申请了很多有关炸药的专利，但是他申请专利时有一个失误。后来，埃贝尔发明了一种改良炸药，只是稍微改变了诺贝尔的技术配方，此后这种改良炸药在德国、法国和其他国家的市场上销售都遥遥领先。诺贝尔先生很愤怒，去起诉埃贝尔，结果法院最后反而判决诺贝尔败诉。

如果有人恶意侵犯知识产权，通常可采取以下方法：

首先，调查取证，先保留好证据。

其次，分析和评估对方模仿的严重性及侵权的程度。如果对方只是模仿商标，达到了侵权的程度，这时可先去办理公证，同时可以视损失情况向有关部门或知识产权热线 12330 投诉。如果模仿的后果严重，可以诉至法院，请求法院禁止一切非法销售，查封相关物品，并要求对方赔偿，没收非法所得。

现实中有一些公司采取"猪养大了再杀，鸡养肥了再宰"的态度，先默许其他企业去使用，等它们把市场做大以后再收割。这种欲擒故纵的做法并不高明，且存在隐患。

总之，企业要多角度、全方位地防止知识产权侵权行为的发生。

德胜工匠精神的体现

也许大家听过一句话：三流企业做产品，二流企业做标准，一流企业做系统，顶尖企业做文化。但我想说的是顶尖企业文化、系统、标准、产品都得做，四者缺一不可，而且都要做好。在这里，我们以德胜公司为例来说明一下工匠精神。

德胜洋楼作为一家现代轻型木结构建造商，她是这样理解产品、标准、系统和文化的。

一、产品是企业的生命

作为实体企业，如果没有优质的产品提供给客户，就无法立足。德胜公司最终把木结构住宅产品交给客户，并且为客户提供70年的主体维护和保养服务。只有对自己建造的住宅有十足信心，才敢承诺终身保障。

德胜曾经为苏州一家客户建造了几栋住宅，但客户建造好的住宅地基搞错了，村委会找她谈，建好的房屋可能要拆除，600多万元要打水漂了。女老板好几天茶饭不思，焦虑万分，她抱着一丝希望来找德胜的工程总监。工程总监却胸有成竹地告诉她非常简单，我们可以把木结构房屋吊装到指定的地方。

马上就行动，起重机成功地吊起了28吨多的房子，把一栋不可移动的住宅硬生生地变成了一栋可移动式的。这样一件让客户焦头烂额的事，被德胜的技术人员解决了。这个办法看似简单，背后却需要很多条件。首先，房子需要质量过硬，还要掌握吊装的受力点，才能不出现丝毫问题。

二、标准是基于把产品做得完美无缺不断提炼和总结出来的

正因为德胜的木结构住宅的建造质量好，德胜公司才写出了《美制木结构住宅导论》一书。这本专著主要内容如下：

• 用较为概括的语言论述这一学科的基本思想，由此读者可对该学科形成系统和整体的把握。

• 对这门学科的历史和未来进行精要介绍，使读者有一个全面的了解。

早年，德胜曾提出设立住宅学，《美制木结构住宅导论》可以作为课本进

德胜公司建造的住宅整体被吊装移位

行教学。德胜每年都积极参与木结构行业的一系列活动，包括参与制定部分行业标准。

三、系统管理、系统工程

管理需要系统性，但更需要对人的培养和教育、有效的管理团队、强有力的执行力和不断推陈出新。

德胜公司认为：公司规模不一定要大，但产业规模不能太小。产业规模是企业不可缺少的完整系统，产业规模决定着市场空间，更关系产值的大小和企业的核心竞争力。如果你能向客户和供应商展示完整的产业体系和供销服务链，让他们打心眼里服气，业务就不可能不成功，这就是系统的重要性。德胜公司的做法是：职业学校培养人，输送到施工一线；规划和设计一马当先，人员都是自己培养的，富有实战经验；施工队伍一专多能，训练有素，以一当十；售后服务队伍随时待命，第一时间解决出现的问题，不断总结并反馈给工程部；交钥匙后还为客户培养物业人员，或者干脆进驻客户住宅区，为客户提供物业服务。

我们认为，谈起系统管理，不能只是头头是道，只做表面文章，而是要真正落地，一针见血地解决企业的实际问题。如果谈到精细化管理，就认为是绝对正确的；谈到制度和程序，似乎是万能药，包治百病；谈到战略，就是定海神针；谈到绩效考核，就是决定企业命运；谈到西方管理，就是进入世界500强的必由之路……最终很可能流于形式。而苏州德胜教育公司认真剖析德胜洋楼的系统管理，打造出了集系统思维、系统管理于一体的一套培训和咨询服务体系。

四、企业文化

企业间真正的竞争优势都来源于企业优秀的文化和理念。许多人低估了企业文化在长期战略中所起的重要作用。文化可为企业长期保持竞争力作出巨大贡献。德胜认为，组织管理要行之有效，必须依靠一套体现企业文化核心理念的制度。

企业文化有助于在环境中求生存，通过结构、系统和流程的完善，解决包括使命、战略和目标在内的问题。在内部则能有效整合人力资源，包括形成共同语言和概念、平衡报酬和地位的分配等。文化要有正确的价值观，实际上就是企业要明确什么最重要，企业需要进行怎样的选择。德胜的核心价值观是"诚实、勤劳、有爱心、不走捷径"。

有了产品、标准、系统和文化，企业是否就万事大吉了呢？未必。形成好的产品还需要具备以下条件：

第一，别指望机器代替工匠。企业的生产和服务必须是完整的体系。

好的产品是会说话的。机器的致命缺陷就是死板，稍微一变化就无所适从。机器永远代替不了人的灵动。中国航天科技集团的焊工高凤林先生36年焊接130多枚火箭发动机，为了避免失误，他经常练习十分钟不眨眼。这种专注精神正是我们需要弘扬的工匠精神。

德胜认为，终端产品交给客户，只是德胜人服务的开始——还需要售后服务人员进驻，物业管家进驻，与产品配套的标准体系导入，培训系统导入，管理思想和经营理念导入……

第二，别指望社会能为企业输送完全理想的人才。企业需要自己解决用工的问题。

德胜一贯提倡企业办学，为自己培养所需人才。德胜木工职业学校从2005年开办以来，除一届学生没有参加以外，其余每年都有学生在各类国际大赛上荣获一等奖。

2016年从尼泊尔获得技能一等奖的徐长军先生（右）

国家现在非常重视职业教育，这正是为国家未来培养工匠。

德胜是这样教育工匠的：一堆规格不等的木材，卖木料仅值 500 多元，而做成柜子后就值 5 000 多元，如果做成工艺品，就可值 50 000 多元。同样一堆木头，其不同形态决定了价值的大小，最值钱的是工匠的手艺。现在什么最值钱？不是金银珠宝，而是手艺。一个优秀的工匠，其价值可能并不亚于一个博士。

优秀工匠要有讲规矩、锲而不舍的精神，社会在不断进步，对工匠的要求也会更高，技能越高，品德也要越高。他们应深知：人的价值高于物的价值，共同价值高于个人价值，社会价值高于利润价值，用户价值高于生产价值。

德胜企业文化的四类呈现形式

企业文化是企业管理体系中最不可捉摸的系统，没有人知道企业文化到底能起多大作用以及如何让它起作用。企业文化似乎是一个只能看到结果却不知道过程，只可意会不可言传的模糊工具。

但是，企业文化至少有两大关键：

第一，企业文化是战略而不是战术，它建立在组织和人力资源战略的基础上，能够产生巨大的竞争优势，企业文化的优势常常难以在短期发挥出来。

第二，企业文化必须强调执行。无论是价值观，还是文化手册，都不能飘在天上，不能不重视实施的结果。

企业文化是植入人心、长久沉淀、渗透在企业的生产和经营中、能持久传扬的习惯和信念。

企业文化的作用非常多，以下几点是公认的：

- 凝聚：将个体凝聚成高效统一的组织。
- 激励：良性的机制催人奋进。
- 约束：规范或约束组织、个体行为。
- 引导：对组织、个体的目标进行引导。
- 互动：与组织中的硬要素互动，促进组织进步。
- 辐射：能进一步影响同业、社区、社会等。

德胜（苏州）洋楼有限公司是一家研发、设计、建造现代轻型木结构住宅的公司。这类住宅符合国家倡导的节能、环保、低碳等理念。它不受地形、地势限制，高的黄山山顶也有，低的黄河入海口也有。公司把从美国和加拿大进口的材料，按照客户的要求量体裁衣、量身打造。德胜在企业文化打造方面独树一帜，总体来说她的企业文化可分为四类形式：

一、文化体现在科学化

如何对员工进行文化和价值观的考核呢？对于建造房屋的公司来说，不可能偏重于定量化考核，只能考核团队，或者以价值观为主对员工进行有效考核。

价值观考核的原则是：

- 做不到绝对公平和公正，但力求公平和公正，让老实人不吃亏。
- 提高员工的积极性。
- 评估和考核尽量不花费太多的时间和精力，不要太复杂，操作起来应方便。

德胜洋楼在价值观考核方面有一个公式，把价值观考核与奖金挂钩。奖金计算公式包含的因子有：
- 连续工作工龄。
- 本年度工资收入。
- 本年度出勤率。
- 历年平均贡献系数。
- 当年贡献系数。

二、文化体现在艺术化

人的行为是受思想和价值观支配的，思想和价值观不改变，行为的改变是有限的、短暂的。要想从根本上改变员工的行为，必须首先改变他们的思想和价值观。

对于国内企业来说，管理许多时候还要艺术化，只要能正确树立员工的思想和价值观就好。德胜洋楼认为，企业文化的根本就是统一员工的核心价值观，塑造员工的健康人格。企业文化折射企业管理素质，有了好的文化，企业会成为一个海洋，才会具有自我净化的功能。企业发展到一定规模和程度，企业家就会体会到企业发展的文化瓶颈，此时就要打造或改变企业文化。

三、文化体现在魔术化

在德胜洋楼，报销人整理好所有报销票据，粘贴在费用报销单背后，分类列明各类报销金额，填写好报销人的姓名，然后就可以直接去财务部报销，不需要任何一级领导签字。因此，谁报销，谁就需要为每一笔业务和他的个人信用负责到底。

但每一次报销时，财务人员都要宣读一段"严肃提示——报销前的声明"：

尊敬的×××先生/女士：

您现在所报销的凭据必须真实及符合《财务报销规则》，否则都将成为您欺诈、违规甚至违法的证据，必将受到严厉的处罚并付出相应的代价，这个污点将伴随一生。

如果因记忆模糊自己不能确认报销的真实性，请再一次认真回忆并确认凭据无误，然后开始报销，这是极其严肃的问题。

请问您有没有问题？

确认没有问题后，财务人员再把钱打到报销人的卡上或直接付给现金。

宣读声明，是为了提醒报销人任何时候都必须诚实。

或许有人认为这些做法有些唯心。但是人类有思维和情感，唯心不可避免，而思维意识也可以变成动力。

不断重复有暗示作用，不断地反复，有利于真正的执行。财务人员宣读声明，虽是一种形式，但对聆听的人员会产生正向和积极的效应。

四、文化体现在政治化

一提到"政治"，有些人会联想到左右逢源、明争暗斗、纷纭复杂等字眼。世界上的一切事物都有正反两面性，真正的生活是掌握正反两面的平衡。

德胜提出的"公司政治"中虽然有些话表达得十分直接，但都显而易见是善意的，而非恶意的。"公司政治"是一套有效的管理系统，是德胜管理的精髓。当今，每家企业都不应刻意回避公司政治，而是要对公司政治进行剖析，尽量做到管理透明化，防止不当行为，同时认真总结经验教训，为企业和社会提供启示或借鉴。

德胜提出的公司政治围绕公司商业经营和社会发展等方面，涉及公司里普遍存在的各类活动。这里，公司政治既不涉及国家、社会、政治，也不涉及管理者权力斗争等，更不带有任何个人情感和立场等内容。公司政治是指公司的管理者应该怎么合法经营，职工如何做合格工作，到了社会上如何做合格公民。

德胜洋楼的四类企业文化，科学化侧重于行为管理，艺术化侧重于关系管理，魔术化侧重于个体自律和暗示，政治化侧重于企业控制和治理。

德胜洋楼通过打造企业文化，既有效解决了问题，又教育了员工。企业文化的最终目的就是有效解决人的问题。

希望各类企业的文化都能够有效解决各自有关人的问题！

员工日常行为与践行价值观双重综合评价体系

企业开门有四件事：增效、节支、提效、避险。

围绕这四件事，许多企业在一定时间段（比如一年），会对全体员工进行一个综合性的评判。

企业只要离不开人，在未来相当长一段时间里仍必须依靠以下三类考核制度。

一、KPI绩效考核制

其意义在于：首先，可以提高员工的收入，降低员工离职率。其次，可以提升员工的个人能力，促进员工持续成长，同时推动公司长期发展。最后，还可以将公司设定的KPI考核指标分解为部门指标和个人指标。

当然，KPI考核还有许多益处，比如建立公司管理制度、完善员工和干部的职位晋升和岗位调整制度等。

一家制造业企业推行了"单小时净产值奖励"的考核制度，规定单小时净产值目标：80元/小时。单小时净产值中，规定员工的奖金分配是：单小时净产值每提高1元，就奖励员工0.9%。这样一来，在刺激和鼓励员工提高单小时净产值的同时，利用现有员工，提高生产效率，增加销售金额；提高生产良品率，减少客户退货、报废、返修数量等；降低管理可控制的采购、运输、水电、辅材等成本。实践证明，这是一个非常好的KPI考核机制。

二、员工改善和创新奖制度

其意义也有很多，包括：可以提升员工改善创新的意识，增加员工的收入；发掘人才和建立人才晋升机制；通过改善，提升公司的竞争力；激励员工思考自身的工作和提升潜力；降低生产成本，提升产品的市场竞争力；等等。这种考核机制的好处是不言而喻的，在操作上也比较容易。

三、员工的品德表现制度

问题在于，KPI考核的积分容易获取，改善创新的积分也容易获取，但是员工的品德表现分数如何有效、公平地获取呢？所以 KPI 也有不足和漏洞。而 KPI 考核带来的最大问题是导致下级取悦上级。考核员工的是他的上级，员工做事如果是为了取悦上级，那就会南辕北辙。

在德胜企业文化建设过程中，我们认为重要的是对员工日常的行为表现及其践行企业文化和价值观的实际情况进行考核。

对员工的日常行为进行综合考核的意义在于：①可以提升员工的素养。②可以改善工作氛围，提升公司的整体形象。③可以产生正能量，发现员工中的好人好事。④可以树立先进和典型人物，发挥榜样的力量。⑤使员工之间的关系简单化，提升工作效率。

那么，怎样才能对员工进行公平公正的评价呢？

答案是必须建立独特、优秀的企业文化和文化氛围。依靠企业文化，选拔最优秀的人，给员工充分的自由和安全感，最大限度地激发员工创造力、凝聚力和自我驱动力。

苏州德胜教育科技有限公司开发了一套对员工的日常行为表现和尊崇价值观的情况进行科学量化的评价体系，用科学管理的方法进行评比，公平体现员工的好与差，系统化地判断和分配企业有限的资源，从而避免以人为的主观判断、私人关系为主的资源分配和晋升规则，避免产生不公平、资源浪费等不良现象。

我们这套《员工日常行为与践行价值观双重综合评价体系》，操作起来简单、方便、实用，可在一定的时间范围内，公平、合理、科学地评价员工的表现。

这套评分系统分为两大类：

- 以员工日常行为为考核因子。
- 以价值观为考核因子。

这样的评价体系具有以下好处：

- 规范员工的行为，确保员工的行为和公司的利益相统一。
- 促使员工努力达到或超越与资源分配有关的量化指标，实现公司利益的最大化。
- 激励员工向特定方向健康发展。
- 由于为员工提供了明确的行为指引，该体系规范和简化了管理系统。
- 增强企业核心的竞争力优势。

该体系的顶层设计逻辑是基于从商业视角管控企业员工日常行为的最佳方案，以数字化手段对与员工相关日常行为进行深入而细致的记录、判断、筛选、排序、更新、备份等流程管理。

从员工的角度来说，这套体系具有相当高的公平性，可以避免员工因为分配不公而产生不良情绪。

总之，该体系操作容易，实施简单，投资低廉，员工服气，可最大限度地实现合理分配、解决管理问题，是目前最佳的考核系统之一。

企业一定要防止高管的蒙蔽行为

2019年11月2日，我接待了北京大学EMBA学员一行30多人，参观、讲座等一切都按照行程安排如期完成，老师和学员们对德胜洋楼的管理表示赞赏。最后还增加了一项特别的讲座内容，他们邀请了京师律师事务所刘建忠律师做了一场有关公司运营中的法律风险问题的讲座。

刘律师介绍了经手的多个案例，非常实用和有指导意义。其中两件有关公司高管道德风险的案例让人印象深刻，现分享如下：

签订合同时的诀窍

有一家传媒公司与成都某公司签订了一份合同，收取了这家公司大约300万元的加盟费。收到这笔钱之后，却发生了一件令人意想不到的事件，传媒公司负责这个项目的一个高级管理人员与成都这家公司私下签订了一份文件，承诺这笔款要在半年内无条件退给对方。如果不按照规定的时间退还，传媒公司就要承担一系列的责任。

非常遗憾的是，那位高管签订的这份协议，传媒公司居然完全不知情。

半年后，成都这家公司找上门来，传媒公司才知道还签订了这份协议。这就造成大麻烦了。可以确认的是，传媒公司这位高管私自签订这份协议肯定是有道德风险的，现在这位高管早已经离职了。

传媒公司的老板本以为这起案件能打赢。原因是：那位高管自己打印出了协议，然后私自与对方签字。传媒公司不承认他的这种非法承诺，也不会履行这份协议，因为没有加盖公司的公章。

但是，最终传媒公司还是败诉了，极其冤枉。一审法院判决传媒公司败诉。二审法院也判决败诉，理由是：第一，他是公司的高管，这个协议是他签的。第二，这份协议是在他公司的办公室里签的，出具协议书的地点就是传媒公司。第三，传媒公司认为是五六个人胁迫的，但是并没有拿出足够的证据，当时也没有及时报警。

这起案件发生后，刘律师给这家传媒公司进行了专项培训，并从律师的角度要求公司必须规范管理流程。尤其是在签订合同的时候，一定要加上

"本合同自双方签字、盖章之日起生效"或者"本合同自双方签字+盖章之日起生效"。一定要加上这一条款，而且后边还要补充一句："任何对本合同的变更、终止、解除均需要本公司盖章，方可生效。"

如果在合同中做出这种明确的约定，那位高管怎么能钻到空子呢？他不会无知到自己去承担重大责任。因此，无论是企业的老板还是高管，在实际工作中，一定要有效地关注此类高管，严密防范各种可能存在的道德风险。

成功制止了一起不诚信事件

有一次，刘律师陪同其代理的客户到对方的律师事务所就一份金额非常大的投资合同的相关事宜进行洽谈。双方经过激烈的谈判，终于确定了所有条款，并将合同的定稿交付打印室打印。

按理说，对方打印后，可以先盖章，然后交给刘律师代理的客户方再盖章。反正公章都随身携带着，盖章非常方便。

但是，就在这个节骨眼上，却发生了一件让人后怕的事。对方打印出合同后、盖章前的一刹那，刘律师多了一个心眼，说："我再看一遍。"刘律师看完之后才发现，对方公司高管和律师在进入打印室后私自对投资合同关键条款进行了修改。

在这种情况下，刘律师与随行人员决定，立即向老总汇报，强烈建议取消这笔交易。刘律师认为，任何合作对象，一旦不守诚信，就完全没有合作的必要了。

假如刘律师没有发现他们的作弊，将来一旦双方发生争议，刘律师的客户就极其被动了。

刘律师慧眼独具，成功地制止了一起可能的纠纷，为客户成功挽回了潜在的巨大损失。

我在全国各地进行培训时，总是强调：企业高管职务越高，越要做人诚实、做事严谨；否则，越是高管，做坏事的隐秘性就越强，给企业带来的损失也越大。

一条难忘的领带

在海口，我经过层层筛选，如愿找到了一份工作，成功入职一家台资企业做技术员。

正式上班前，所有新入职的员工，无论属于哪个部门，都需要接受严格的培训，主要围绕声、光、电、力、热、磁等安全报警技术的应用以及如何与客户交流的内容进行培训。培训有详细的流程，统一的文件夹、话术、培训道具、工具模型……一应俱全，应有尽有。

通过入职前的培训，我们的确学习了不少安全防范知识以及与客户打交道的技巧。

在培训期间，有一件事让我至今记忆犹新。当时，这家台资企业从外面聘请了一位职业经理人，这位经理人有一个爱好，就是唱歌。无论是流行的通俗歌曲，还是民族歌曲，甚至是摇滚歌曲，他都有一定的基础。每每在给员工讲话结束后，他都会来一段优美嘹亮的歌曲，为员工单调的培训增添了许多的乐趣。

为了把安全保护业务推向广大客户，这位经理人特别组织了一项激励活动：请每一个培训学员写一篇有关市场开拓的文章，内容就是你是一位业务员，如何把业务介绍给客户。55 名参加入职培训的人员都要写，评选出其中最优秀的一名学员，并把他从香港买的一条珍贵的真丝领带作为奖品。

活动公布后，大家议论纷纷，有人积极响应，也有人私下抱怨，还有人怀疑经理人的管理能力。

来自河北的一位男士是作为业务经理人选来培训的，如何面对客户与他以后的工作内容密切相关，他表现得非常上心。我虽然也是受训人员之一，但考虑到以后主要从事技术工作，因此对客户业务的开展以及奖品没有太在意，但文章还是要写的。

学员们先后递交了自己的文章，那位男士写的文章最长，足足有 11 页，评奖结果公布前，大家都认为他会获奖。

很快公布评奖结果的时间就到了，经理人拿出包装精美的领带，然后郑重其事地宣布："……经过认真评选，一致同意赵雷先生获得第一名……"

我实在没有想到，自己的作品居然能被评为优秀。后来我思考了许久，觉得唯一的原因恐怕就是向客户说真话、实话了。我写的文章既不长,也没有任何华丽语言,只是用最真诚的话语向客户介绍出来。后来,无论在什么地方、对待什么样的人、从事什么样的工作,我都坚持做人真诚,不搞弯弯绕。

领奖后,经理人唱了《在那桃花盛开的地方》。现在每当听到这首歌曲,就自然地勾起我对这件往事的回忆。

后来,进入德胜洋楼,与德胜洋楼一贯提倡的"诚实"的价值观顺利衔接,一干就是 20 多年。

现在凡是有特别活动,我都会戴上那条意大利产的有特殊意义的领带!

浅议专精特新

一、制度上的专精特新

（一）专业化

假如，你的一位很可靠的做投资的朋友发现了一只有巨大潜力的股票，购买后可以在短期内赚上千万元，你应该做何选择？

第一，你全力购买，然后赚得盆满钵满。

第二，你购买一部分，赚了小部分钱，然后后悔没有多买。

第三，对巨大诱惑不为所动，依然经营好自己的一亩三分地，获取应得的收入。

苏州德胜洋楼永远会选择第三个，不为眼前的诱惑所动，只埋头做自己的事，经营好一个建造企业，用老板的话说就是"永远做好自己的事"。老板是这样思考问题的：我们带领一帮工匠，靠一双勤劳的手谋生。如果我们开始赚取快钱，无疑会动摇人心，原来最赚钱的不是靠双手。一旦有这种思想，势必人心涣散，这与我们一贯倡导的工匠精神是背道而驰的。因此，近30年来，公司一直只做自己的本职业务，就是现代木结构住宅的设计、施工和服务，而对其他业务绝不染指。甚至已将永不上市、永不投资金融、永不涉猎与主业不相关的业务等写到了企业的管理制度里。

正因为如此，一提到木结构，许多人自然就会想到德胜洋楼，这种品牌意识已经深深地植入客户的心里。

（二）精细化

德胜洋楼公司有一本200多页的内部员工手册，其中包含职工守则、奖惩条例、同事关系、特殊程序、权力制约、财务报销、采购规则、实习复训、质量监督、工

德胜公司员工读本（手册）

程管理、仓库管理、安全管理、售后服务、申明承诺、反腐倡廉和用车规定等，非常详细。

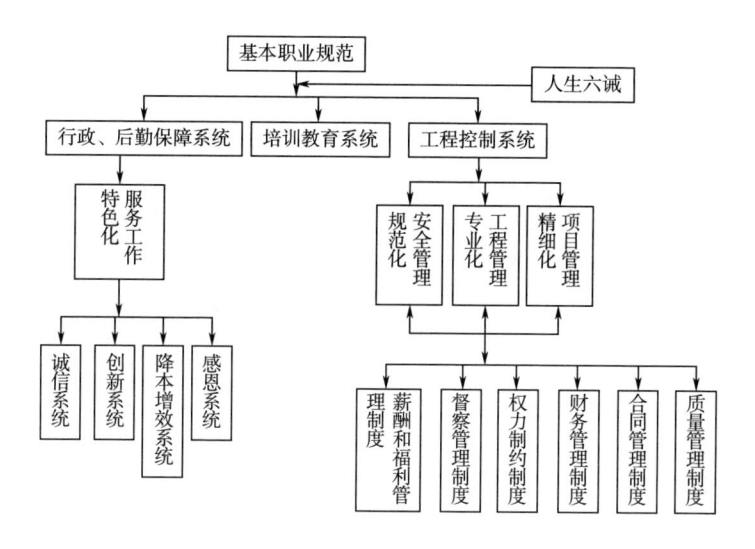

德胜洋楼管理制度系统

这本手册虽然是多年前制定的，但如今读起来仍有一股清新之气，给人以特立独行之感，比如报销不需要签字，上班不需要打卡。任何企业里，天天在一起工作和生活的员工如果不能自律，管理一定会出现许多问题。

这本手册把一系列思想融进具体的行业规范和制度规定中。它来源于企业一线的实践，所以比那些看似高深的理论更鲜活、更有生命力。

（三）特色化

2015年9月，董克用教授编写了一本教材《人力资源管理概论》，书中介绍了一批国内优秀企业的成功经验，包括中国石化、中石油、广东电网、深圳华为、阿里巴巴、三一重工、新希望、德胜洋楼、苏州固锝、京东、新东方等。

而德胜洋楼的制度化管理优势体现在以下几个方面：

1. 在管理制度里融入诚实、勤劳、有爱心、不走捷径的核心价值观

德胜洋楼认为：有效的企业文化能使员工的价值观一致，想法统一，步调协调，减少内耗。要想从根本上改变员工的行为，必须首先改变他们的思想和价值观。德胜洋楼永远要做高尚、充满良知、捍卫正义的公司。假如必须与邪恶为伍才能生存，公司选择关闭也绝不屈服。

2. 每一项制度都来自一些观念、原则和动机

如何体现孝敬父母和家人呢？德胜洋楼规定，每年每位员工可以宴请家人一次，标准60~100元/人·次，如实报销，每次10个人左右，由员工自己决定。

如何关爱和教育小孩呢？员工每年可以代表公司给自己就读小学一年级到大四毕业前的每个孩子购买一件200~300元的礼物。

如何表达感恩同事的心情呢？德胜洋楼规定，每逢感恩节，员工可以购买100元左右的礼品赠送给曾给予帮助的一位同事，凭发票在公司报销。下一年接受感恩的对象就成为你关心和慰问的对象，不能只口头感恩，要做出实际行动。

（四）新颖化

《德胜员工守则》一跃成为公开出版发行的书，并享誉全国。其影响力是极大的。2005年最先由安徽人民出版社出版。2013年由著名的机械工业出版社出版，北大国际MBA院长杨壮先生、精细化管理专家汪中求先生、日本河田信先生等一批知名人士都出席了这次在北京举行的发布会。

之后，德胜又先后出版了《德胜世界》《德胜管理》《德胜规矩》《做人做事看德胜》。

《德胜员工守则》记录了德胜员工的自我成长史，他们的命运发生了翻天覆地的变化。其中王仰春先生的《食堂采购的感受》《人最难断的是感情》《手艺人需要一双勤劳的巧手》三篇文章，从他做会计、做瓦工、受伤住高干病房几个实例，反映了他生活的巨变和跌宕起伏的心路历程。

员工物质上的改变只是一个方面，更重要的是企业在培养合格公民，塑造人格健康方面所取得的成就。

公司的部分规章制度又以《中国人是如何管理企业的》为书名在全球公开发行，先后被翻译成英文、波兰文、马来西亚文、土耳其文等。另外，僧伽罗语、匈牙利语、印地语出版也在推进之中。对此，我们应该感到自豪和骄傲。这体现的是一家企业对管理逻辑和哲学的思考，只有在思想的引领下，才能追求更高尚和伟大的目标。

企业文化说起来非常容易，一句话、一个口号、一幅标语、一次活动、一场聚会都可谓企业文化。但是，企业文化不能只停留在这一层面上，我们要上升到哲学的高度，引领我们的思考，用愿景去推动企业向前发展。

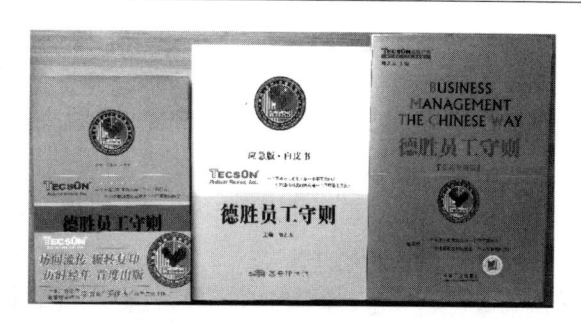

公开出版发行的《德胜员工守则》

多年来，德胜洋楼通过一系列有效的规章制度，把文化内涵和管理制度渗透到全体员工的思想行动中，不断促进管理的创新，专注打造专精特新，努力成为具有深厚文化底蕴和强大竞争力的中国企业！

二、服务上的专精特新

（一）专业化

德胜洋楼公司提出的服务理念是：房子建好后，交了钥匙，服务才刚开始；对待房子一定要像出嫁的女儿一样。

德胜向客户承诺，从建造好房子的那天开始，房屋质量问题70年免费保修。在建筑行业，没有哪家企业敢于这样承诺。对于部分产品，比如屋顶材料、墙体材料等，在接近生命周期时，维修仅收取材料成本费用。

房子给客户后，还要为其免费培养物业管理和服务人员，让客户无后顾之忧。

德胜把最好的服务提供给客户，才赢得了客户的信赖。一旦有了口碑，德胜洋楼的新客户便一批接一批源源不断。

（二）精细化

服务永远没有最好，只有更好。

为了方便客户查找，德胜洋楼还精心为客户在每栋楼的楼梯间制作了一个档案柜子，专门放置各种说明书、合同文件等。

为了方便客户使用，公司专门为客户定制了备用的耗材，以备应急之需。

……

德胜洋楼推出一系列措施，目的就是让客户满意，不把"一切都是为了客户"放在口头，而是扎扎实实地落到实处。

（三）特色化

市场上一些有关房屋质量问题的报道层出不穷，房屋质量一直是广大业主关注的焦点，因为这是辛苦打拼一辈子换来的。如何在行业内树立良好的品牌形象，以优异的房屋质量赢得客户的信任？德胜洋楼公司一直在思考这个问题。于是一些特殊的规定应运而生：

- 任何时候接到客户有关质量问题的信息时，必须在2个小时之内向客户提出初步解决方案；在可覆盖区域的范围内，尽可能24小时解决问题。
- 每年对客户的房子免费进行一次年检。
- 每一次售后服务，都要详细记录维修情况，避免以后在其他施工项目中再次发生同样的问题。通过信息的反馈，每一次的维修和维护都促使工程管理系统形成一个完整的良性闭环；设计人员得到了灵感、思路、出发点和路径；施工过程中的经验得到了更新、迭代；售后服务维修的次数减少了，客户满意度提高了，公司品牌的知名度提升了……

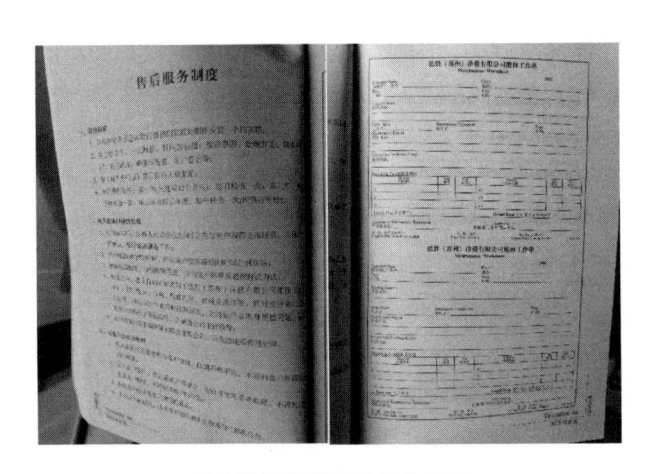

德胜洋楼售后服务部分规定

德胜规定：在施工过程中，要加强管理和监督，没有经过核查，禁止下一道工序施工。过程管理永远比结果管理更重要，德胜随时欢迎客户去查看进度并提出质疑。

但是，大多数客户并非专业人士，如果任意修改图纸，甚至提出违规请求时，德胜洋楼始终坚持原则，绝不妥协和让步。对于客户未听从德胜公司的建议而私自加装、修改、调整等所引起的不良后果，德胜洋楼也都耐心细致地向客户解释清楚，以最大诚意对待客户。只要把道理讲明白，把后果搞清楚，绝大多数客户都会心服口服。而凡是客人提出的合法、合理的要求，德胜洋楼都会尽量满足。

（四）新颖化

房屋交钥匙对客户来说是一件大事。

德胜洋楼始终遵循客户当地的风俗习惯，且从不妄加品评。

新房子内的东西都是全新的，在某些地方，除非进行正常测试，否则绝不在客人的房间里私自使用任何物品，比如安装好新马桶之后，要立即把盖子盖好，以免客人认为不吉利。

同时，尊重每一位客户的生活习惯、宗教信仰，照顾客户的感受，让他们放心、安心和舒心。

多年来，德胜洋楼在客户服务过程中配合工程、售后服务和物业等部门，不断推出新花样，促进管理的良性互动，成为以精细化管理为逻辑的建造型企业，以完备、周到和贴心为核心的服务型企业。技术和服务的不断创新和迭代，使德胜洋楼无论在管理上，还是在技术、服务上，都处于行业的前列，成为广大客户心目中当之无愧的先锋企业！

三、文化上的专精特新

（一）文化上的专精特新之一

1. 专业化

企业追求利润最大化无可厚非，但是利润最大化要建立在诚信经营的基础之上。否则，无底线的利润最大化就是利欲熏心，就是伤天害理。

在德胜洋楼看来，企业一定要追求利润，但不一定要完全追求利润最大化，追求利润合理化才是必须要遵守的商业伦理。利润合理化做起来也不见得就难，只要掌握和把控好企业开门四件事，即增收、节支、提效和避险。

要实现利润合理化的目标，首先要从最大限度节约、精确预算、不走弯路或犯错、有效管控人的私欲等具体行动做起，抓好经营中的每一个环节，不因事小而麻痹大意。只有这样，企业才能有效地增加收入、节约开支、提高效率和规避各类风险。

2. 精细化

德胜洋楼的经营和管理逻辑基于对利润合理化的正确认知，在采购供应、物资保障、市场营销、客户服务等方面制定了一系列相应的原则和对策。

关于采购，德胜洋楼规定：必须先质量、后价格，在确保质量的前提下谈价格，达不到本公司质量标准的价格优惠，绝对不能接受。在采购过程中，坚决禁止向供货商索要钱物，不准吃请。

关于个人信用计算机辅助系统，德胜洋楼规定：个人信用计算机辅助系统是一套专门分析职工报销行为真实性的系统……每位职工的守信与不守信行为都记录、积累在该系统里。公司可从该系统给出的数据了解每一位职工的信用参数。每位职工在进入公司后，其对应的信用信息也就进入了该系统。

关于腐败与欺诈行为的查处，德胜洋楼规定：腐败与欺诈是危及公司存亡的恶劣行为，此类行为如得不到及时查处，势必严重打击诚实职工的积极性与进取心。个人信用计算机辅助系统及调查部的抽样调查都是防范此类行为发生甚至泛滥的有效手段。所有采购时的腐败及业务谈判时的桌底交易、报销时的欺诈行为在以上手段下都将受到应有的惩罚。

3. 特色化

一味地追求利润最大化，究其根源在于品格出现了问题，具体表现在自私、贪婪以及对供应商和客户的刻薄。

德胜洋楼对品格的重要性进行了明确的阐释：企业不能缺少品格的支撑，否则企业就要走向灭亡。无论是谁，如果不崇尚和奉行忠诚、诚实、正直和公正的美德，他就会失去生存的理由。如果一个人的良好品格无可挽回地损失了，那么他就不值得拯救了。

对于人的自私，德胜洋楼也提出了自己的观点：自私的人，只要不损害自己的利益是不会为别的受害人说公道话的，毫无正义感可言……因为自私，贪得无厌，为了保全自己的利益会变得越来越残忍，生怕失去既得利益。因为自私，导致人越发残忍，善良和诚信的人会更加软弱……自私不仅仅是钱的问题，自以为是从本质来说也是一种自私。内心的自私有多方面的表现，如果强迫我必须按照你的意图办事，你就是自私的。

因此，德胜洋楼在全公司层面提倡控制人的自私现象和行为。

马丁·路德·金曾经说过：一个国家的繁荣，不取决于它的国库之殷实，不取决于它的城堡之坚固，也不取决于它的公共设施之华丽；而在于它的公民的文明素养，即在于人们所受的教育、人们的远见卓识和品格的高下。这才是真正的利害所在、真正的力量所在。

4. 新颖化

与自私相反的是关爱。

德胜洋楼认为：

世间万物都在变化，只有爱是永恒的。你只有爱别人才有可能唤醒别人。从某种意义上讲，爱更像是一种肥料，接受了你的爱的人就像植物吸收了肥料，你能看到它开出美丽的花朵，闻到花的芬芳，这就是接受爱的人对你的最好的回报。

人的心灵都有一块空地，与其让这块空地长出杂草，滋生荆棘，还不如种上爱和美好的种子。

德胜公司围绕人性特点，提出了"有爱心"的核心价值观，制定了反对自私自利的相关管理规定，采取有效的管理方法和措施，充分激发职工的正义感、使命感、责任感和正确义利观，取得了一定的成效。

（二）文化上的专精特新之二

1. 专业化

德胜洋楼一贯将产品定位为现代木结构住宅，不是见什么赚钱就做什么，更不去妄想通吃，而是始终与别人保持不同的特色和风格。别人有的，我们尽量不做或者在产品、技术和服务上更胜一筹；别人不能做、不愿意做的，我们去做；不盲目跟从他人，不嫁接别人的理念。围绕现代木结构住宅，将设计、采购、仓储、加工、生产、现场施工、售后服务融为一体。

当管理与发展产生矛盾，即目前的管理与快速的发展不能同步时，公司会果断决定牺牲发展，保全和完善管理。

2. 精细化

德胜公司认为，员工身体状况的好坏会影响到其心理状态和思维能力，同时心理状态也会影响身体状况。员工身体健康了，精力自然就充沛，工作情绪自然也会高涨。因此，企业要关心和过问员工的身体状况，甚至以规章制度的形式固定下来。公共生活与私人生活之间、工作的自我与生活的自我之间都是密切相关的，并不能人为地、机械地分开。

德胜公司对许多私人的事也会关心，比如员工的血型。任何人都无法避免意外情况的发生，那么把血型化验做好，一旦需要输血，直接查找出同血型或配对血型的同事就可以无偿献血。这是一种互助互惠的行为，今天帮助别人，其实也是在帮助自己。

又比如禁止私赌。私赌不仅浪费大量的时间和金钱，对身体也无益处，还可能引起一系列社会问题。

甚至，员工八小时工作以外的时间德胜也要管。针对某些工种的员工，如第二天操作起重机的工人、长途出行的司机、一大早准备早餐的厨师，公司规定头天晚上9点之

O型血

德胜员工的血型信息

前必须睡觉。

……

这一系列的规定虽然涉及员工个人的方方面面，但都是从关爱员工的角度出发制定的，并不侵犯员工的生命权、隐私权、生理权等基本权利。这些规定具有普适性和广泛性，对其他企业有一定的参考作用。

3. 特色化

企业里"人人都是发动机"是不可能的。如果人人都是发动机，那么谁是变速箱、方向盘、刹车、助力泵呢？企业的方方面面都需要各种人去做工作，核心人物可以像发动机一样源源不断地提供动力，但也不能缺少其他辅助人员。

还有一种说法是"人人都是螺丝钉"。但在信息化时代，不可能人人都只做螺丝钉，每一位职工都要充分发挥主观能动性和巨大潜能，为企业创造最大效益。职工能跟上潮流、善于学习、独当一面，才能适应瞬息万变的时代。

因此，不一定人人要成为发动机，但必须要密切配合发动机，做好细枝末节的工作。也不能人人只做螺丝钉，整天闷头做事，而是要多与其他人密切配合，多为企业出谋划策，充分开发潜力，紧跟时代步伐，不断开阔视野。

企业是一个有机整体，一切都相互关联、不可分割，你中有我、我中有你，每一个人都是一个网结，整个企业才能形成一张大网。

4. 新颖化

企业的价值观体现于用人的基本标准，选人、育人、用人、留人是每一家企业都绕不开的工作。德胜公司不是像传统企业那样按照岗位需求招聘，也不会绞尽脑汁地去挖别的公司的人，而是以"诚实、勤劳、有爱心、不走捷径"的核心价值观作为选人、用人的标准。这与曾国藩当年提出的"广揽、慎用、勤教、严绳"的用人原则是一脉相承的。

以人为核心是现代企业管理的永恒主题。德胜公司这方面的实例很多，比如在管理上给予各个部门非常大的自主权，管理人员像经营一家分公司一样自主决定许多事务。此外，给予员工极大的自由权，比如设计人员可以实行弹性工作时间，而无须朝九晚五地上班。

德胜公司围绕人性特点，制定以人为核心的一系列管理规定，采取有效的管理方法和措施，突出了人的特性，充分激发了职工的自豪感、荣耀感和幸福感，发挥他们的积极性和主动性，取得了一定的成就，可供国内外企业加以借鉴和参考。

（三）文化上的专精特新之三

1. 专业化：从一起事件谈激励和尊重员工

有一篇报道是这样的：

国内某著名电器集团公司一位女董事长在巡查中发现一个经理没请假也没上班，电话询问原因，他说在陪客户吃饭。女董事长起了疑心，再次追问，该经理坦白说他陪母亲看病了。按照常理，经理不能上班是为了尽孝，应当理解。但是女董事长将该经理撤职，降为普通员工。许多人很愤怒，觉得女董事长太冷血无情，质问她为什么这么做。女董事长说：很多人认为这是一件小事，只要警告就行，毕竟起因是尽孝。但我认为他在小事上就会说谎，当遇到重大事件时，很可能也会说谎。

如果你是企业管理人员，会如何处理这个问题？

我们先来看一下德胜洋楼的相应规定：

- 任何时候，员工可以随意调休，只要把手头的工作交接好。
- 可以公车私用。

……

员工不仅能随时调休，还可以开公车去办私事。这管理制度定得多么宽容！

有了以上这些规定，德胜洋楼的员工可以心安理得地做自己的私事，不会发生因上班时间陪母亲去看病而被降职的事。

从本质上来说，这是一个工作与生活关系的问题，关键在于这家公司对于员工的态度。

如果女董事长首先关心一下经理母亲的病情，并给予亲切慰问，体现女性的情怀和尊重，对于企业其他员工与影响又会怎样？

企业不应从单一的角度去考虑问题，而是应该多从员工的角度换位思考。

2. 精细化：工作与生活的平衡

德胜洋楼规定：公司是由真君子组成的，公司永远不实行打卡制，员工可以随意调休。因直系亲属的相关事件发生而应急请假的，只要将手头的工作交接好就可以离开……

从企业管理制度方面来说，上述公司缺乏像德胜洋楼一样的相关规定。如果没有类似的管理制度在先，员工也会偷偷陪家人去医院的。这种缺乏人性化而导致的员工不得不违规的管理制度，是不是值得每一位管理者思考？

在对待工作与生活的关系时，企业要做出理性的判断：工作与生活严格分离，或者工作与生活一体化，哪一种方式更有利于企业的价值创造？这需要企业做出平衡。

如果工作和生活严格分开，员工就没有意愿主动去加班，八小时之外公司再重要的事都与他没有关系。甚至员工在八小时之内也会怠工。

如果工作和生活适当一体化，就可以充分激发员工的工作热情和积极性，工作效率更高！现在许多IT企业就采用类似做法。如果企业不能在管理制度方面体现人性化、自主化，迟早会出现用人问题的。

西方国家倾向于把工作与生活分开，员工的工作时间属于企业，而业余时间属于私人，企业不得侵犯。但我们更倾向于工作与生活不分家，下班后照样投入工作是常有的事。

3. 特色化：以价值观判断职工

判断一个员工的好与差有许多因素，一个员工对母亲一片孝心，从做人品德和角度来说他就是一位好的员工。前面提到的女董事长认为一个人在小事上会说谎，当遇到重大事件时，也会说谎，逻辑上显然是不通的。仅凭一次偶然事件就断定一个人撒谎成性，有失偏颇。

试问一下，如果那位经理撒谎成性，那么公司在选人、用人及管理方面是否存在问题呢？

员工的孝心，既是价值观问题，又是必须面对的现实问题。好的管理绝不是一味地压制人。

4. 新颖化：灵活的用人机制将价值观落到实处

企业的用人标准反映企业的价值观。德胜洋楼始终以人为核心，在管理上赋予员工极大的自由权，实行弹性工作制，将"诚实、勤劳、有爱心、不走捷径"的核心价值观落到实处。

正因为有灵活的用人机制，德胜洋楼的员工请一年半的假去照顾恩人也就不足为奇了。这种通过打破惯性思维充分调动员工积极性的有益做法，值得其他企业借鉴。

四、管理上的专精特新

管理中的不确定性是每一家企业不可回避的问题。德胜洋楼如何应对各类不确定性问题呢？

（一）专业化：不制定年度经济指标

管理实践表明，谁也没有能力保证一个企业的年产值一定达到多少，也不可能完全操控企业的生产成果，因为不确定因素会不请自来。

德胜洋楼自公司成立20多年以来，从来不制定某个时期的经济指标。企业年收入是非常难以确定的，与国际形势、国内政策、行业规定、气候变化、产品和技术特征、客户购买能力、地域特征、消费习惯等各种因素有密切的关系，受一系列不可抗拒因素的影响，不可能保证完成所有计划任务。按照市场和客户的需求，尽最大能力接受业务，保质保量、按期、按要求交付客户，这就是好的发展之道。

（二）精细化：用不确定机制应对不确定性问题

生活总是充满问题，人们不可能完全了解事物的全貌，只能把握一部分。面对管理中的不确定问题，德胜洋楼采取不确定的机制应对。这里仅列举一例：

实行试错制

德胜在实际管理过程中，尽可能地授权给职工，让他们大胆尝试。只要不是盲目冒险，就可以做一些开拓性工作，失败了由企业承担，成功了为员工庆功。当然开拓与保守，二者之间要保持一种平衡。这种容许试错的做法得到了广大职工的认可，这建立在对职工完全信任的基础之上，被授权做事的职工的积极性都会格外高涨。

比如，公司曾为学生制作一批衣柜，考虑到学生身高参差不齐，不知道什么尺寸适宜，于是先做了一件样品，让学生试一试，得到学生反馈意见后，才正式制作了适宜学生身高和特点的衣柜。如果仅按照合同规定，直接制作了，任务算完成了，但是实际效果将大打折扣。

样品衣柜和成品衣柜（左侧为样品衣柜）

这样的做法体现的是管理最重要的一个方面，即不只是教职工怎么做，而要告诉他们为什么这样做；这样做的目的、价值和意义在哪里；教他们做事的思维方式和解决问题的方法。

德胜洋楼与客户互动，请客户参与，最终采取最佳解决方案。管理中遇到不确定性问题时，适当授权给职工，充分调动他们的积极性和创造性，激发他们的善意和潜能，是极其重要的。企业招聘一个职工，不光聘用他的时间和技能，更重要的是要发挥他们的智力、意志和意识，这样，他们在企业工作就不会产生依赖心态，不会"当一天和尚，撞一天钟"，也不会一下班就立即走人。与企业息息相关的工作有效度、深度和如何尽快地解决问题，这些都应该是职工应关心的，也是每一个领导者必须要考虑的。

（三）特色化：尽量从管理的不确定性中寻找确定性元素

1. 按事负责制。通过总结，可以把不确定因素分类，然后区别对待，永远不打无准备之仗。面对不确定性因素，还有一个办法，就是谁先遇到这一问题并提出建议，领导者觉得可行，那么谁就可以成为领头人，实行按事负责制，打破按照职务来安排工作的习惯。

2. 设立比不确定性还不确定的机制。例如成立应急响应小组，全天候应对紧急和突发性事务；模拟某种事情发生后，职工应该怎么办；口令或密码随时变换；明确资金链突然断裂怎么办；演练遇到重大灾难时的程序；企业重要岗位管理者的工作随时可以由他们的助手代为办理……

以上这些都是德胜公司应对不确定性因素时所采取的一些切实可行的方法，做到了心中有数，防患于未然。

（四）新颖化：企业管理的自下而上、民主化已是大势所趋

在大型会议召开前，要充分征求意见，确认至少 2/3 的人参加后，公司才正式下发会议通知。

每次会议结束后，本次会议的主持人要跟踪会议提出的所有问题，在下一次会议开始前，会议所提问题的落实情况以书面形式呈给下次会议主持人，并在会议上进行通报。这样就避免了"会而不议，议而不决，决而不行，行而不果"的现象。

德胜公司的办公柜里装满了员工的建议和意见，都是员工自发提出的，有关于生活方面的、关于工作方面的，还有关于公益慈善的……员工的建议尽管存在这样或那样的问题，但总比不管不问的好。在采纳员工的意见和建议上，一定要懂得淘金原理，挑选出对企业有用的加以使用。

通过淘金原理选用下属的意见和建议，自下而上地把问题汇总起来，然后有的放矢地解决问题，不仅提高和激发了员工的积极性，对企业决策者来说，还做到了兼容并包，使企业保持在正确的轨道上运行。

贪不诚实的小便宜，吃十年以上的大亏

一天，我翻查档案柜里经手过的文件资料时，一些与产品供应商相关的文件资料，令我感慨颇多。其中，有我们最早的供应商，有我们最大的供应商，有距离我们最近的供应商，也有我们曾经寄予厚望的供应商……但遗憾的是，与最早的供应商和我们曾经寄予厚望的供应商的合作都相继终止了，原因只有一个：不诚实，喜欢投机取巧，走捷径。

为了保证产品的质量，我们有一个特殊制度：首先，我们采购中心会安排技术人员去供应商工厂实地监督生产情况。然后，采购中心的负责人会亲自前往一些重点供应商处进行"微服私访"，并现场办公，详细了解同事的工作和生活状况、防止腐败情况、遇到的困难、需要解决的问题，以及供应商的生产、管理情况等。

详细地说：

第一，我们派专业技术人员驻守在供应商公司，专门监督产品原材料的来源、产品生产过程并挑选出不合格产品。最终的产品合格才能装运集装箱发货。挑选出来的有瑕疵的产品，要么我们按照成本价购买，要么由供应商自行处置。

第二，采购中心的负责人时不时地抽时间亲自前往供应商公司。这种事先不打招呼、突击式的抽查，目的是彻底检查我们采购人员、技术监督人员和供应商的工作是否到位，各项管理制度是否有效执行，与合作方的关系是否融洽等。

这两项规定不失为一种保证产品质量、坚守对客户承诺的绝招。自创办出口业务以来，我们一直坚守这项规章制度。

而那家我们曾经寄予厚望的公司，最终却出了事情。

2005年6月10日，我随采购中心负责人一起去了浙江这家公司实地进行考察。在了解产品质量和工作落实情况时，却发生了我不愿意遇到、至今难忘的一件事。

在我们的质量监督员离开包装现场用餐、前后不到半个小时的时间，这家公司的人员将我公司挑出的不合格产品又混入合格产品中，21天后，这批产品出口到国外，遭到了客户的投诉。

我公司经济上的损失姑且不论，信用的受损是极其令人愤怒和难堪的。

事件发生后，我们采取断然措施，不再签订新的合作合同。

浙江这家企业专门写了一封长信寄给了我，并表示这次事件是他"内心深处永远的痛和成长历程中的耻辱"，表示他们已经深深地意识到蒙蔽客户的不诚实行为是要付出相当代价的。

我与采购中心的负责人一起组织有关人员召开了专题会议讨论这家公司的情况，最终商定的结果如下：

首先，重申我们的质量和服务理念：我们永远要对客户负责任，出售的产品要提供25年质量保修和维护。

其次，与浙江这家公司恢复合作的前提如下：

一是他们首先要对以后生产的产品质量和服务做出书面承诺，并狠抓产品质量，把所承诺的标准和服务落到实处。

二是恢复合作的时间从今天算起，满10年后再重新评估合作的可能性。

三是督促这家公司履行已经签约的合同，全力配合我们采购中心人员的工作，从根本上提供质量保证，始终如一地坚持"质量问题不能妥协"的原则。

四是我们采购中心将向国外客户解释浙江公司所发生的事件和造成的麻烦，反思并保证以后严把产品质量关，希望得到客户的谅解。

这家供应商没有完全答应我们提出的条件，但希望他们能从此次事件中吸取教训，坚守做人的品德。

如今，我公司的业务红红火火，手头上的业务经常做不完。这说明了我们坚守诚实的价值观是正确的！这种实实在在做人做事的风格是文明的。同时也说明我们公司的质量管理是切实有效的。

现在，为我们供应同类产品的厂商不下20家，我们对他们付款及时，尊重有加，要求严格，品质从上。产品质量始终跟踪监督，原则问题绝不退让。20多年来，我们与合格供应商一直保持紧密的合作。

档案最好异地备份

2022年5月8日，受董教授之邀，我们去了一位朋友家里吃饭。我们与朋友们一起聊起了与企业密切相关的一个重要的话题：档案资料异地保存。

为了应对各种意外，广大企业最好将重要的档案资料妥善保存，数字档案可以同步镜像保存；物质档案，可以在使用地以外的地方保管。异地保管时，包括档案资料的原经手人或当事人等，都不可以知道保管的地点。

下面介绍一下我提供证据，协助被告方范老师成功地打赢了一场官司的事。

跟我一起合作做培训的范老师与一家房产企业的巫老板签订了一份培训协议，巫老板出资120万元。这笔资金到位后，范老师就立即组织人员开始了培训业务。这原本是一个很好的项目，项目顺利开展，范老师和他的团队如期交付。

六年后，范老师却突然收到了一张传票，巫老板的一纸诉状将范老师告上了法庭，要求范老师退还120万元的资金，并赔偿50余万元的经济损失。

范老师经过打听，才知道巫老板因为个人赌博输了个精光，加上他的公司遭受了意外的打击，业务收入持续下滑，应收账款太多，经营极度艰难。于是巫老板就打起了歪主意，想把这笔钱要回来，能要多少就要多少。他有一个亲戚是律师，据说在当地还比较出名，于是就有了这么一起诉讼案件。

因为我曾协助范老师做过培训的一些事务，参与了接待、课程研发和辅导等，所以范老师就请我提供相关证据给他聘请的律师。于是，我就把经手过的所有往来档案资料，包括我的电子邮箱里的相关来往邮件，都找了出来，作为证据提供给了范老师的律师。

最后的结果是，范老师成功地赢得了官司。他激动地对我说：幸亏你把实物证据都完好地保存了下来，这些证据在法庭上起到了至关重要的作用。

其实，这都是我把原始档案完好无损地异地保存的结果。

建议所有企业的相关人员必须树立档案安全保管意识，与相关往来的原始物品和邮件能保存的，都要完好无损地加以保存，最好是异地保存。只有做到有备无患，才能有效应对各种事情的发生，避免企业受到损失。

商业的本质就是不做伤天害理之事

先从一件听来的事讲起。

一次我从浦东乘坐下午的航班去深圳做讲座,老乡张先生邀请我利用上午时间,去他位于上海浦东新区的新办公室参观。我说也行,反正要经过浦东的,顺道去探访一下也好。

到了办公室后,真让我大开眼界,尽情领略了什么叫奢华。老乡的办公室,确切地说是一幢小洋楼,足足有四层,一、二、三层楼办公,还有地下室,布置有偌大的会议厅。二层是老乡的办公室,超大的办公桌、办公椅、豪华皮沙发,还有一个中型的保险柜靠在墙的一角,应有尽有。我跟他开玩笑说,你一定是发大财了。

没想到,老乡却回答我说:哪里哪里,这全都是前面一家的老板留下来的,他们开金店租用了这栋楼才六个月的时间,因为非法经营,骗取资金,结果一夜间逃之夭夭,所有东西来不及搬迁,房东说让我先用着。谈话间,老乡又带我上了四楼,这里是金店老板请来的佛祖,每天都要敬拜的。

离开办公楼后,我一直在想,他们一边欺骗他人,一边却祈求佛祖保佑,即使他们再虔诚,佛祖也不会保佑他们。

杰克·韦尔奇在《商业的本质》一书中说:科技革命给市场带来了巨大变化和诸多杂音,作为管理者,不能丢失商业的核心。在当今的商业环境下,要想赢,必须遵从商业的规则,回归商业的本质。

那么究竟商业的本质是什么?就是不做伤天害理之事。

比如,一个企业为了短期效益,一时忽视了环境保持,如果能认识到自己的错误,下狠心整治,尽快解决环保问题,给社会一个交代,就是值得称赞的。

德国哲学家伊曼努尔·康德在哲学著作《纯粹理性批判》里提出:恒有二者,余畏敬焉。位我上者,灿烂星空;道德律令,在我心中。

科技越发展,社会越进步,人们越要敬畏和遵循道德准则。

企业老板不仅要靠自己的才华、智慧和相关资源改变现状,更要用坚韧和毅力为人类的未来而奋斗。没有厚德,仅靠关系、机遇或者手段求得的福,像插在花瓶中的花,很快就会枯萎的。

企业的安全管理与医者的职业道德

　　天下最重要的事，莫过于人身安全了。

　　在企业管理实践中，任何忽视安全管理的行为都要及时制止，并妥善改正。

　　我从学校毕业刚上班不久，单位里就发生了一件令人痛心的事。

　　单位的公共淋浴间需要维护，由于层高达6米，需要用梯子才能上去更换灯泡和修补天花板，单位就请了外面一个工人来做。一天下午，工人摆好梯子，没有任何保护措施地登上了梯子开始了工作，由于要不停地操作，淋浴间的地面又非常滑，当那位工人一次大力操作时，梯子突然滑倒，工人坠落了下来，立即就昏了过去。

　　幸好发现得早，工人被立即送到了当地医院进行救治。

　　到了医院，面临的最糟糕的一件事就是因为工人摔伤非常严重，导致他不能直接排尿。一位女主任医生亲自上阵，有条不紊，做这做那，只见她将一根粗粗地导尿管子插入那位工人的隐秘处里，过程虽然非常艰难，但是管子终于成功地插入了进去，最后，尿液也顺利地通过管子排了出来。有一句俗话说："医生眼里性别不分"。说的就是在诊疗过程中，无论患者是男是女，是同性还是异性，在医生眼里，都是相同的患者。我们的心被震颤了，为这位女医生的果敢和敬业表示由衷地敬佩！

　　经过医生的及时抢救，工人的身体最终得到了完全的恢复，没有留下任何残疾。后来我们单位给医院赠送了一面锦旗，又召开了专门会议，总结了安全保护工作，从此再没有发生过任何大事故。这也验证了成语"失之东隅，收之桑榆"。

　　经历了这次事件后，我感到这个世界没有比人身安全和健康更重要的了。

　　后来，我到德胜公司新的工作岗位，首先就强调最需要关心的是人身安全，任何时候、无论哪里，人身安全都要保护好。

一起不该发生的安全事故

一、执行固定安全流程的确重要，还要把安全与员工的利益挂钩

在对一家还没有完全实行数字化和智能化的制造型企业提供咨询时，其一位高管说要求安全管理人员定期对工厂的机器情况进行大检查。这本来无可厚非，但是随着访谈的不断深入，我们发现了一个问题：在固定的时间由固定的人进行安全检查，诚然没有问题，但是，执行了这个安全流程并不等于就可以确保任何时候不会发生意外。即使运行良好的机器也会出现故障，最了解和把握机器的一定是具体操作人员，他们会第一时间发现机器的问题。一旦发现异样，应该如何即时解决，尽快有效地排除故障和风险才是首要的。

实际生产过程中，有的员工为了赶交期，多出绩效，可能任凭机器带着故障去运行。而员工的直接管理者，他们也面临着赶工期、争绩效等各方面的压力。许多时候，既让马儿跑、又不给马儿喂草就在所难免了。

为了避免员工受到伤害和公司遭受损失，为什么不能改变一下，让人人都负起安全责任？工人操作机器，只要他及时排除隐患，或者提出改进方案，就给予一定的奖励，把安全管理变成一种对员工的激励，让人人都参与到管理中去，一定会比只是定期定人地检查机器效果更好。

安全是头等大事。安全工作没有与员工的利益挂钩，就会沦为形式主义或机械主义。只要工厂的任何事务没有与员工的利益挂起钩，管理起来就不会轻松，员工的主人翁精神就得不到充分体现，就会出现"我的事我就管，不是我的事我就可以不管"。

既有荣誉奖励，又有物质奖励，目的是让人们都积极、主动参与到安全防范体系中来，对自身、同事、机器和财产的安全起到有效的保护作用。

曾经有一件不幸的事发生在某工厂，他们明明发现了一台机器在高速运转时存在潜在的隐患，也已经做好了一个安全保护的方案——用一个保护罩遮蔽住机器的高速运转部分。可是，就在安装安全罩之前，生产部却鬼差神使地安排一位新入职的员工在这台机器上进行操作。结果可想而知，一件不该发生的意外事件恰好在这个节骨眼上发生了，尽管上岗前新员工接受了一定的培训，但毕竟是一位新入职的员工，动作还不规范，流程还不熟悉，安

全意识和防范技能还不高，面对这台他还很不熟悉的机器，操作起来难免会手忙脚乱，最终导致了事故的发生。意外事件就这样在没及时排除隐患的管理下发生了。

二、强调亡羊补牢永远都不晚

事故发生后，我们对该公司就安全的及时性、有效性和针对性进行了辅导，并制定了一系列的规定和措施。

下图是该企业发生这起事件后所做的补救措施。

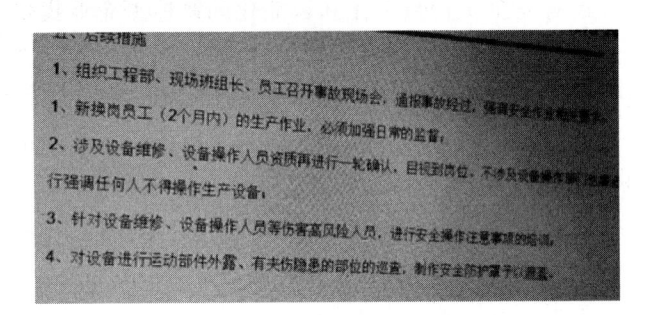

> 2、后续措施
> 1、组织工程部、现场班组长、员工召开事故现场会，通报事故经过，强调安全作业相关要求。
> 1、新换岗员工（2个月内）的生产作业，必须加强日常的监督。
> 2、涉及设备维修、设备操作人员资质再进行一轮确认，目视到岗位，不涉及设备操作部门也行强调任何人不得操作生产设备；
> 3、针对设备维修、设备操作人员等伤害高风险人员，进行安全操作注意事项的培训。
> 4、对设备进行运动部件外露、有夹伤隐患的部位的巡查，制作安全防护罩予以遮盖。

对于这样的措施，我提出了以下修改和补充建议：

（1）工程部会同相关部门召开现场专题会议，对本次事件进行总结，通报事故的经过，再次强调安全相关要求，制定安全补救措施，对相关责任人进行批评和教育。

（2）新入职员工或换岗员工2个月以内的生产作业，必须由指定人员每日进行跟踪和监督。

（3）涉及设备维修、设备操作人员资质问题的，要进行再确认，目视到岗位。不涉及设备操作部门的，也必须强调任何人不得随意操作生产设备。

（4）针对设备维修、设备操作人员等面临伤害高风险的人员，由人力资源部组织，每个月进行1~2次安全操作注意事项的培训。

（5）对设备运行部件外露、有夹伤隐患的部位进行巡查，在2个工作日内，必须制作安全防护罩予以遮盖。

（6）其他涉及机器操作安全问题的，也必须在1~3个工作日内予以纠正和处理。涉及费用问题的，立即做好预算计划上交总经理审批后尽快办理。

在辅导过程中，我反复强调"时间、地点、人员、资源、行动、结果"这六大要素的重要性，只要把每一件事分解为这六大要素来考虑，就不会执行不下去，就不会让问题石沉大海。以上的修改建议，基于明确和完善六大要素提出，并对个别措词进行了纠正，如"需要"调整为"必须"等。

事故发生后，公司还做出以下规定：

（1）人力资源部会同工程部一起，制定安全防范激励措施，下发到每个员工手中，鼓励现场员工第一时间发现和排查任何安全问题，并与奖励、升职、加薪等个人利益挂钩。

（2）完善和补充安全规定、操作流程和架构机制。

（3）将发生安全事故这一天确定为公司安全日，将本周确定为安全周，将本月确定为安全主题月，进行宣传和报道。

（4）登报宣传安全管理中的好人好事，批评疏于管理的事情和做法。

经过修改和补充后，公司上下一致认为要高度重视安全管理问题。

安全关乎每一个人，企业必须要把安全防范放在第一位，把安排措施一一落到实处！

千万不能过于迁就客户

门廊是建筑物的大门入口处、有顶棚的半围合的空间。门廊形似巨大的遮阳遮雨棚一样，人们可以歇脚、等人和车、装卸物品、散步、躲雨、取用雨具、吸烟等，是整座楼房进门前给人的第一印象，对建筑的面貌起着至关重要的作用，兼有美观性和实用性。

门廊一般是敞开式的，没有门，三面或两面有墙或者是柱子，上部有板。门廊有全凹式，也有半凹半凸式的和全凸式的。在设计门廊时，门廊的深度控制在多大范围，是有一定的讲究的。但对门廊进行适当的向外延伸是可以的，但不能随意延伸太多。

多年前，在海口工作时，我所在的公司旁边有一家做能源的公司。在有了实力以后，老板就觉得大楼入口处的门廊太小气了，一定要建一个豪华的门廊。恰逢公司成立三周年，老板就要把门廊建得气派一些。于是，经手人联系了一位老乡去设计和建造。

一位设计人员，将图纸设计好后，就拿给具体经手人，经手人第一时间就向老板汇报。老板看了图纸后说，门廊的设计还可以，就是向外延伸的长度不够，还要再多2米。

设计人员感觉再延伸2米可能会有问题，但是老板的话又不能不听，只好硬着头皮修改了图纸。

很快，门廊在一个月内建好了。

门廊的确漂亮，造型别致，伸出了 10 米多，通过点缀，像悬空的走廊一样，晚上一开灯，更有梦幻感觉。

可就在周年庆的前一天早上，谁都想不到的是这座造型精美的门廊轰然坍塌了。

总结一下这次事故的原因：一方面，门廊在设计方面就有一定的缺陷，向外延伸太多一定会有风险的；另一方面，建筑人员也是七拼八凑的，能不出事吗?！庆幸的是，没有人员伤亡发生。

在生产和施工上，不要太过于迁就客户，客户很多时候是外行，千万不能过于迁就客户的臆想。

企业文化规划

凡事预则立，不预则废。

西班牙中国问题专家胡利奥·里奥斯曾高度评价说："五年规划在中国具有重要地位，所提出的目标对公共部门具有重大影响力，对经济的管理具有决定性作用。"清华大学国情研究院院长胡鞍钢说："国家五年规划就是对全体人民进行人力资本投资的规划，是提高全体人民发展能力、创业能力、创新能力的规划。"

……

由此可见规划的重要性。与此同时，规划的步骤和方法也尤为重要。

企业文化对于企业的重要性不言而喻。到底怎么样做一个有效的企业文化的规划，重要的是让规划有效地落地，这是与我们每一个人、每一个组织都息息相关的事。

一般分为三个步骤：

第一步，进行有效的现状诊断。

第二步，搞清问题和痛点。

第三步，制定全方位策略。

简要说明如下：

第一步，必须要对企业或组织做一个诊断，先知道自己当前的情况是怎么样的，才能知道下一步要做什么样的规划，然后才能解决问题，或满足一定的需求。

诊断分为现状诊断、自我诊断和环境诊断。

诊断的核心就是发现的问题，问题分为：共性问题、部门差异化问题和人群差异化问题。

根据现有的能力、精力，或者是团队的支持度，可以因地制宜，基于企业或组织的实际情况来进行调整。注意，要尽可能地发现真正问题，并且把需求清晰化。

第二步，诊断的目的是为了能够找到需求，发现问题和痛点。当完成诊断和分析后，能够把需求清晰化。需求越清晰，规划策略的匹配度就越强。

要从战略和业务的需求出发，拆解企业的战略要素，明确企业的业务需求，找到文化部门需要去做的事，然后企业文化部门才可以帮助其他各部门。

第三步，制定全方位的规划策略。

全面规划，必须要站在更高的视角运筹帷幄。规划的核心是全局、客观、务实，易操作、易达成、易实现，要有顶端思维。要从核心高管、管理者和员工代表三个不同的层次来分析。核心高管站在最高的位置对文化的评价和未来的预期，管理者对文化管理的认知和困惑，员工代表则关心落实到员工身上的内容，应该怎么样与他的业绩关联。

我们为什么要做规划？就是要高效率、低成本和快速地满足需求，解决企业的实际问题，就是希望更有计划性，做到秩序井然。如果我们不做规划各项工作也能做好，那就没有必要做规划了，"如无必要，勿增实体"。

企业文化部门是一个满足企业或组织各方面需求的部门，是一个搭建舞台的部门，但绝不是一个自己上台唱戏的部门。企业文化部门一定要有这样的认知。

最后，按照时间线、目标线和逻辑线，制定出一份完整的企业文化年度规划总表，把所有的问题转化成需求，再把需求转化成策略，再把策略转化成年度的规划方案。剩下的就是如何落地执行的具体操作了。

德胜 治理的人和事

3　服务和影响他人

服务他人篇

江湖救急：义务帮助供应商

2008年全球性的金融危机，想必许多人还记忆犹新。当时，德胜公司的一家供应商遇到了一系列困难，他们生产的水龙头出现了漏水问题，客户纷纷要求退货、换货。又适逢全球性金融危机爆发，这家企业的资金链出现了问题。这家企业规模在全国同行业排名第二，也一贯诚实守信，与德胜洋楼多年的合作非常愉快。

在迫不得已的情况下，他们的总裁来到了德胜洋楼，一方面散散心，另一方面看看能否在德胜公司找到资金的支持。

此行没有让他失望。

首先，德胜公司没有因为水龙头的质量问题而提出苛刻要求，而是与他一起分析，并提出了一系列改进和创新思路。这位总裁表示愿意接受德胜的意见和建议。

然后，鉴于他们遇到资金困难，德胜洋楼主动提出按照上一年度德胜采购金额的三倍签订今年的订购合同，并先把合同总额1/3的预订款支付给他们，让工厂先运转起来。只要企业运行好了，按合同向德胜洋楼如数供货就行。

这就是江湖救急！

这种与供应商共同发展，及时帮助的做法，是一种新型合作关系的有益尝试。

德胜对供应商大力帮助，对客户同样也关爱有加，这里就不一一列举了。但德胜公司有一个非常严格的原则，就是要与价值观趋同的客户做业务。因为这个原则，德胜每年都会拒绝一批订单。但是也因此20多年来，几乎没有客户欠款或违约，没有与客户打过官司。这些足以说明与价值观趋同的伙伴合作才能愉快持久，相安无事。

千万要注意个人的"随便"行为

眼看一项合作就要达成了,却因为一件小事而遗憾地与亿元大单擦肩而过。情况是这样的:

我们了解到江苏一家住宅产品制造企业,计划将他们生产的一种产品出口,年销售量至少在30个集装箱以上,连续签订三年供货合同,我们愿意做独家代理……经沟通,一系列合作条款都已谈妥,只等下一步签订合同。

为了这项合作,我们事先还专门从他们公司采购了一批材料,研究人员做了反复测试,最终认定产品质量合格,可以出口。

因为是大订单,这家企业的老板非常重视,计划亲自拜访,专门与公司领导和相关人员见面商谈,希望加快合作进程。

确定见面的日期后,我提前核实了客人接待的准备情况,包括打印欢迎词、见面礼、用餐地点、见面相关事宜等。除了没有铺红毯、请乐队外,一切都准备就绪,我将接待行程和细节都发给了对方。

老板如期来到我们公司。

双方洽谈还是非常顺利和愉快的,我的接待也有条不紊地进行。但是此时却发生了一件非常意外的事,我们的一位保安人员悄悄地向我报告:客人的司机居然在户外随意小便。我说:你先保密。我来处理。

下午三点多,我若无其事地送别了客人。保安部经理也向总经理说明了刚才司机的事。一向以严谨著称的总经理脸色马上就变了,之后决定取消订单。

后来,我还向总经理建议,希望可以缓和一下,总经理说了几句话至今令人难忘:

这种不自重的行为看似小事,实际上反映出这家企业的不认真,缺乏谨言慎行和尊重他人的基本素养。我们的客户是世界级的企业,不能因为供应商的不严谨而影响了我们。

为一次"随便"行为就毁了一切努力。

维护员工的权益永远是第一位的

　　一天德胜公司涉外小区的一位张姓保安人员正在值班，这时一位外籍男性驾车来到了小区门口，张保安就从岗亭里走出来，询问他找谁，有没有预约。

　　外籍男一幅心高气傲的样子，两只手始终搭在汽车方向盘上，眼睛却盯着前方，好像没有保安人员存在似的。张保安继续询问，也许是被问得不耐烦了，外籍男打开了车窗，但仍然是一幅不可一世的样子，嘴里却冒出了一句："你滚回家吧！"

　　张保安有些莫名其妙，但还是耐心地问道："您是这里的客户吗？您住在哪一栋？"这一次外籍男又吼："你可以滚回家了。"保安明白了，这个人是想闹事。

　　但是保安根据公司规定，没有得到确认，就不能打开闸门放行，你无法进入。

　　此人继续无理取闹，张保安无可奈何，就用对讲机呼叫刘主管和其他两位同事来处理。他们过来后，外籍男还是那个老样子，一幅目中无人、满不在乎的样子，也不理睬刘主管和另外两位保安。

　　张保安又请来了物业经理杨女士，在杨女士的沟通下，外籍男终于说明了一切，他是一位老板，租了这里的房子给他的雇员住宿。

　　事情发生后，经过调取录像和查证相关人员，确定张保安做到了以下几点：

- 向客人问话的方式是恰当的。
- 保安用语不存在问题。
- 保安的礼节、动作和所提要求都是适宜的。
- 客服人员的应变能力是较高的。

　　为此，对社区内的租住户专门下发了《致客户》的函：

致客户

亲爱的住户：

　　为了让居住在小区的所有住户都有一个安全的环境，我们请每位住户遵守以下的门岗流程：

1. 每辆进入小区的车辆都需要先在门口完全停下。

2. 当门岗的保安走到您的车旁时，请将车窗摇下，聆听保安的话语，核实相关信息。

3. 保安将始终坚持提醒每一位客人："您好！请慢点开，里面有孩子。"

这是我们的管理规定，需要您的配合，才能一起把小区建设成您和您家庭的安全港湾。

我们保留拒绝不遵守秩序的客人进入小区的权力；对干扰我们正常服务的人，我们将进行临时简单的处理。

感谢您的理解和您对小区工作持续的支持。

××物业管理有限公司

事后，有个别人建议对张保安进行批评和教育，并给予一定的处罚。他们认为，应该迁就客户，毕竟客户是付给我们租金的人。但是公司领导和大多数员工认为，任何人的傲慢和蛮横无理都要进行制止，无论他是哪国人，都必须遵守公司的规章制度。公司向来维护员工的权益，任何人触犯了规则，对不起，不会任由其滋事。员工的权益是第一位的，这就是公司一贯坚持的观点。

公司还对张保安给予了通报表扬，并给予500元人民币的奖励。

成功解决了一桩小事

德籍华人王先生一家人租住在德胜公司涉外小区3号楼已有两年多了，两年多的时间，一切都平安无事。住户的合理需求，公司都有求必应，照顾周到。在满意度调查中，来自全球的住户对服务的整体满意度一直非常高。

有一天，王先生身上发生了一件事。

这一天一大早，保安急匆匆地联系我说：王先生把他租住房屋门前的树木全拦腰剪断了。

我立刻到公司查看，果然他住房门前的树木七零八落，遍地都是。我们公司的一草一木可都是付出了维护成本的，也充满了感情。

往远点说吧，我外公是我们当地一位知名的护林员，他见不得任何人破坏一棵树，我从小就留下了深刻的印象……

上班后，我就把这件事第一时间反映给客户服务部的王总。我们随即一起去了王先生租住的房屋，恰好王先生准备上班，我们询问了他砍树的事，他傲慢地说："我没有时间，要上班去了。"

这可把我们惹怒了，拍了几张照片回到办公室，商量如何处理。

下班后，因为事情还没有处理，我和王总就在公司用了晚餐，然后就一直待在办公室，打算再次约见王先生。

等晚间王先生回到小区，保安人员就打电话说王先生回来了。

这一次，王总直接打电话到他家，说："晚上好，王先生。我们想请你来办公室，就今天的事沟通一下。"

晚上8点半左右，王先生终于来到了我们办公室，一只手拎着一个红酒瓶子，还有半瓶酒，另一只手还持着一支高脚杯。

我们请他坐下后，就直接进入了正题。

王总问："约你来这里，就是想聊一下今天早上的事……如果你对我们的服务不满意，尽管提出来，我们立即整改。"

王先生："我对你们没有什么意见。"

王总说："那是不是树木有什么问题？"

王先生："它挡住我的视线了。"

王总解释道："我们小区是统一的绿化，如果影响你的视线，那也要请我们的物业人员来修剪。"

王先生："我就是要剪掉它。"

……

双方僵持了好久，一直到 11 点多，王先生的太太打电话到办公室询问王先生在不在这里。

王太太显然有些生气了，催促王先生赶紧回家，不要死要面子活受罪……

经王太太这么一通训话，王先生也借着酒劲大胆地吐露了实情：他一大早查看近期的销售业务汇总表，发现业务直线下降，这让他压力非常大……

原来如此。了解情况后，我们说：事已至此，明天早上我们就去买新的树木回来，把剪断的树木全部换掉。

月底结账时，我们购买树木的款项全部算在了王先生的支付账单里，并把发票转交给了他。我们工人重新栽种了树木。

6 年后王先生一家搬离小区，其间我们一直保持着和谐友好的关系。

职业经理人谎称 120 万元打理客户

甲乙双方成立了一个物业公司，甲方聘请了一位职业经理人卢先生担任经理，在高档社区从事物业服务三年。按照常理，即便没有赢利多少但也不至于亏损。

又到年底了，乙方粗略估算一下，物业公司的账面上应该至少还有 200 万元。然而，当乙方会计人员询问账目情况时，卢经理的回复是账面的钱不多了，其中一大笔费用在年前作为打理费花掉了。

乙方觉得事有蹊跷，甲方得有一个详细账目给一个交代，钱不能这么不明不白地不见了。但是这件事关乎与甲方的关系，处理不好，可能就无法合作了。职业经理人卢先生是甲方聘请的，搞不好卢先生的声誉也会受到极大的影响。

经过深思熟虑，乙方老总决定一箭双雕，立即召集相关人员，做出决定：前去查账。

在一个周五下午，乙方一行人前往物业公司，与当地警方一起对账目和档案逐一进行审查，全过程录像拍照，相关证据整理齐备。账目查了个水落石出，120 万元绝大部分被卢先生私自挪用到亲友的名下，极少部分挪到其他人员名下。

甲方了解情况后，认为不必如此大动干戈。但乙方可不这样认为。任何欺诈行为都要坚决打击。甲方找了这样一位不争气的经理人，自知理亏，在铁的事实面前，也没有话可说。

乙方历来对不诚实的行为深恶痛绝，其公司的核心价值观第一条就是诚实。遇到任何欺诈行为，企业宁肯关门，也绝不向邪恶妥协，任何时候都不与恶势力为伍。

这个乙方就是德胜的一家子公司。

否定自己

中华文化博大精深。语言表达有时候非常微妙，能完全改变原本的意思，语气、态度和表达方式有时比内容更加重要。

就拿否定自己来说，有两种截然不同的现象：

一是出于好上加好，不断地自我否定。这里的否定自我是积极的，它站在另一个境界和高度，去否定曾经的自己。这也是最困难的。

二是还没开始行动，就先否定自己。谁都渴望成功，不断向更高的目标努力，但不幸的是，许多人还没开始努力，就质疑自己、否定自己。这是消极意义上的否定自己。

先说一件事：

一位曾摆地摊的女士，成了财务总监。受人鼓励，这位女士先是放下小摊贩的生意，学习会计，并考取了会计证。然后去了苏州工业园的一家企业，做了出纳员。这家企业做外贸，需要报关。这个时候，这位女士又从零开始学习英语。起初，女士否定自己，说这怎么可能，一把年纪了开始学英语，无异于赶鸭子上架。然而，经过不断努力，她成功通过了英语考试，工作干起来越来越得心应手。最后，她的人生来了一个华丽翻身，成为这家企业的CFO。

这位女士起初对自己缺乏自信，否定自己，但是经过鼓励，她在不断学习中突破了自我。

德胜公司在否定自己方面，也做得非常到位。公司似乎永远在否定自己，永远在否定昨天，永远不满足于现状。公司从不谈昨天的成功，只考虑市场需要什么新东西，考虑人与人通过产品建立的情感纽带。

那么如何对待失败呢？

有时候，房屋盖好了，投入使用后才发现设计上的漏洞；有时候，涂料本该用实践证明经久耐用的老产品，却在一念间用了其他的涂料，结果出现一系列问题……

否定自己，不仅是在成功的基础上否定自我，还要在失败后，重新振作起来。

企业老板一定要有不断反思和否定自己的勇气，只有这样，才能取得长远的可持续的发展。

许多大学有一门课程：批判性思维。

批判性思维不是处罚自己，而是解剖自己，批判自己。批判性思维的核心是：

- 提出正确的问题。
- 考虑到多种可能。
- 拒绝惯性思维：如拉帮结派，按照血缘关系用人。
- 敢于逆向挑战。
- 不满足于现状。
- 与自己做斗争，坚持不懈，绝不动摇。
- 为自己树立信心。

与批判性思维相对的是批判式思维。尽管是一字之差，但二者思维方式完全不同。

批判性思维是理性、温和、富有建设性的，展现对自己或他人的客观批判；而批判式思维则是极端、激烈、居高临下的，过分表现自我、指责他人，根本原因在于狂傲和自私。

企业管理蕴含太多的客观规律，过去的成功经验不能成为未来永续发展的法宝。事实上，现实管理中，经验主义许多时候还会起反作用。

在德胜看来，不要以曾经成功的模式去经营企业，要以一线实际和市场调研作为决策的根本，借助外力认识自己，在管理过程中不断反思自己，不断否定自己。唯其如此，企业才能稳固、健康地发展。

成功抢救落水者

2011年1月12日，两位职工李先生和陶先生正在忙，突然听到有人喊"救命"。二人立即停下手头的工作，匆忙赶到湖边，以最快的速度对落水者进行营救。

他们利用跳板增加浮力，同时请其他同事拿来竹竿和绳子。李先生把麻绳系在腰上，左腿跪在跳板上，右脚划着水一步一步靠近，陶先生与其他同事忙着拉绳子。经过紧张的营救，终于把一位男士从湖中打捞上来，之后把这位冻得瑟瑟发抖的男士搀扶到工地生活区，让男士冲了一个热水澡，换上了干衣服，冲了热茶水，同时联系了人领他回家。最后，在感谢声中，男士离开了施工现场。

救人是人命关天的大事，公司的同事们齐心协力，临危不惧，沉着应战，科学施救，挽救了一条生命。这种高尚行为一定会受到公司大力表扬和奖励。

三天后，我正在上班，同事报告说，有三位客人来到公司总部，说要对我们公司的员工表示感谢。原来，他们就是落水男士所在单位的负责人，他们驱车600多公里，前来给我们赠送锦旗、感谢信和慰问品。

临别时，其中一位男士说："赵总，幸亏你们，你知道不，如果他没有上岸，对我们这样的小单位就是灭顶之灾，只能关门歇业了。你们既救了人，又救了公司，功德无量。"

我说："这都是应该做的……"

后来，我们准备向政府部门申报见义勇为奖，但是几位同事婉言谢绝了。

救人一命，胜造七级浮屠；科学施救，展现员工情操。

为我们辛苦善良的一线工人师傅们点赞！

成功制止隔壁的胡作非为

一次，电力公司组织建筑行业企业安全管理人员分批参加安全工作培训。我是 A 类安全员，必须要参加，而且是第一批去学习。

两天的封闭式培训很快结束，讲授的内容广泛，考试的题目也多，好在并不太难。目的还是普及用电知识，传达最新用电规定，提醒各企业不能只顾施工而忽视了至关重要的用电安全。

考试结束后，组织者特意安排受训人员一起在电力公司的餐厅用晚餐，与我同坐的有一位陈先生，经过介绍，他惊讶地说："我就住在你们隔壁的小区……"

我说："真巧啊。居然在培训会上碰到了，实在高兴。"他把住在哪栋楼，第几层都一一告诉了我——的确是与我们小区最近的一栋楼。

很快，大家都用餐了，互相碰杯、聊天，有了酒的助兴，整个餐厅一下子气氛非常热闹。

陈先生因为喝得有点急，话就多了起来：

"……我们是失去了土地的搬迁户，起初住在楼房上很不习惯……我是后来搬到你们旁边小区的，周六周日晚上的音乐是我放的，啤酒瓶子是我从阳台上扔过来的，还有塑料垃圾袋也是我扔的……"

啊!? 我吃进嘴里的菜差点吐出来。还有这样的事啊，有一种"得来全不费工夫"的感觉。

我不由得想起多年前一直困扰着我的一件事，当时我负责小区的物业管理事务。

东侧隔壁的几栋楼房终于盖好了，陆续有人搬了进来。

这给我们带来了一件棘手的事，他们中时不时有人晚上播放音乐，声音刺耳让我们难以忍受；啤酒瓶子还有塑料垃圾袋也经常降落在我们小区……有人向我投诉，但是当时实在想不出什么好办法来，就打印了一些宣传页，散发给了隔壁小区，友情提醒他们这种不文明的行为……

后来，凡是外籍人员，我们都尽量安排住在远离隔壁的另一侧入住。

我也去找过村委会，但是他们的人轻描淡写地应付几句，就再也没有了下文。后来，我想了一下，何不采取另外一种方式来改变他们，教育他们。

我安排租住在我们小区的六七位已经上小学的外籍小孩，站在与隔壁小区最近的楼下，让孩子们喊话，用英语讲："不能随意乱扔东西""扔东西是不文明的行为""扔东西会砸伤人的""不要放大音量影响他人""我们是邻居更是朋友"……

　　这一招竟然奏效，现象真的逐渐消失了。

　　之后，再也没有发生乱扔东西的现象。我感到十分欣慰，既没有挨家挨户地上门劝告，也没有拨打110去追究肇事者，一个简单的方法就解决了问题。

　　没想到，这次安全培训竟碰上了当年的肇事者，实在令人感慨。

　　这原本是电影里的情节，却发生在我的身上，至今难以忘怀。

员工动手安装车篷

在给一个客户做咨询时,有一件事给我的印象很深刻:

这家企业有电瓶车、自行车乱停乱放、任意拉线充电的现象,公司决定整治,限定 10 天内解决。

工作人员立刻联系工程师商量如何解决,多方考虑最后决定划定专门的电瓶车和自行车停放点。

这个固定的停放点在哪里最合适呢?既要安全,又方便出行,还不额外占用地方。恰好,大门入口左侧,保安室的后边有一块空地。

于是,工程师联系了专业的户外车篷安装公司。

很快就派人来现场察看,丈量了尺寸,计算了面积。过了三天,报价给公司,5.8 万元,包工包料。公司也同意了安装车篷的计划。

但是,迟迟不见他们来施工,第七天,还没有见到安装人员的影子。工作人员就催问对方,问究竟是什么原因,对方说工程太小了,现在手头上更大的项目还来不及做的,所以,暂时不能安装车篷。

这下可把工作人员急坏了,眼看着第十天就要到了。

此时,办公室工作人员突然想到,我们何不自己动手安装呢?于是,立即请工程人员过来商量。工程人员说,一个小小的车篷有什么不能安装的?不到一天的工夫,车篷就安装完了,而且设置了多个固定电源插座,便于电瓶车随时充电。插座还做了防水、防火、防滑落、防静电等保护措施。最后,车篷的材料费只花费 2 万多元。

可见,我们能自己解决的问题就自己解决,永远不要依赖于别人。

致 Y 酒店领导的函

  作为一家追求完美和极致的企业，德胜公司有一个约定俗成的做法，就是每一次在酒店举办完大中型或重要会议后，都会给酒店的领导发一封照会函，目的有二：一是对酒店方的服务表示感谢；二是对酒店在服务过程中存在的问题和可能需要改善之处提出善意的建议和意见，期望酒店的服务工作做得更好。

  德胜公司提出"在任何事情面前，请不要说与你没有关系"的观点，认为酒店的事与自己是息息相关的，因此一定要关心他人。举办一次活动后，可能不会再在这家酒店举办会议了，但是假如人人都熟视无睹，这是不负责任的行为。于是，德胜就有了这样一项不成文的规定：每次会议结束，都会向酒店方写一封反馈信。

  类似的做法还有，公司出国人员每次回国后，都会第一时间向领事馆发一封传真，说明本次出国的详细情况。这种做法，增强了德胜的信誉，表达了由衷的感谢，体现了中国人的情谊。

  下面是给 Y 酒店领导的一封信。

尊敬的 Y 酒店的领导：
  您好！
  自从 2018 年 5 月给惠州的客户做咨询服务以来，每一个月我都荣幸地下榻在 Y 酒店。

  贵酒店一楼大厅的布局紧凑、雅致；房间的床上用品洁白干净；每天晨练回来，在三楼可以一边品美食，一边透过巨型窗玻璃欣赏自由自在的金鱼和美丽的绿色植物……一切都给我这个外来人留下了深刻的印象。能住在南海之滨惠州这座美丽城市的一家如此豪华的酒店，我觉得我是非常幸运的，感受到了生活的惬意和美好！

  但有一件事让我至今记忆犹新，所以想从一个咨询师的角度，与贵酒店领导做一交流。

  2020 年 1 月 4 日星期六，早上 8 点，我们的咨询师驾车从贵酒店出发去客户处，发生了一件我们认为不该发生的小事。每次，我们过了一夜，第二天出门时都会习惯性地向酒店一楼吧台服务人员索要两张面额为 5 元的停车券，在出门时交给保安，他就放行我们的车辆通过闸门。但是这天早晨早餐后，我们照例去取停车券时，酒店服务台唯一的一位男性服务员告诉我们说："我们没有停车券了，你们去给保安说一声就可以出去了，我晚点再补给他们保安停车券。"

我们就听信了酒店前台这位服务员的说法，来到了大门口，告诉保安没有停车券了。但是保安就是不放行，说："如果我放行了，自己就要垫付一夜的停车费用。"

我们说前台服务人员告诉我们没有停车券了，保安马上说："前台没有给我说呀。"

然后，那位保安向领导电话请示，对方回复后，才放行了我们。我们的车就这样等了十多分钟，后边的车辆不断地按喇叭催促，可以说十分狼狈。

这是一件很小的事情。但是，作为提供服务的酒店，需要探究一下问题到底出在什么环节。

作为客人，这是贵酒店的内部事务，我们也不了解你们内部的管理关系，但不应出现保安队长说有停车券，但前台却说没有停车券的现象。

为什么双方的信息互相之间不沟通呢？

是否从酒店管理的角度考虑一下，避免类似事件以后再发生？

与此同时，贵酒店的一次事件也让我感动。2019 年 11 月 22 日，因为赶飞机，在退房时经前台提醒才发现落下了手机充电线，反映出你们的服务贴心和及时。

另外，每次在一楼吧台登记时，工作人员都会建议留下手机号码，以便有紧急情况时可以及时联系沟通。

但是，作为一家有影响力的集团下属酒店，酒店的某些服务是否有必要改善？具体如下：

第一，夏天房间空调效果很好，但是中央空调产生的噪声让人不能入睡，能否配备耳塞？或者改进中央空调？

第二，走廊地毯上居然有客人的烟头，影响卫生还在其次，主要是防火问题，那可是事关生命安全的。

第三，房间桌子中间的玻璃能否更换成其他材质的？既易于鼠标操作，在工作时又不会让胳膊受凉。

贵酒店是我们非常喜欢的一家酒店。但一些小事总是让我不免产生些许期待，因为服务无小事，管理更无小事。贵酒店的服务工作如果能更细致，更人性化，客人将获得更多的温馨和愉快。

　　就此，请贵酒店领导明察！

长期住客：赵雷
2020 年 1 月 22 日于苏州

为集团公司董事长做代言人

有一次，我去某建筑集团公司调研，集团公司董事长把我邀请到他的办公室，向我说明了公司的一些情况，然后就发生了两件事，其中一件事给我的印象尤为深刻。

一、第一件事

当时，恰逢他们分公司老板要举行一个月例会。董事长说，既然来了，请我参加一下会议，并请求我把他不便讲的话，由我这个外来的和尚讲出来。我也来自建筑业，对于行业内的情况有一定了解。

他们各个分公司都是作为独立法人在经营，总喜欢报喜不报忧，这是董事长最恼火的事。董事长本人期望能让公司发展基业长青，希望各分公司如实汇报情况，把问题摆在桌子上，好好解决所有问题。

会议一开始，介绍了我这位外来的咨询老师。临近会议结束，董事长看似礼节性地请我发言，我就把事先与董事长一起准备的一些内容和盘托出。结果可想而知，参加会议的部门经理都感到非常震惊，一位分公司经理说我好像长了第三只眼睛，对行业和公司的情况了如指掌。

这次会议让我发现，一家公司允许外来人员参加会议，直面所有的问题，借助外力解决，也不失为企业管理的一种方法。

二、第二件事

当时"八项规定"还没有出台，某些人员经常借口到公司检查工作，其实就是混吃混喝，而且还要求好酒好菜，让公司苦不堪言。

为了公司的业务正常发展，也为了应对这类问题，公司做了一个规定：公司一律内部用餐，聘请专职厨师，并要求员工在周边田地种菜，不允许在外面酒店用餐。

做企业难，做民营企业更难。"八项规定"政策的出台，为广大的民营企业减少了许多麻烦和负担。

但在调研期间，我发现他们的管理方法仍有许多欠妥之处。彼得·德鲁克曾经说过：管理的本质就是激发人的善意和潜能。这家公司处罚条款太多，居然印制了厚厚一本。拿着这本处罚规定，我的心情格外沉重，便向董事长提了几条管理建议。

调研结束后，还有一件事让我难以忘怀。

专程从北京赶回济南见面

与山东的赵洪立老师认识十多年了，几次交往的过程至今依然历历在目。

第一次是赵老师想来德胜公司参观，我把各位培训师召集起来，举办了一次小规模的德胜经验交流会。那一次，他讲了一个小时，给大家的共同印象是：这位老师牛！他对企业文化的理解非常透彻，难怪一位教授一直夸赞他博学多才。

第二次是他们一家三口来昆山。昆山是苏州的一个县级市，它距离上海实在太近，有人总误以为昆山属于上海。晚上，我驾车去昆山，与他们见面并在一家酒店一起用餐。

第三次则是一件让我至今感动不已的事。

因为计划在济南一家房地产公司做调研，我就打电话给赵洪立老师，问是否可以在济南见面，他问我什么时间，我就告诉他几号最好，他立即说"没有问题"。

我们如期在济南一所大学附近见面。当晚，他们一家三口请我吃饭，在一家十分特别的餐厅。其间，他爱人不经意间透露：他们一家三口是专程从北京赶回济南的，说是为了答谢我对他们一贯的照顾。这样的朋友实在太豪爽，太义气了！

山东人深受儒家文化的熏陶，时时处处都表现出厚重的责任感，真诚直爽，人情味浓，侠义尚武，特别重视人际关系……这些优点，全国人都公认，实在让人钦佩不已。这一次，我算是真正领略了山东人的豪爽。为了招待我，自北京专程返回济南与我见面。这实在让人感动。

茫茫人海，朋友不少，但像赵老师这样真诚者，并不多，这份情谊我一直珍藏在心。

有一些朋友值得一辈子珍惜和尊重！

咨询顾问的价值到底在哪里

  2018年岁末，我与一位女咨询师前往安徽一家企业调研和商谈。接待我们的是一位人事主管，他刚进入这家公司不久。在交流过程中，我们发现了一件令人诧异的事，就是这位主管喜欢把注意力放在最能表现他个人能力的环节，而对于其他方面却并不特别在意。他解释之后我们才知道，他是这家公司的第六任人事主管了，只有充分展现他的个人能力才有可能确保职位。

  刚到一家公司，努力发挥，为自己加分，这无可厚非。但是一味地展示个人特长，而忽略了企业整体，会不会捡了芝麻丢了西瓜？

  企业管理是一个系统工程，从整个系统来说，如何打造更高效的团队，建立互补型团队？如何激励和保留人才？如何建设企业文化？这些比招聘工作更重要。把人招聘进来，还要育好、留好、用好，不然能像这家的人事经理岗位一样，走马灯似地换来换去。

  有些企业的老板对待咨询顾问这一职业似乎有一些偏见，看不到咨询顾问所创造的价值，总以为自己的企业还不了如指掌吗？有些老板说，既然咨询得那么好，你怎么不去开公司呢？

  这类企业经常会老板一拍脑袋，立即邀请咨询顾问到企业来……但涉及项目的谈判时，却没了下文。

  而凡是最终签约咨询的企业老板，基本上都非常谦卑，并打心底里认识到他们的管理现状有许多不尽如人意的地方，需要请第三方咨询机构好好地梳理一下。一句话：他们能充分认识到咨询顾问的价值。

  第二家企业，创始人是一位女性，她对提出反对意见的下属们说：现在的咨询投入，未来可能会产生N倍的回报。老总的坚持封住了下属的嘴。

  而给第三家企业的咨询服务，成功为客户节省了一大笔钱。《中华人民共和国劳动合同法》有一个可预见性的规则，大意是公司与对方签合同以后，一定能预见到会有多少赔偿金。我们建议企业，如果超过这一赔偿额度，一定要在合同中与对方做出具体约定，或者把我们与第三方签订的合同作为合同附件，这样法院才有可能支持我们的请求。结果，该公司成功地避免了一次巨额赔偿，避免了上百倍于年咨询费的损失。

再回到文章开头，那家连续六任人事主管的企业，作为咨询人员，我们建议其打造卓有成效的团队，改变绩效考核标准，让团队成员互相信任，学会分享，各部门以适当方式全力支持同事的工作，让他们形成一个强有力的团队。

从大的视野来看，企业应跳出自己已有的思维认知和舒适圈。我们要从本质入手，学会找到破局的方向、方法和思路。

一诺值千金

俄罗斯作家索尔仁尼琴曾说过：我坚守的最起码一点，不让谎言通过我兴风作浪。假如我们连不参与撒谎的勇气都没有了，我们就真的一钱不值了，我们这个民族就无药可救了。

不让谎言兴风作浪，说得太精彩了。不让谎言兴风作浪，就是诚信待人，有一说一。

我国历来重视诚信。春秋时期就有这么一个故事。

有个叫季子的使者去徐国拜访，徐国国王看到季子的佩剑，很是喜爱。季子知其意，但想到还要去拜访他国，没有佩剑是不行的，所以就没有明说愿意赠送，心想回来将佩剑送给徐国国王。季子拜访他国完毕后，专程来到徐国，想将佩剑送给徐国国王，想不到老国王已去世，继位的是他儿子。随从说，既然老国王已去世，就不用再送了。季子说他内心已经答应要将佩剑送给国王，所以必须要送。于是季子来到老国王的墓地，将佩剑挂在墓旁的一棵树上后就离去了。

这个季子挂剑的故事一直流传至今，成为做人诚实的典范。人的内心要始终如一，不欺骗自己，也不欺骗别人。

而美国的太空梭计划则是一个反面的例证。最优秀的科学家和工程师运用最尖端的技术，制造出史上最昂贵的交通工具，却毁于谎言。

1986年1月28日，美国佛罗里达州太空梭发射场，万众期待的庞然大物倒数计时，腾空而起，欢呼声未落，74秒即发生爆炸，太空梭粉身碎骨。事后经调查，爆炸的原因是一对橡胶垫圈失灵。发射前一天，提供橡胶垫圈公司的工程师罗杰·博伊斯乔利提出强烈警告，橡胶垫圈在低温下有危险，它能够承受的最低温度是华氏40度。但为了迎合宇航局的要求，公司四名主管隐瞒实情，同意发射。而发射当天，现场温度只有华氏18度。垫圈失效，高热的气体排出时，烧到了燃料箱，引起爆炸。

参与事故调查的诺贝尔物理学奖得主理查德·费曼在报告中说：想要在技术上成功，实情要超越公关之上，因为大自然是不可欺骗的。

在给一家企业做辅导时，我们特别强调员工要遵循"诚实"的核心价值观。并且要求全体员工不打折扣做到。现列举部分内容如下：

- 言行一致，内外兼修。
- 做我所说，说我所做。
- 是就是是，不是就是不是。
- 信任是珍珠，信任是财富。
- 撒一个谎，就要一百个谎来圆。
- 歪曲事实，做假见证是一种耻辱。
- 诋毁他人，阳奉阴违是欺人更是自欺的行为，要坚决抵制。
- 严禁欺上瞒下。

……

后来，这家企业从上到下形成了诚信的氛围，一直保持着健康和稳步的发展势头。我们来看一下这家企业的创始人陈女士的所作所为吧。

始终坚守自己承诺的陈女士

XT 公司不算大，但产品非常精美，目前已出口到了美国、日本、德国、俄罗斯等多个国家和地区。

在咨询调研中，有一件事让我敬佩不已。

2000 年，XT 还刚刚成立，规模很小。机缘巧合，他们遇到一个与台资企业合作的机会，这家企业正在找合作伙伴开发一款用于生产耳机旋转线的模具。当时该品牌耳机在行业内起码排名全国前十，是名牌产品。

XT 研发人员通过努力，经历重重困难，最终成功开发出这款模具，通过对方验证，顺利投产了。这家台资企业每年因为该项目有 2 亿到 3 亿元的产值，这在当年是非常高的了。为了增强竞争力，双方通过洽谈协商，陈女士向台资企业承诺，不再出让该技术给第三方，XT 公司就成了他们指定的唯一供应商。对 XT 这家初创企业而言，台资企业给予他们足够的信任和认可，这比金子还宝贵。

之后，有其他电子厂打探到了这个消息，争相高价购买这项技术。但因为承诺，陈女士没有为一些蝇头小利，违背商业道德，做出不诚实的事，坚定地拒绝了其他客户。

有人认为陈女士太过迂腐，但从那个时候开始，诚信的文化基因就根植在了 XT 公司的基因中了。

现实中，诚实会让人失去眼前的一些小利，但真正收获的是一种品格，更大的价值。

在做咨询时，我就问陈女士为什么要这样做？她说，她一向坚守做人的原则，否则会愧疚自责。

她的一诺千金在业界获得了良好的口碑，而口碑和信誉让她的企业一直持续经营到今天，风风雨雨都挺了过来。她的承诺也让企业团队形成了凝聚力，无论风吹浪打，她的职工一直都留在身边，这才是公司最宝贵的财富。

在一味逐利的人看来，陈女士的做法是愚昧的，有钱不赚白不赚。然而在陈女士看来，不管社会如何发展和变化，人的初心不能改变，做人的道德和良知不能改变。

让我们为她这样坚守诚信的人点赞！

提高数字化运营能力是大势所趋

说到餐饮，大家自然会想到"海底捞""西贝""得月楼""松鹤楼"等大牌餐饮店。

同样是干餐饮业，善于经营的老板会说：做遍万千业，不如饭店业；也有老板会发出"千万不能做餐饮业"的感慨。

有一家企业，苏州吴味书香，她的营销建构师贾女士对于经营餐饮业一直乐此不疲。她是典型的东北人，心直口快，说话幽默，办事利索，说到做到。贾女士硬是把"心急吃不了热豆腐"、慢热型发展的餐饮业与她的进取型性格、快刀斩乱麻式的营销紧密地结合起来。

她经营的餐饮店为了增强自身的竞争力，率先实行了数字化运营，使管理和营运能力有了大幅度的提高。贾总在C端做好用户运营，满足人们享受美食、智慧学习、社交招商，甚至寻找良缘的需求，同时在B端提高供应链的整体效率，解决好企业开门四件事：增收、节支、提效、避险。

餐饮业有一个固有思维，就是一定要口味独特，才能吸引食客源源不断来消费。其实不然，能把万千食客通过运营系统链接起来，对其进行数字化分析和跟踪服务，这才是一个字：牛。

餐饮的数字化应用可极大提升餐厅形象，打造差异化竞争，提高餐厅客流量，创造独特的品牌形象，从而在激烈的竞争中立于不败之地。

如今数字化转型是非常热门的话题，有些朋友会觉得它非常高科技，其实这里有三扇门，任何企业，无论先推开哪一扇门都可以，没有必然的先后顺序。

第一扇门是营销数字化。在市场营销数字化过程中，必须要进行引流，持续跟踪每一个潜在用户，从他第一次参加活动，给我们发电子邮件或者点赞，就要尽可能地捕捉信号——他对我们感兴趣。然后，我们就可以通过各种方式，请他深入了解我们的品牌、产品，通过销售漏斗将信息沉淀，转化为最终的客户。这就是营销的数字化，让相隔万里的客户看得见、摸得着。

第二扇门是产品和服务数字化。这主要是指构建一个具体的服务质量、客户满意度评价体系，用前沿的方法论和模型，做大量数据分析，帮我们去推荐产品或服务，通过简单的打分制把客户对于产品和服务的感受转化成数据，有助于我们进一步跟进。

第三扇门是公司运营数据化。公司的运营涉及对外和对内两个维度，对外就是对市场的反应，对内就是运营效率有没有量化的手段。我们可以通过提取基层业务运营原始数据，进行评估，采用红灯、绿灯和黄灯的办法，把公司的运营情况呈现在老板面前，用自动的算法实现运筹帷幄。做到这一步，公司的运营就是数据驱动的，就是成功的数字化。

社群组织的价值

——基于苏州正远学社案例

网络时代的人们聚集到一起,形成一种社群组织体系。社群组织的目的是什么,其成果是什么,它能给别人什么?

社群组织一定要产生成果的,其意义是为人创造价值。社群组织的发展和进化是价值体系的调整,也是商业模式不断迭代的过程。社群是成员与外界交互的最好途径,由此不仅找到社会价值,也能体现个人价值。

社群组织如何满足成员的需求?需求就是"价值",把会员从"局外人"变成"局内人"。社群组织可为成员在交友、学习、引流、商业变现、谈心交流等方面提供支撑和平台。

一、创建新型社群组织

在中华民族伟大复兴之路上,社会将逐渐发展成橄榄型,而让更多人通过数字化获利益,将是实现这一伟大目标的重要途径。

创办社群组织必须要始终围绕以下几点展开:

第一,初心和使命。这是驱动社群组织发展的动力。

第二,社群的打造需要很多人性化的激励手段。一个平台、一个社群的建设和发展,最重要的是激励。拿破仑说过:给我足够的勋章,我可以打赢任何一场仗。人是需要激励的?激励必须是人性化的。运用区块链、大数据技术记录每一个人对社群的贡献值,并建立强信任机制,可充分调动社群成员积极参与社群建设。

第三,体现公平公正、平等互助、开放创新、合作共赢等宗旨,需要借助一些工具。比如,利用积分系统,与志同道合的人一起完成社群的使命,实现社群的愿景。

二、社群组织打破传统思维观念

苏州大学管理学院邱伯瑜教授曾经提出一个问题:你在外用餐,饭店给你提供可口的饭菜和幽雅的环境,这就扯平了吗?在新型社群组织里,你的用餐是有贡献的,你的贡献值应被记录下来,你与酒店之间形成联系,你的到来给酒店增加了人气和活力。这个思路才是正确的。未来无论做餐饮、社群，还是做任何项目，人们只要去参加，就是作贡献。

又如，社群举办一次讲座，表面上看是老师在讲，学员在学。但学员有没有贡献？学员也是贡献者。未来人人都是参与者，人人都是贡献者，人人都是享受者。这是顶层思维逻辑。

人们通过体力、智慧、时间、关系、优势和长处等作贡献，并整合成一种力量去解决问题，抓住机遇，就自然而然地形成了一项事业。这些是基于轻资产的合作。

三、正远学社的实践案例

正远学社是什么组织？它是江苏省苏州市一家别具特色的与数字经济和数字资产紧密联系的读书会，正远学社是简称。正远学社成立于2015年，创始人是苏州大学的邱伯瑜教授。创办时，"社群"两个字还是新鲜名词，如今已经司空见惯。"数字资产"是新经济概念下诞生的一个名词，作为大学财税教授，邱老师创办正远学社时就对"数字资产"有一套独到的见解。

"正"取意正道、正直、正确，"远"代表远见、远策、远行。

正远学社的愿景是：打造一所没有围墙的商学院！

使命是：让学习成为一种时尚的生活方式！

价值观：正道、正直、正确；远见、远策、远行。

管理理念：一切都是为了培养人！

学习不单单是获取知识和考取功名，而是应成为一种时尚的生活方式。他们的目标是，让1亿中国人爱上学习，走进正远学社的课堂。同时，帮助更多人在家庭、事业、财富、领导力等方面实现全方位的成长。目前，教授、学者、企业家、教育工作者、文化爱好者等，举行了200多场公益讲座和专题活动，超过2万人次走进了正远学社的课堂。学员来自各行各业，课堂效果广受好评。

苏州正远学社是一所没有围墙的商学院，在这里，互相学习，培养和造就人为主要目的，学生中谁在某领域有特长，他就是大家的老师。大家就不分职业地位，不论资排辈，更没有高低贵贱之分，有的只是做事坦荡和光明磊落。

每一个人都是独立自主的，都可在自己的领域中发挥主观能动性。怎样才能合作共赢呢？这就需要建立一个科学而有效的积分体系，记录每一个人对整个平台的贡献值，然后大家共享这个平台带来的经营成果或者说劳动成果。这是社群可以持续发展的一个重要基础。随着这个体系的不断推广，社群就会聚集起海量的会员，这种裂变的速度是非常快的。

正远学社恰到好处地利用这个体系进行两种积分形式的劳动交换。一种叫 A 谷，另一种叫 B 谷。

（一）A 谷：打造数字资产的顶层思维逻辑

A 谷用来记录会员对社群生态贡献的值，也就是俗称的"积分"。它同时也是一种数字资产，某个人的贡献值越高，代表他对整个社群生态的贡献越大。

过去人们一谈到"资产"，自然就会想到房子，想到实物和看得见、摸得着的东西。但是未来最值钱的资产是看不见的数字资产。数字资产非常关键，表面上它是一个积分，实际上你付出了劳动，既然是劳动，那就要创造价值。所以，数字是一种资产，不仅是数字。

（二）B 谷：回购机制，强制性销毁和减少 B 谷的流通量

B 谷是社群推出的第二种数字资产，它与第一种数字资产 A 谷是不一样的。A 谷是工分制，随着参与人数的增多，工分会越来越多。但是 B 谷的总量是有限的，比如，只发行 10 亿个，推出后进行零次分配，根据大家手中拥有的 A 谷量和平时对社群的贡献程度，零次分配完了之后，每日定量释放。因为 B 谷总量只有 10 亿个，而且它的用途越多，权利和价值越大，同时社群还会利用利润的一部分，采用回购机制，强制性销毁或减少 B 谷的流通数量，这会使它的价值上升。

四、未来的最佳发展之路：社群商圈

社群商圈拥有无数工厂提供商圈货源，存在多个社交平台的客户所注册的社交商圈账号，社交商圈内的任意注册账号都可通过录入既定的链接码，获取社交平台客户钱包管理的通用券、可用券、易物券。

这里最大价值在于，工厂可以汇集一定数量的材料、成本为定向的消费者提供专职消费与易物服务，从而降低材料与人工成本，去除库存、广告、运营，保障产品的生产利润，去满足第三方社交商圈的定量消费计划。生产工厂更愿意在社交商圈认可的城市区域建立属于自己的品牌店铺，为社交商圈提供仓储和物流。

这是一种新零售、新营销、新体系、新资本的形成模式。

作为一家别具特色的与数字经济和数字资产紧密联系的读书会，对广大消费者而言，正远学社保障了品牌、质量、价格、时间，增强了消费者们的

凝聚性、互动性、参与性和娱乐性。这是建立在社群成员体系下的市场共赢。

国家政策也提倡"基于数字决策的智慧营销模式"。2022年1月，工信部发布《关于加快现代轻工产业体系建设的指导意见》（征求意见稿），其中就明确地指出：鼓励轻工企业加快模式创新，积极运用新技术、新模式，构建具有新零售特点的"商品+服务+文化"组合，联合互联网平台企业向线下延伸拓展，建立品牌与消费者之间的深层次连接，形成基于数字决策的智慧营销模式，提升销售质量。这里"基于数字决策的智慧营销模式"中的数字决策就是以数字来驱动商业决策。

德胜教育将力促正远学社成为融新生态学习型、数字经济型和发展型组织为一体的优秀代表。尤其是在引导社群组织向品牌道路发展方面，坚持正确的方向，利用一定的方法，像正远学社这样的组织一定会走得更远，做得更稳，一定会蓬勃发展，在不断追求的大道上阔步前行，找到一片蓝海。

用最强人士锚定企业发展定位

——一次特殊的咨询交流会

2022年8月7日下午，受苏州大学管理学院邱伯瑜教授邀请，我为一家从事前端技术研发的企业提供了一点咨询服务。有关中小企业发展的事，我一般都乐意支持。中小企业发展每一步不易，作为一位咨询师，我对他们的情怀一贯敬佩。

中小企业无论处在初创期、成长期、稳定期、衰退期还是持续发展期，都会面临各种的问题。尤其对于初创期企业来说，我国大约至少22%的企业在这个阶段就死掉。初创企业的目标就是生存下来，这个阶段谈公司管理、流程、制度建设为时尚早。研究发现，这个阶段的企业最需要抓的是以业务和销售为主的培训，并且主要是内部培训。

这家企业H的创始人介绍了公司的软件研发、产品制造和推广，以及未来的发展规划后，在座的朋友们发现了一个至关重要的问题：H企业究竟是以产品销售为主，还是以软件技术研发、装备为主？对于还处在初创期的企业来说，最重要的是企业的发展定位问题。这个问题不解决，一味地低头做事而不抬头看天，以后少不了会走弯路，甚至于走向绝路。

大家一提出这个问题，H企业的创始人如醍醐灌顶。尽管他是国内名校高才生，拥有相当多的管理和实践经验，同时拥有国内外顶级人才做研发，但是企业的定位不够准确。这会导致不知道客户究竟是谁——如果是以产品为主，它的客户就应该以C端用户为主；如果是以软件或者是装备为主，它的客户应该以B端客户为主。因此，H企业必须要聚焦，要把它的核心优势，即能带来利润和可持续发展的业务确定下来。同时，我认为H企业没有对自己在所处行业中的地位、客户是谁、自身的优劣势、竞争对手等因素进行综合性分析，特别是没有从宏观角度进行分析，以至于企业的定位出现了大问题。

当时在座的有工信委负责科技和招商的朋友，有同行企业，还有从事企业咨询的专家教授，为企业做投融资服务的朋友，材料科学专业的博士朋友等。组织这样一个由专家教授、业界精英等组成的团队，邱教授的目的很简单，就是想帮助和扶植H企业，让它健康和稳步发展。

其中，工信委的领导举的一个实例更说明了企业发展定位的重要性。他说，有一家企业生产显示产品，他们一方面把全球各地与本类产品有关的专利全部收入囊中，另一方面不断从事该领域的研发，还收购了一家美国上市公司。他们与国内各大电子企业合作，产品广泛应用于汽车、玻璃制造、户外大屏幕等。他们的技术是独创的，所以有广泛的市场，连一些国际大企业纷纷与他们合作。但他们的产品，除了核心部分由自己组装以外，其他都外包给供应商。企业因为定位准确，技术独特，战略明确，打法专一，所以具有强大的竞争优势，才能在激烈的电子产品领域闯出属于自己的蓝海。

任何企业都要重视管理的实践性和方法论，要学以致用。组织各界精英，为企业把脉，不失为一种好的经验分享和学习机制。就像有经验的医师组团会诊一样，大家经过讨论，给出不同意见，从不同的角度提出观点，充分发挥各自优势，使经验、成果得到更好的交流和推广。这样 H 企业可以大幅度减少因重复探索在人力、物力、财力和时间上的浪费。在最短的时间里，找到适合的发展方向，立即付诸行动，不走弯路、少走弯路。这样还可帮助创始人求新求变，突破思维定式，不断改进工作方法，快速健康成长。

利用最强人士锚定企业发展定位，帮助企业明确未来发展方向，向更大的成功迈进，这一做法值得推广。

如何变不利事件为有效教育

听证会制度在社会上广泛应用,一家医院曾发生了这样一件事:

一次医院急需为一病人输血,却怎么也联系不到负责血液的韩医生。原来,她更换了手机号码,然后只是在微信工作群里发了一下就认为已经告知全体同事了,于是就发生了上面的情况。谁都知道,微信群里的信息不断更新滚动,许多时候容易错过信息。医院也有明文规定:更换手机号码必须要向相关科室报备。韩女士工作不严谨,犯下了严重错误。医院是救死扶伤的机构,输血更是要争分夺秒,贻误抢救时机有可能会危及患者性命。

幸亏医院及时采取了其他措施,才未耽误输血,挽救了患者的生命。但医院院长对此次事件非常重视,指示管理人员召开一次听证会。

裁决的结果很快就出来了,内容如下:

一、输血科存在的问题

1. 韩医生手机号码更换,只在微信上公布,未向相关科室及时报备,违反了医院制度。

2. 韩医生违反了医院服务理念有关医生职业操守的规定。

二、听证团建议

1. 建议对类似事件处理,增加主管科室调查、谈话等相关程序。

2. 建议重新组织全员学习相关制度。

三、本次听证会的意义

1. 这是医院民主化管理中具有典型意义的事件,当事人充分表达了意见,对当事人的行为通过民主投票的方式进行了公正评判,最终的处理结果让人心服口服。

2. 听证会对事不对人,既解决了问题,又不激化矛盾,各方观点得到充分表达。听证会民主、和谐、科学,可为今后工作提供参照。

××医院

××××年××月××日

对这次事件,医院从上到下进行了认真反思,对全体医务人员进行了一次再教育，有利于树立遵守制度、严谨工作的态度和作风。医院成功地变不利事件为有效教育，利用听证会制度，有效弥补了管理中的漏洞，值得思考和借鉴。

美好的一天从背诵语录开始

2018年的一天，我接到了一个电话，是久违的张董事长打来的。张董还是那种雷厉风行的风格，受张董之邀，我曾多次去她的BT公司调研和交流。

每天早晨，BT公司人员都要召开晨会。这已成为一个习惯，他们一直坚持，始终如一。晨会20分钟左右，大家站在一起，围成一个圆圈，背诵BT公司的"十二条企规"。全体人员虽已倒背如流，但每天仍然像第一次诵读一样，迎着朝阳，充满激情愉快投入工作之中。

这十二条企规是：
把职业，当事业；
少抱怨，多行动；
要么强者，要么淘汰；
没有借口，结果说话；
团队成功，我更成功；
滴水之恩，回报涌泉；
诚实勤劳，脚踏实地；
乐于奉献，为人所用；
天下大事，必作于细；
简单的事重复做，重复的事坚持做；
立即行动，绝不拖延；
坚持不懈，直到成功。

最后是BT员工的行为理论，"目标导向、日清日毕、团队合作"。

通过这种形式，企业把文化精髓用言简意赅的文字表达出来，员工反复诵读，进而形成共同的价值观念和做人做事的准则。BT公司还提出"诚实、勤劳、有爱心、脚踏实地"的核心价值观，这显然借鉴德胜洋楼公司，把"不走捷径"改成了"脚踏实地"。

这也使我想起了德胜洋楼公司一贯对员工进行的价值观教育和宣导，方式之一也是反复诵读和领会。德胜还制定了一些戒条，要求人人熟记，以时时警示。比如"人生六戒"：

一戒，不许把人作为偶像拜；

二戒，不许随意发誓起赌咒；

三戒，不许贪恋别人的财物；

四戒，不许懒惰不孝不感恩；

五戒，不许偷盗奸淫谋杀人；

六戒，不许撒谎害人作假证。

  BT 公司还提出"上得去，下得来，打得开，收得回"。这不禁让人想起大雨撑的一把伞。其实，张董要表达的意思是，企业要凝聚一批有真才实干的人才能得到发展，人才要做到来去自如，收放自然。无论一个人多么有名望，也无论曾经多么辉煌，取得过多大的成就，来到 BT 就要遵循"诚实、勤劳、有爱心、脚踏实地"的核心价值观。许多到访的客人总是纳闷张董到底有何魔力，让 BT 公司人气聚、人心齐。公司中有原来政府部门和公安系统的人，有学法律、会写诗的会计，有原化工厂的厂长……

  企业只要有了人才，一切事都好办。背语录这种看似简单的做法，只要坚持就能拉近企业和员工的心理及感情距离，最后形成坚定的核心价值观。

决不容忍恶人

广东一家公司，兄弟二人发生了一件蹊跷事。

二人在同一家工厂上班，老大曾经是销售部门的负责人，老二是某技术车间的负责人。

其间，老大因严重违规，被公司解聘后，兄弟二人里应外合，演了一场出格的闹剧。

一天，老二故意把车间的废角料点燃，老大则在外面第一时间向当地环保部门举报，称某工厂某车间哪个角落正在排放严重污染气体，扰乱附近居民不能正常生活。

环保部门接到投诉后，立即到达现场查看，发现车间的确有焚烧的废角料，于是立即向工厂下达了整改通知书，还给予通报批评。此后，该工厂成为当地环保部门重点关注单位，凡是当地举办相关会议和培训，该工厂相关责任人每次都必须参加，监管机构还反复提醒，一旦类似情况再次发生，将责令该工厂立即停业。

令人不解的是，事后，工厂继续留用老二，为什么不立即解聘老二呢？

也许有以下几个可能性：

第一，老二有丰富的技术经验，工厂还没有其他技术人员代替。

第二，老板仁慈，不忍心解聘老二；抑或是给老大台阶，希望其能够回心转意。

第三，企业有什么把柄被老大抓在手上。

第四，老大如此胆大妄为背后是不是有什么势力在撑腰？

第五，老二掌握有关系公司生死存亡的东西。

………

答案恐怕只有他们自己最清楚。

我们要思考的是，在企业管理方面，用人没有小事，需要慎之又慎，尤其是重要岗位的人，一定要认清品行如何，对缺乏道德的人要多加防范。

企业也许认为多一事不如少一事，想放人一马。如果发生了火灾，那就是人命关天的事了。从常人的角度来看，企业应及早开除他，避免再发生类似事件。

有些企业总是以善良的心来做事，但有时候会让坏人钻空子。明智的做法是，带着锋芒，以恶制恶，人不犯我，我不犯人；人若犯我，我必犯人，如此才能还社会、企业一个公正。对付恶人，必须要当机立断，快刀斩乱麻，不能还考虑到面子问题。用一句老话来说，就是要像秋风扫落叶一样无情。

用"苦肉计"成功催收欠款

现代商业社会,难免有一些不能按时付款的现象,个别的还有钱不还,这些"老赖"经常让债权人们没有办法。

但是,魔高一尺,道高一丈。

有一家企业,老板是一位饱经风霜的黎女士,非常讲信誉,说到做到,雷厉风行,但也不得不对付老赖。

原来,这位女老板有一个客户A,仗着自己企业的规模较大,一笔800万元的业务款,已经拖欠了1年多,一直不归还。黎老板的产品非常可靠,没有任何问题为什么客户不及时付款呢?于是,黎老板继续安排业务经理追讨欠款。

经过了催促,对方依然没有还款的意思。黎老板想找出一个既不得罪客户,又能讨回钱的办法。

一天早上,她突然灵光一闪,计上心头,何不来一个苦肉计呢?她立即召开了一个专题会议,对追讨欠款一事进行了筹划。

这一天,黎女士下了飞机后,两位同事接上她驱车直奔A客户的工厂。与以往不同的是,车上多了一副拐杖,一个轮椅。

到了A客户工厂,黎女士坐在轮椅上,一条腿被绷带包裹得严严实实。

黎女士给销售总监打电话,说她从医院刚出来,现在就在他们的工厂,坐等他还款。反正自己受伤了,哪儿也不能去,你们付了款再走。

营销总监一看到黎女士紧缠绷带的腿,显然有点着急了,再不解决的话,事情闹大了不好,于是答应尽快解决。

黎女士让随行人员通知公司财务人员确认是否到账。

很快货款成功收到了,黎女士大功告成,离开了工厂。

其实,及时还款本是理所当然的,但这家企业拖欠一年多,非逼着黎女士来一个"苦肉计",才勉强付了款,真是自找难堪。

理性来看,这是一种小题大做的做法,但是对付老赖也是没有办法的办法。

诚信无价,但对付老赖该出手就要出手。

搬起石头砸自己的脚

有这样一个企业老板，因为不守信用而付出了沉重的代价。

改革开放初期，江苏有一家包装厂，他们把废弃的纸箱、纸盒等废品回收过来，用化学药剂简单地浸泡处理，经过制模机具重新制作成各类产品包装用衬垫物等，再出售给客户。由于工艺简单，不需要中间销售环节，生产成本低，加上市场急需，其生意一时非常火爆，赚取了大量的钱财。

而有了钱之后，老板先购买了奔驰车，又在工厂办公楼做了一个小乐园，不是用来拓展事业，而是整天约狐朋狗友私赌。甚至把工厂事务交由儿子打理。

他们每天把产生的大量污染物随意排放到附近的湖中，刺鼻的气味四处弥漫。

更糟糕的是，该厂还欺骗客户，拖欠房租和水电费。

到头来，客户纷纷上门，房东也起诉他们拖欠。

结果，这家厂白天不敢生产，只在晚上偷偷地进行，遭到举报后，生产设备、工厂都被查封。派出所和城管部门派人24小时监视，经过法院审理，包装厂老板赔得一干二净。

我们相隔不远，眼睁睁地看着这家工厂关门——真是自食其果，正所谓搬起石头砸自己的脚。

现实生活中类似的主人公者大有人在。有的企业老板不做长远打算，总是打一枪换一个地方，做一锤子买卖，骗取一些钱财、捞取一桶金之后就走人。这样的企业常常活不过一年半载。

企业要发展，天时、地利和人和缺一不可。对于上面的包装厂来说，它只要从长计议，正当经营，严守信誉，不贪财私赌，企业至少会稳稳地立足。

面对那些来去匆匆的企业，我想说：企业老板只有讲求诚信，才能在市场经济的大潮中立于不败之地。

要善待善良的人

　　德胜公司规定：人的生命只有一次，任何人都是公司最宝贵的财富，任何情况下，一定要保全生命。

　　公司的老员工张先生一次驾车时，撞倒了一位骑电动车逆行的刘女士，好在只是受了一点皮外伤。但为了谨慎起见，公司还是送刘女士去医院进行了详细检查，并垫付了所有医疗费用。

　　而刘女士的家人和亲友也没有提出任何不合理的要求，这与公司全力救治，密切配合，照顾有加，不能说没有关系。

　　一天，刘女士的父亲还写了一封信给公司，大意是：我知道这起事故主要是我女儿的责任，但是你们始终对我们十分照顾，多方关怀和帮助，我非常感动……

　　事故得到了处理后，本该就此画上一个句号了。但是公司了解了事故经过，以及刘女士的伤痛，总结教训后认为：首先，我们不能推卸这起交通事故的责任。其次，要体现爱心和关怀，要善待他人。最后，有必要采取一些措施，适当给予帮助。

　　公司决定每年给予刘女士及其家人以下待遇：

　　每年暑假和寒假结束后，慰问刘女士及其家人各一次，探望并赠送5 000元慰问金和慰问品等。

　　每一次交通事故的处理都非常麻烦，任何驾驶员都要谨慎驾驶，安全出行。

利用企业文化共创佳绩

请先看一份处罚公告。

设计师刘××先生20××年1月份累计迟到达五次,第三次迟到受到警告后,仍不以为然,继续迟到,第四次被罚款100元,并在晨会检讨。但还是重蹈覆辙第五次迟到。鉴于此,公司对刘××先生无视组织纪律的行为做出公告。望大家监督,以观后效。

特此公告。

××有限公司
20××年1月28日

您一定会问,设计师要是再次迟到怎么办?

如果这位设计师的设计经验丰富,对公司十分重要,你是老板又怎么办?

我们来分析一下:

首先,设计师如果是因为家里有事睡得太晚,所以迟到。请大家想一想,如何应对?

其次,如果他起床晚了,是个人的原因,比如玩游戏到深夜,又如何应对?

最后,如果是因为他为完成工作任务,导致睡得有点晚,所以迟到了,如何处理更好?

这样的员工,经过教育能否改变迟到的习惯?

如果你想让一个员工积极、主动、自发地养成好的习惯,要从个人的使命、价值观和愿景三个层面才能解决根本问题。

一个员工工作,到底为了谁呢?他要成为一个什么样的人?当他知道工作是为了成就自己的人生,他要成为一个改变世界的人时,按时上班就是必须的,从不拖沓、按时完成任务也是必须的,他就不会一而再、再而三地迟到。即使偶尔出现迟到,他也不会归咎环境,归咎到他人,而是从改变自己入手,循序渐进地消除坏习惯。

因此,公司利用企业文化,通过教育、宣传,使员工明确所承担的使命,与企业共同追求宏伟愿景，就可以使员工齐心合力共创佳绩，同时员工的士气、意志和战斗力也会倍增。

　　企业文化的核心在于凝聚人心。如果人心出了问题，任何方法、手段都将无济于事。

赠"不""输"给朋友

生活中，大家大都喜欢送书给朋友，甚至有人说：赠金赠银，不如赠一本好书。

《德胜员工守则》一书刚出版时，重庆的一位朋友程勇胜，一下子就购买了5000多册，赠送给了他的合作伙伴和企业界朋友。书刚一出版就遇到了这么一位知音，这让我非常高兴，事情是这样的：

2006年8月30日，程先生打电话给我们公司的前台联系到了我，表示中秋节快到了，他打算一改送月饼的传统方式，送《德胜员工守则》这本书给他的朋友们。给我来电话有两个意思：一是希望我帮他写一封推荐信；二是与我交个朋友，他要不断地学习。

很快我就给他写好了一封推荐信。我们公司的聂老板还出了一个主意："布"同音"不"，"书"同音"输"，因此他可以把书用布包起来，意思是"不输"。

书送完后，程先生又打来电话，表示感谢，说：《德胜员工守则》说的都是大实话，既有深度，又有广度；既有战略，又有战术。读完这本书，让他有拨云见雾之感。

程先生是做照明灯具生意的。程先生虽没有深厚的背景，也没有广博的人脉，但凭借自己勤劳的双手，打造起一家民营企业，实在难能可贵。

后来，程先生又要购买一批《德胜员工守则》。

他表示：

我在重庆新华书店只购买到6本，这远远不够。

四川南充一位老板，做了很多年灯具生意，他说这是一本引导人积极向上的书籍，对自己很有帮助，它结合了东方和西方的精华。

还有一些人看了书后也认为它好，但是不愿意与别人分享。好的东西如果不与大家分享，将是一个遗憾。我一定要对这本书进行深刻的挖掘和认识。

宋老师写的代序是学术性的，与企业管理实践比较远，但如果没有他有高度的评价，读起来也会缺乏一种感觉。

阅读这本书后，我发现我的公司也要制定一套核心理念和价值观。公司不是你猜我、我猜你，不能你蒙我、我蒙你。我要与职工们多交流，老板和员工都要说出自己的心里话。

这本书还为中国的老板正了名,他们不是"无奸不商"的,把人们失去的信心找了回来。

有时候,我有一些自卑,也感到苦恼,别人都是大学生、研究生……如果我现在不去努力学习和思考,不去提升自身的素质,就没有自信向员工们讲话。我必须把问题摆在桌面上,说清楚。会议桌上可以争吵,但会后执行起来必须协调一致。

礼物的意义从来就不在于它本身的价格,而在于它所传递的信息与情感。

感谢像程先生这样的老板,让我们更加愿意怀着真诚的心、特殊的情怀,支持中国民营企业的发展。

祝愿中国的民营企业都发展得更加顺利!

保护是保安的职责

佟先生是一家物业管理公司的高管，他在课堂分享环节讲述的一件事，我至今记忆犹新。

佟先生所管理的是一个高档小区，一天某保安员因为临时有急事不能上岗，作为当晚值班领导的他就亲自上阵，做了夜班保安员。

零时前后，一辆高级轿车驶到了小区入口，从车上下来了一位住在该小区的外籍人士（某外企高管）和一位年轻靓丽的姑娘（这家外企的职员）。这位外籍人士应该喝了很多酒，醉意朦胧，但显然没到烂醉如泥的程度。蹊跷的是，送他回来的司机让这位姑娘（同样喝了不少酒，站都站不稳）搀扶这位外籍人士将其送回住处。

这一切都被正在小区门口值班的佟先生看在眼里，他觉得不正常：为什么司机一直坐在汽车里？他为什么不搀扶这位外籍人士回家而非要让这位姑娘送呢？但他也只能猜想，不能采取什么行动。但透过司机的表情，以及这位外籍人士的眼神，高度的职业敏感促使佟先生立即做出了一个决定。他上前阻止这位姑娘，请司机送外籍人士回家。司机看着佟先生，支支吾吾地说这是他们自己的事情。佟先生毫不退缩，直视着司机的眼睛说："……现在请你将他送回家，不然大家都不会好看……"。司机犹豫好一会，极不情愿地下了车，自己送外籍人士回家了。而那位姑娘就在车里等候。

不一会，司机返回，悻悻地驾车带这位姑娘离开了。

也许这位姑娘是刚到这家外企上班，晚上被外籍高管叫着一起陪客户吃饭、唱歌，虽不会喝酒，但碍于客户的面子，就喝了一点酒……无论如何，有一点可以肯定的是：这位姑娘的社会常识还不够。无论什么原因，这位姑娘要知道，一些人的用心是险恶的，要懂得自我保护。

物管人员的职责不仅是保护好辖区内的安全，也要保护好相关人员的安全。

我们为佟先生这样尽职尽责的物管人员点赞！

赌输后一走了之

有一家公司的保安人员，上完白班后，晚上赌瘾犯了，就与一帮人打了一晚上麻将，结果输掉5万多元。于是，他告诉几位赌友回宿舍取钱。几位赌友也没有别的办法只好让他取钱。

结果一回到宿舍，他收拾收拾，趁着天色未亮，连班也不上，直接偷偷跑掉了。

这件事虽然发生在邻居公司，但是却引起了我们的反思。

德胜公司对私赌一贯深恶痛绝。私赌既浪费时间，也危害健康，还会养成不劳而获、好逸恶劳的恶习。

私赌会使员工的精神恍惚，在工作时间内很难保持最佳工作状态，这就存在不安全因素，严重者会导致安全事故的发生。

而且赌博与公司一贯倡导的"勤劳"的价值观是相悖的。

于是，德胜公司对"勤劳"的价值观进行了进一步的提炼和升华，在管理制度里增加了相应的规定：除了春节前后各三天允许打麻将外，其他任何时间严禁私赌行为。这一规定执行后，公司上下从管理制度层面制止了打麻将的现象，维护了公司的良好秩序。

影响他人篇

德胜洋楼工匠精神随笔[①]

"三流企业做产品,二流企业做标准,一流企业做系统,顶尖企业做文化。"

德胜洋楼之所以成为践行、弘扬工匠精神的先锋,离不开其对工匠精神的匠心打造。众所周知,公司创始人聂圣哲先生是国内第一个提出"工匠精神"的企业家,该文化理念的提出在国内具有创新性。而"工匠精神"也从行业话语逐步转变为政策话语,从国家发展战略到各行各业乃至普通劳动者,都要普遍践行,时间验证了"工匠精神"的前瞻性。德胜洋楼对工匠精神的贡献不仅是提出该理念,其对该理念的独到理解以及与管理实践的有效融合,验证了工匠精神在当今"品质变革"时代的重要价值,并开辟出一条充满中国智慧的企业管理道路。

首先,在对工匠精神的解读方面,德胜公司的工匠精神理念体现出较强的民族性,运用中国传统文化中的简单道理来诠释工匠精神,员工极易形成共鸣,如"诚实、勤劳、有爱心、不走捷径"的企业核心价值观将伦理道德与职业规范融合在一起,员工更易于接受并践行。其次,在工匠精神的应用方面,德胜洋楼将工匠精神理念充分融入学员与员工的培育当中,将打工农民成功转变为高素质的产业工人,培养出一大批国内一流的木工木匠。德胜洋楼为整体提升企业人才素质提供了极强的启示。最后,在工匠精神的弘扬方面,公司内设立有专门的企业文化部,且出版了贯彻工匠精神的《德胜员工守则》。德胜洋楼的追求不局限于工匠精神在企业内的发展,而是以公司为载体在社会层面上广泛弘扬这种厚德文化,促进良好社会风气的形成。

从企业管理的层面来看,德胜洋楼对于中国式管理发展的重要价值在于,其利用工匠精神培育出高素质的产业工人。对于最复杂的管理问题,即如何整体提升企业人才素质,德胜洋楼提交了一份优秀的中国式答卷。笔者有幸与德胜洋楼的管理者、匠人展开过交流,对这份"中国式答卷"有几点解读。

首先,工匠精神是匠人个体内在伦理的外在展现。所谓"形而上者谓之

[①] 作者简介:朱永跃,江苏大学管理学院教授、博导、副院长,近年来聚焦工匠精神培育、产业工人培养等方面的研究,取得了较为丰硕的研究成果。

道，形而下者谓之器"，匠人们将工作视为自我伦理道德的体现与完善，在工作中，道德意识成为指导他们行为的常识性思维。因此，敬业、勤劳等积极的工作态度在他们眼里并不是仅服务于个人企图，也不是一时兴起，而是一名合格匠人应具备的常识性思维。其次，个人伦理与工作任务的充分结合，有利于个体把握平凡工作的意义，感知自我价值。常言道"吃苦在前，享福在后"，理想的结果能够回报艰辛的努力，而对理想结果的追求终归不能为个体提供"十年磨一剑"的长期稳定驱动，在工作过程中持续获得满足感才是解答工匠精神得以践行的深层奥义。德胜洋楼巧妙地将伦理道德融入工作属性，促使个体在工作中时刻感知自我对伦理道德的践行，进而获取工作意义感知。最后，工匠的自身价值通过作品创作得到内在提升，并以作品的形式得到外在展现，完成自我价值的实现。有匠人言，"工匠精神就是一种信仰"，工作对他们而言便是践行个人信仰的主要渠道，对工作与产品的不负责无疑是对信仰的践踏。

德胜洋楼对员工工匠精神的培育表现为企业持续满足个体心理需求的过程。事实上，大多数的产业工人确实以谋生作为长期的工作动机。德胜洋楼培育的亮点是，在个体低层次需求得以保障的情况下，引导具有小农思想的制造业工人进行发展动力转型，让他们走上如知识型员工般以自我价值实现为需求重心的发展路径，使文化层次较低的普通工人在工作场所呈现出高素质。在引导工人转型的过程中，除了满足个体对物质的保障性需求，更重要的是满足工人的归属感与尊重需求。值得一提的是，通过与匠人的对话，笔者发现，常人的保障性要素，即归属感与尊重需求，在德胜洋楼的员工心里却是重要的激励要素。德胜洋楼的工匠基本为农民出身，作为在务工城镇中具有特殊身份标识的工作群体，他们比其他城市工作群体更可能接受边缘化体验，进而承受较多的身份压力。因而对于在他乡的归属感需求与社会尊重需求更难实现的感受也更为强烈，无比珍视德胜洋楼的"把爱给够"理念。德胜洋楼高度重视人性化管理，对员工关怀备至，赋予员工身份较高的组织地位，使其充分体会职业尊严，而且体现在企业的方方面面，如反官僚的轻制度环境、偏向基层工作的资源与文化环境以及聂圣哲先生与员工的平等交流，员工报销不用领导签字等人文氛围。因此，工人们在德胜洋楼能够获得积极的情感体验，消除了在城镇务工的各种心理困扰，表现出高度的工作嵌入。不少匠人表示，德胜洋楼就是他们的家，在这里不需要顾虑其他，因而能够专心地把活干好。

基于此，我们发现德胜洋楼的工匠精神不仅体现在工人身上，而是体现在企业的方方面面。德胜洋楼这份"中国式答卷"的秘诀在于构建了一个工匠精神导向的组织生态圈。无数学者和业界人士走进德胜洋楼，想要挖掘和学习其培养人才的诀窍。事实上，这并不是一个诀窍，而是不计成本地将文化理念彻底变成现实的决心与勇气。虽然"当代工匠精神到底是什么"的问题仍被世人追问与探寻，但在德胜人眼里，文化构念与标识层面的诠释永远只是一个口号，赋予其再多的深意也只能是与实践隔离的理想主义。将简单朴实的道理转化为内在坚定的信仰，并严格贯彻落实到工作与生活中，这般理想与务实的结合便是德胜洋楼对工匠精神的解读与演绎。

德胜公司有温度的员工福利[①]

一、企业背景

德胜公司是一家专业设计和制作木结构住宅的公司，1999 年成立于江苏苏州。文化中心总经理表示，德胜的福利都是基于公司的文化和价值观来设计的，特别注重家庭式氛围，特别鼓励员工尊老爱幼。

二、对企业福利的理解

德胜公司认为，真正的员工福利应该基于企业的文化与价值观。德胜的企业文化鼓励尊重长辈，提倡工作生活平衡，不提倡加班，鼓励提高工作效率，同时也鼓励员工个人发展，公司福利都是基于这些设计而来的。

三、企业福利的种类

德胜公司的福利分为四大类：

（一）基础类

德胜的工资水平一般高于同地域同行业，只有让员工生活上有保障，他们才会真正与公司在一起。即使是歇业期间，员工也将得到基本的生活保障（当地最低工资标准），让员工没有后顾之忧。德胜不提倡加班，但是只要涉及加班，就会按照行业标准支付加班费。同时，德胜还为员工提供了环境良好的宿舍。

（二）奖励类

德胜会奖励符合公司核心价值观的行为。德胜鼓励创新，如果员工有创新想法或点子，会鼓励他去实现。因此，德胜在行业内有 900 多项专利。德胜还奖励见义勇为，曾有三位员工一起救了一位落水老人，三位员工都得到了内部嘉奖。

[①] 作者简介：颜高雨，2005 年参加工作，曾在贝塔斯曼、卓尔科技任职销售，后到伯乐会任资深策划。著有翻译作品《剧本化魔术卷一》《问与答》，参与伯乐会多场重要峰会并担任策划师。

(三) 家庭类

德胜鼓励尊老爱幼，鼓励员工经常去看望父母，如果员工回老家可以请父母吃饭，然后开发票，按照公司标准报销；如果节假日父母给孩子买礼物，德胜也会按照标准报销。如果夫妻不住员工宿舍，德胜会提供租房补贴（租房费的50%）。如果员工配偶怀孕，会有补贴，鼓励准妈妈。

(四) 精神类

德胜鼓励员工学习，学习内容可以是工作需要，也可以是兴趣所在，可以脱产学习，也可以非脱产学习，比如员工去国外考察学习，往返差旅都由公司承担。另外还有一个比较有特色的做法：德胜举办的很多会展，不会请会展搭建公司，而是自己的员工去做搭建和设计，员工可脱离原来的工作，尝试一些不一样的东西。同时公司也会在内部征文，支付稿酬，这样既能发挥员工的能力，也可以让员工得到额外福利。

四、借鉴意义

整体来看，德胜的企业福利有以下几个特点：

(一) 员工福利基于企业文化

德胜的员工福利都是基于企业的文化与价值观，将企业文化落实到细节，奖惩分明，通过福利塑造员工行为与表现。

(二) 福利方案考虑员工感受

德胜文化中心总经理认为，定制福利方案时应考虑员工感受，真正做到关怀，不搞类似每月给员工过生日、大家吃生日蛋糕之类的形式主义，而是把福利给到员工，让他们选择怎么去用。

(三) 在同行业中具有极强的竞争力

无论是月薪还是福利，德胜在同行业中都具有很强的竞争力，不但让员工感受到温暖，而且让员工没有后顾之忧。从2005年起德胜自建了一支应急队伍，一旦员工遇到什么意外都会迅速出动，第一时间赶到，有时甚至比救护车都快。这样的福利可以让员工全身心投入工作。

企业管理中的阴阳平衡[①]

——德胜管理解读

自从读了《德胜员工守则》并有幸前往该公司的苏州总部参观，我对这样一家以农民工为主的公司管理得如此成功感到非常钦佩。德胜的案例让我们看到了盼望已久的中国式管理理论的希望。

苏州德胜洋楼的创办人聂圣哲先生曾在美国斯坦福大学攻读化学博士学位，他是一位高级知识分子。然而，就是这样一位高级知识分子，却能把一些本没有太多知识的农民工培育成优秀的人才，不能不令我们惊叹。从德胜公司的管理来看，聂先生的管理艺术背后，隐藏着的是一种朴实的、可以广为传播的管理思想。正如聂先生所期待的那样，要想把德胜公司的管理经验在社会上进行更广的传播，就需要将德胜公司管理中难以复制的艺术性因素去掉，而把其中普遍、可移植的因素提炼出来。只有这样，才能满足我国各层次企业老板的需要，才能真正把德胜管理的经验最大限度地传播开来。

目前研究德胜管理模式的文章、书籍已经很多，在此，笔者想从一个新的角度对德胜模式予以分析，这便是中国传统文化中很重要的"阴阳"观念。

我们人类属于有机体，企业由人组成，因而企业也可以被看作一个大的有机体。这个大的有机体是内部每个成员有机体的外延和组合。从中医的思想来看，人体要想获得健康，必须实现身体上的阴阳平衡。同理，公司作为一个大的有机体，要想健康发展，也要追求阴阳平衡的状态。这种阴阳平衡的状态被打破时，企业管理就会出现问题。依照这一思路，我们来分析一下德胜洋楼的阴阳平衡。

[①] 作者简介：赵城立，经济学博士，丰田管理研究专家，日本流程管理研究所研究员，日本可持续经营研究所研究员，中国管理模式研究院院长助理，北京东文志通管理咨询有限公司总经理。长期跟随日本丰田管理专家河田信教授研究丰田管理模式，是准时化经营的倡导者和推广者。先后为多家国内企业指导管理变革，均取得良好效果。

所谓准时化经营是以创造流为目的，以时间为抓手，让公司全部资源顺畅流动起来的经营模式。在这种经营模式下，不但公司整体效率趋于最佳，每个人都必须不断进化，从而使个人行为与公司利益实现一致性。

翻译的图书有：河田信《回归原点：丰田管理模式》（机械工业出版社）、田中正知《会思考的丰田现场》（机械工业出版社）、田中正知《丰田现场的人才培育》（东方出版社）、田中正知《丰田模式的会计思维》（华章出版社）。

德胜模式的提出源自介绍其经营管理经验的《德胜员工守则》。随着这本书的出版，无数企业家到德胜现场去取经、学习，甚至有的企业家试图将德胜员工守则全部照搬使用。殊不知，德胜所实践的员工守则是一个系统工程，没有其他方面的配套应用，守则上的条条款款是很难被移植并得到效果的。

一、员工定位的阴阳平衡

德胜公司针对现在年轻人易浮躁、不肯吃苦的特点，不断对员工进行心理暗示："你们不是公司的主人，你们只是来打工的，不要以为自己了不起……"如果只是做到这里，员工会感觉被人低看一等，甚至会无形中影响到员工的积极性。然而，另一方面，德胜在日常工作中处处坚持透明、公开的原则，每一位员工都有权知道公司里发生的事，用实际行动让他们感觉到自己就是公司的主人。通过这样一种无形的阴阳平衡，员工心理形成了平衡，公司运转也实现了平衡。

二、一线员工心理的阴阳平衡

现在社会上充斥着"干活儿越多则越苦"的观念，很多人都希望从事轻松又赚钱的工作，然而这种认识是极端错误的。德胜对一线员工的要求是非常严格的，员工必须严格按照标准作业流程进行工作，这样就很容易造成一线人员低人一等的错误感知。对此，德胜采取的策略是，公司干部每月必须拿出一定时间到一线与员工一起从事最基层的工作。这样在一定程度上可以消除员工的错误观念，打破心理枷锁，从而实现其心理上的阴阳平衡。

三、一线员工物质上的阴阳平衡

一线员工的工作普遍被视为"又苦又累"，而德胜针对中国农民工的特点，又制定出非常严格的各种规定：例如，一个月内与同事就餐不得超过一次；不得议论别人的事；同事间不得进行金钱的借贷等。不明就里者看到这些规定时，甚至会觉得德胜公司有些"多管闲事"。而我们想将关注点放在其如何在"一手硬一手软"的软上做文章。例如，德胜在给一线员工的物质条件上，做到了食堂干净可口便宜、奖金令一线员工满足、当员工患病时公司倾力为其治疗，形成了一种大家庭氛围。凡此种种，使员工们可以心甘情愿地接受公司的规定，而心中不存怨言。这就在物质上实现了一种阴阳平衡。

四、员工尊严的阴阳平衡

德胜的员工守则要求员工必须做到"不走捷径"，似乎鼓励一种"笨"

文化。但放眼世界，真正强大的国家，其国民无不是"笨"的，德国如此，日本如此，即便是美国，又何尝不是如此。唯其"笨"，才可以一以贯之地产出高质量的产品；唯其"笨"，才可以始终以客户的利益为先，不会偷工减料。但在中国推行"不走捷径"的难度可想而知。德胜就是在严格要求员工做到"不走捷径"的同时，使他们认识到这才是真正现代化产业工人的表现。为了让员工得到尊严，德胜还每年圣诞节召集全体员工到五星级酒店庆祝，而每个人的装束却几乎令所有人意外——一律的西装革履。通过这种做法，德胜成功地使员工在尊严上获得了阴阳平衡，从而也成功地将其价值观深深植入每个员工的心中。

五、性善说中的阴阳平衡

德胜经营信奉的是"性善说"，即相信人性是善良的。然而，一方面这种信赖是有前提的，即需要员工的诚信档案支持；另一方面，即便是对最值得信赖的员工，仍然有着严格的监督检查机制。德胜的监督检查机制可以说是公司管理规章中的主体部分。也正是这个机制，才很好地保证了德胜经营中"性善说"的有效执行。二者相辅相成，互为表里，真正实现了阴阳平衡。

通过上述阴阳平衡的分析可知，德胜管理模式之所以成功，并非一味的严格，也并非一味的豪爽，其几乎每一个"阳"性规则背后，都有相应的"阴"性手段加以配合。换一种说法，我们可以将其表达为"一手硬一手软""胡萝卜和大棒"等等。当其他公司学习德胜模式时，最忌讳的便是对德胜守则的生搬硬套。

艺术的一个特点便是"源于生活，高于生活"。从德胜的聂圣哲先生的经营手段中即可看出，德胜经营中的某些手法，确实几乎走到了某种极端。而了不起的是，聂总的天赋使他可以在"阳"的方面走到极端的同时，还可以在背后"阴"的方面也走到极端，从而实现某种阴阳平衡。这里想表达的是，我们在企业管理中所要达到的目的是阴阳平衡，而至于达到的是极端的阴阳平衡，还是中端的甚或是低端的阴阳平衡，则需要根据不同企业老板的天赋、性格、能力、魅力等进行综合判断，切忌全盘照搬。毕竟，从实际出发，才是明智之举。

从经营思想的角度看，聂圣哲先生在美国接受过高等教育，幸运的是，聂先生将西方优秀的东西拿来为我所用，在中国这片土地上实现了成功。聂先生成功的关键在于，他没有把美国的东西拿来直接就用，而是进行了改良。随着国际交往的加深，先进国家企业的优秀经验不断被介绍到国内，如美国通用电气的六西格玛、丰田生产方式、稻盛和夫的阿米巴经营等。无可否认，这些都是非常好的东西，它们确实给某些企业带来了巨大的成功。然而，这些东西是否适合中国这片土地，或者说应该怎样去学习这些成功经验，是值得我们每个人思考的。至少，我们如果对德胜洋楼的经营模式全部照搬的话，到底能有多少胜算，笔者并不乐观。相反，如果能对德胜管理重其"神"而轻其"形"，即一方面学习其管理思想，另一方面去实现自己的阴阳平衡，则距离成功不远矣。

祝福各位！

量子思维[①]

——以新视角看德胜

探讨宇宙起源的量子物理学，碰上经营企业的管理学，会擦出什么火花？牛津大学的企业管理专家佐哈尔（Danah Zohar）将这看似天差地别的两大领域深入浅出地融会贯通，提出自成一家、切中时代需要的量子管理学。著名量子物理学家波姆（David Bohm）在20世纪二三十年代指出，"世上一切问题，皆源自思维的问题"。

随着智能手机和移动互联网的出现，世界急速变迁，许多问题、危机及不确定性接踵而来，想要从容应变，只有从根本上转变观念和思维模式。

现实催生出两种差异巨大的新旧思维模式概念：牛顿思维及量子思维。相对于经典管理学，量子管理学也应运而生。

量子物理的科学发现引发管理学的深刻变革！你会发现，量子管理学十分迷人，却不神秘，因为它渗透到方方面面，除了引发宇宙观、自然观的重大改变，在管理、教育、文化领域也随处可见。事实上，你已经生活在量子管理学的情境中了，只是尚未充分意识到。

那么量子管理学在理论上和实践中能站住脚吗？它的发展和应用前景如何？

不少关注此领域发展的管理学者和企业家直截了当地问到：有量子管理学的成功案例吗？

回溯历史，20世纪初，量子物理学兴起，用以探索宇宙的起源与运行。伴随量子力学产生的量子思维，超越了由牛顿力学产生的重视确定性、秩序和可控性的牛顿思维，转而重视不确定性、潜力和机会，强调"动态""变迁"。

20世纪70年代，国外学者开始关注量子力学与东方神秘主义哲学（以佛学、道学、儒学及印度神学为代表）的共同之处，并逐步将其上升到宇宙观、社会观和哲学观的高度来认识。但其时尚未大规模影响到现行的社会和经济生活。

到了当今信息时代，随着量子物理学在技术领域的应用，如量子卫星、

[①] 作者简介：王慧中，同济大学教授，上海自主创新工程研究院院长，中国量子管理发起人。

量子通信、量子计算机等以及移动互联网的出现，整个社会生活发生了翻天覆地的变化，从根本上改变了人们的生存和生活状态，其影响波及企业、教育、军队及社会各个领域。管理需要变革，在牛顿思维基础上生发出来的管理学表现出极大的局限性，在很多领域都不再适用了。

2015 年前后，量子管理学概念由牛津大学教授、跨界管理大师佐哈尔首次提出，并逐步得到世界管理学界的认可。

由于量子管理学概念提出时间尚短，因此尚未发现成功的企业案例，许多具有鲜明量子基因或量子因素的初创企业、创新型企业尚处在成长阶段。

但认真观察可以发现，今天世界上如日中天的互联网企业，如腾讯、阿里巴巴、脸谱、亚马逊、苹果、谷歌等，以及传统行业中经营或转型相对成功的企业，如 IBM、华为、海尔、京瓷、宏碁等，包括下面介绍的德胜洋楼，一定程度上都已经具备了量子组织的特征。

本文并非阐述量子管理学、量子思维和量子组织的论文，而是用量子思维来观察和认识一个成功的企业案例，旨在用新的观念、思维模式和视角给我们带来些许启迪。

一、企业管理标杆——德胜洋楼

总部位于苏州工业园区波特兰小街的德胜洋楼始于 1992 年，员工不足千人，其中很大一部分是由农民工培养成的建筑工人。德胜洋楼不是房地产开发商，而是一家房屋建造商，其主业是设计和建造美式木结构住宅（一种轻型木结构的低层单户住宅，中国俗称"美式别墅"），年营业额 6 亿元左右。

德胜公司的业务在中国虽然做到了第一（市场份额曾高达 70% 左右），但业界之外却鲜有人知，即使苏州当地的人也并不太了解。

当然，如果用心，还是能从网上找到一点信息的。英国《经济学人》周报 2004 年曾对德胜公司作过报道。报道中说："加入德胜的员工，都会拿到一份 86 页的手册，手册里包括公司的规章制度——从工作安全到个人卫生等等。"公司要求员工"在三个月内改变他们的个人习惯"，如此方能被公司接纳，进而培训他们成为专业的产业工人。手册里面也包括各种情况下的奖惩条例。

《经济学人》报道中所说的"86 页的手册"，就是现在公开发行的《德胜员工守则》的前身——《德胜公司员工读本（手册）》。那本小册子很单薄，装帧、设计、印刷都比较简单，丝毫不起眼。

此时，虽然没有公开出版，但《德胜公司员工读本（手册）》在一定范围内已经小有名气。许多来德胜公司的人都会指名要这本小册子。这本小册子在坊间已经流传很久了。

2004年底，后来的此书主编周志友先生慧眼识珠，发现了这本手册所蕴藏的巨大价值。在周志友先生坚持不懈的努力之下，征得公司聂圣哲先生同意，这本《德胜员工守则》得以面向社会公开出版发行。

此书一经出版，立刻获得国内管理学界、企业界等的高度赞扬和认可，从2005年至今，共重印了35次，2013年修订后再度发行，销售超过90万册。

德胜洋楼由此知名度大涨，各界慕名前来学习、考察、参观的人员每年以万计。

要知道，《德胜员工守则》只是一本企业内部的"员工行为规范读本"，从销售规模和员工人数而言，德胜洋楼也只能算是一个中小型企业。为何赢得各界一致的好评，参访者纷至沓来呢？

2005年声名鹊起，至今德胜洋楼又经历风风雨雨，仍被奉为企业楷模，其原因又何在呢？

许多学者已经从企业文化、规章制度、行为规范等经典管理的理论范畴对德胜洋楼进行了大量研究，笔者在此不再赘述。

那么，用量子思维的新视角解读德胜，德胜又具备哪些量子组织的特征，会给我们带来怎样的新启迪呢？

二、量子思维新视角下的德胜解读

有人设问：能否用一句话说出量子管理学的本质？

笔者以为：量子管理学是"迄今为止，最以人为本的管理学"。

量子管理学将人（公司成员）看作具有自主意识、独立追求，有爱和巨大潜能的个体，而非组织机器上受控的某个部件。正所谓"视人为人，而非工具或部件"。

以牛顿思维为基石的管理理论认为：犹如"宇宙是稳定的、有序的、可控的"一样，企业组织也是边界清晰、运营有序和可以控制的。人在层级制的组织架构中，被安排在某个职能部门的某个功能性位置上，接受自上而下的组织命令，就如一架运营有序的机器上的某个部件。对于人的激励，则是以关键绩效指标（KPI）为参照的外在驱动，管理即是通过管控（管人理事）达成设定目标。

而以量子思维为基石的量子管理学认为：从亚原子尺度看宇宙，宇宙是"动态"的、"变迁"的、"高度不确定"的，宇宙由具有不同能量（振动频率）的粒子组成，所有的粒子皆可称为"量子"。量子之间通过量子缠绕

(科学实验证实量子之间具有超时超距的联系)的方式连接成网络,量子成为网络上的节点。

用量子思维的观点来看人和组织,每个人都是网络上具有能量的节点,网络构成量子组织的形态。个体的价值(量子的能量)取决于其被链接的程度,被链接得越多,价值就越大。人是量子组织中最活跃的因素。

管理的本质因此被定义为:释放和激发人的善意和潜能。

两种不同的思维模式和观念,形成两种截然不同的管理模式。

外界绝大多数人认为德胜是"以制度规范员工行为取胜"的,殊不知,达到产业工人素质标准的德胜员工是自由、快乐和幸福的,就像法律制度保障下的合格社会公民,得到的是安全的社会保障,却并未感到被束缚的不自由。

从量子思维新视角,我们感受到的德胜的量子组织形态特征是:在德胜,员工的岗位可以不同,人格却是平等的;德胜员工参与德胜的组织建设,陪伴德胜的健康成长。

(一)德胜的听证会制度

大多数人对"听证会"这个词并不陌生,但企业听证会在中国企业界恐怕仅德胜一家。

聂圣哲先生早年留学美国,后为报效祖国回国创业,对企业的系统、规范管理十分重视。从1997年在苏州工业园初创企业开始,就着手德胜的制度建设。他是《德胜员工守则》的初创者和缔造者。

聂圣哲先生曾在公司的战略会议上说:员工守则"是我一点一滴写出来的东西。那里面凝聚着我许多的汗水"。这样逐字逐句逐条,到2003年《德胜公司员工读本(手册)》成形,前后花了6年时间。2005年初,聂圣哲先生同意将《德胜公司员工读本(手册)》整理出版。

从《德胜公司员工读本(手册)》到正式出版的《德胜员工守则》,除了对原来的制度条例、行为规范进行了系统规范和整理外,还增加了"企业文化""德胜观点""员工声音"等许多章节。其中,很多篇幅反映聂圣哲先生的心路历程和管理思考,也有很大部分是员工的心得体会。从公司总监到副总指挥,从部门经理到一线员工,书中的每个字都来自他们。第一线的管理问题,由始终在第一线工作的人解决,他们是这本书的共同作者。

企业的规章制度确立后,还必须在管理实践中检验,并随企业的发展而更新。譬如:管理实践发生了一些新情况、出现了一些新问题,而规章制度中尚未涉及,如何处理。一般企业会让相关管理部门增加一些新的条款。而

德胜是通过听证会制度来加以完善。

德胜的听证会

听证会由管理部门选择7~9人出席（保持单数，以投票表决），参加听证会的人员须满足以下条件：与违纪者非同一部门、没有亲疏和利益关系，有想法、能表达、为人诚实、公正，而且多数为一线员工。

为了保证听证会的公正性和有效性，公司还制定了主持中立规则：主持人不得发表意见，不得总结别人发言，必须保持中立和公正。主持人是裁判员，就不应是运动员；主持人有主持权，就应放弃发言权。主持人的发言不能跑题、攻击、独占。管理人员可担任主持人却无法主导听证会的结果。

召开听证会之前，调查员会事先作充分调查和资料收集，并写出调查报告，以备听证会使用。每次听证会召开前，还会向全公司发出通告。

听证会由一个小时的陈述和互相辩论组成。当事情的经过、事实与性质认定清楚后，听证团（陪审团）成员根据公司的情况，得出听证报告，决定对当事人的处理议案，并将此议案呈报聂先生审核。

如果听证会的决议补充了相关规定的不足，就会成为今后的管理条例。

听证会是德胜公司为保障制度有效执行和持续完善，对违反制度的员工进行公平、公正、公开的调查、审理、裁决的一项措施，也是员工参与管理的有效方式。这在国内企业属首创。

究其本质，其具有量子组织的特征：

每个员工，都是扁平化组织网络上的一个节点，平等、公正地参与组织决策、决议。员工因为被尊重而受到激励，用积极的心态参与组织建设和发展。

在互联网时代，人们无须再像层级制的机关、企业那样，永远靠正式制度强制组合在一起，接受自上而下的命令行动。德胜的创始人聂圣哲先生，洞悉人性的本质，在诸多方面做出了符合量子管理特征的制度安排！

（二）年度运营总监选举制度

德胜的年度运营总监选举制度，是又一个具备量子特征的人性化制度设计。

德胜洋楼不是房地产开发商，而是一家房屋建造商，每年有多少个项目就有多少个工地，也就有多少个项目经理，这些项目经理由运营总监统筹、协调、管理。

但是在德胜，运营总监并不是一个管理层级，而是项目经理中的一员；他不是由公司任命的，而是由大家推举出来进行总体协调的。在这个头衔前面附有一个定语：××××年运营总监。这表明它不是一个终身职位，而是一个定期职位。

原来，德胜的运营总监是一年一换的，每年年末由全体项目经理一人一票选出下一年度的运营总监。

这个运营总监不能连任，但隔一个年度，就又有了被选举权。如果一个人工作有成效，人品获得大家的肯定，他就可以再度当选。

这个运营总监的头衔不简单地与物质利益挂钩，而是体现了大家对一个人人品的敬重、管理能力的认同。

心理学认为：每个人都有被尊重、被激励、被肯定的需求，在满足了生存需求的前提下，这个需求可能更为人看重。德胜这个深谙人性的年度运营总监选举制度使当年在位或不在位的运营总监，都自发自动、兢兢业业地完成自己的工作。

聂先生每年都有四五个月在国外，在国内时，也会涉足讲学、艺术（亲笔操刀戏曲编剧、导演、演出）等诸多领域。年度运营总监选举这样的制度设计，使得聂先生在企业管理上能如鱼得水、游刃有余。

（三）值得一书的德胜拍卖会

《德胜员工守则》明文规定：公司在对外关系及同事关系中遵从简单、纯洁和透明的原则，坚决抵制任何形式的腐败行为。在与公司业务有关的事务中，员工没有权力向客户、供应商、政府单位等赠送礼品或者接受礼品。否则，将会受到公司严厉处罚。

这种杜绝不正当交往的规定，在美国的社会交往中是司空见惯的。聂圣哲先生在他的《旅美小事》中用"圣诞节，想不到的电子邮件"一文记载过这么一件事：

圣诞节前夕，公司给一些有业务来往的单位寄了 6.99 美元巧克力作为节日礼物，随后陆续有客户来电询问巧克力的价格。

还有客户发来邮件，其中一封是这样写的：

首先十分感谢送给我们如此精美的礼物。但是我们公司有规定，价值 1 美元以上的礼物是不准接受的。如果你们同意的话，我们就把这份珍贵的礼物捐给当地的救济会。这些需要帮助的人在圣诞节来临之际能吃到这么好的巧克力，一定会非常快乐的。如果你们不同意这个方案，我们会把礼物给你们寄回，邮费由我们支付。请原谅我们的规定给你们带来了不便，并请接受我们的歉意……

聂圣哲先生对此事印象深刻，对其做法也非常赞同！

《德胜员工守则》还规定：因不知情、被动等非个人原因（如通过邮寄、他人代送等方式）收到礼品后，必须及时上交由公司程序中心统一登记，并出示公告。

对于这些礼品的处置，公司经过深思熟虑，设计了一套制度，即每月 1 日、15 日晚公司集体学习会后开一个礼品拍卖会。

这一礼品拍卖制度主要基于以下三点考虑：

其一，反贪腐是戒恶，要从源头上防微杜渐，杜绝利益往来渗透进公司日常行为。所以，制度必须严格执行，礼品必须上交，违规必须惩戒。

其二，让员工有尊严地得到实惠。拍卖会上拍品的起拍价格只是其市场价格的 1/20 至 1/2，想得到就出比别人高的价格，而不用抓阄碰运气。

其三，礼品拍卖成功后，成交价款属于竞买人的捐款，全部捐给长江平民教育基金会，支持中国平民教育事业。这样一来，员工在获得心仪物品的同时也能助人为乐和奉献爱心。

拍卖程序严谨、环环相扣，拍卖会气氛活跃、充满快乐。

拍卖过程中，每件拍品报出起拍价后，竞买者加价竞买，加价后三次无人出价，落槌成交。

德胜公司此举既杜绝了员工受贿现象，同时也照顾了客户的一片心意。

在对人性的洞察和人性关怀上，德胜独树一帜，符合量子管理学的核心理念：每个人都是网络上能量具足的节点，即便有恶行，亦是被蒙蔽了心智，管理的本质是激发人的善意和潜能。

笔者 2007 年接触德胜，关注和研究德胜十多年，而今用量子思维新模式、新视角，重新观察、研究德胜，有一种全新的认识。这不是用企业故事或企业案例的形式能阐述的，必须结合时代发展趋势和社会生活形态，上升到管理哲学的高度去诠释，而这显然不是几千字的短文所能承载的。

量子管理学研究刚刚起步，好似一块肥沃的未经开垦的处女地，开天辟地虽然艰难，发展空间却是无限的。

随着量子管理学研究的深化，以新视角来全面解读德胜，一定会给管理学界和企业界带来全新的启迪。

德胜洋楼的人与事[1]

初识企业文化专家赵雷老师,还是9年前的事。

当时,明确以文化为职业方向的我,面临着文化学习的诸多困难。有幸看到德胜洋楼的报道,我抱着尝试的心态,斗胆拨打了德胜洋楼的总机,表明来意后,总机没有询问是谁,很热忱地就转给了文化部门。几年后我才知道,当时接电话的正是赵老师。赵老师很耐心地解答了我关心的问题,感动在我的心中开始生根发芽。

德胜洋楼成立于20世纪90年代。这是一家非常特别、有着君子气质的公司,坐落于苏州,身处江南繁华地,却如清莲般卓立。德胜洋楼从不搞商业贿赂,专注于提供优质的产品和服务。因为产品过硬和文化独特,公司的营销人员竟只有一人,近年来才增加了一个助理,因为供不应求,营销职能甚至包括拒绝超出能力范围的订单。有此底气,离不开其内部独特而有效的管理。德胜洋楼如何把产品做得精益求精,获得独特的竞争优势呢?首先,他们在选人上花了很大功夫,没有社会招聘,只从自己和政府的联合办学中培养、聘用人才。公司的要求会明确告知,价值观不匹配的人不能进入。内部

---

[1] 作者简介:吴高杰,郑州大学中文系毕业,组织文化研究和从业者;目前就职于某新能源上市公司。

推荐也是重要来源，推荐的人首先把关，实现公司利益和员工利益高度一致。新员工入职后会有三个月实习，公司会要求把马桶刷得干干净净。如此一来，愿意且坚持留下来的人，都会拿以工匠精神把产品做好：使用100年，质保70年。这在国内没有多少企业能够做到，也没有多少企业愿意做。

德胜洋楼的理念是：诚实、勤劳、有爱心、不走捷径。所有员工从不打卡，公司报销不用领导签字，大额资金支出由相应部门自行运转，老板从不签批财务和人事文件；公司高度重视员工健康，聘请退休医院院长作为公司医生；所有员工都可以在公司正常退休。这样的环境，带来了非常稳定的团队，离职率保持在极低水平。德胜洋楼对于官僚主义异常警惕，有着严格约束，公司高管只有十多人，员工自主解决问题，例外问题由员工组成的民主评议机制加以解决。督察官机制则可以有效清除官僚主义土壤，制约官僚的权力滥用。官僚主义不除，企业不可能有大的作为，德胜洋楼对此有着清醒的认识和决断的行动。

赵老师于2001年进入德胜洋楼，是公司文化建设的关键人物。他长期亲自整理公司的会议档案，梳理提炼文化理念，直到近年才由助理负责（梯队培养是重要原因）。作为公司文化的负责人，这种亲历亲为在国内是罕见的。他还是德胜洋楼的信息员，硬件软件自行维护。同时还兼任接待的司机。高管以身作则，人员精简，公司成本自然就维持在低位。更难能可贵的是，德胜洋楼的文化中心还有创收的能力。公司的《德胜员工守则》版税收入可观。很多团队慕名参观，也会有相应的捐赠。项目申报也是重要的收入来源。依托于德胜洋楼的平台，赵雷老师成功把作为费用中心的职能部门做成了利润中心。

多年的跟进研究，让我对德胜洋楼的了解日益深入，日常同赵老师保持着良好的沟通。德胜洋楼是一家非常优秀的公司，其价值不限于百年产品，还在于好的商业文明。德胜洋楼的文化模式，以及对文化建设的成功实践，都在启发和激励着国内的其他企业。

德胜洋楼的文化源于具体经营管理实践，经萃取、总结、自我批判和迭代而来。他们最为人称道的是直面问题和解决问题的决心（这是组织层面的"诚实"，不自欺欺人，不搞虚假繁荣）。正因为如此，才有了生动具体的成功实践。德胜洋楼的老板聂圣哲先生愿意接受批评，信任他人，让员工群策群力地解决问题，尽量不参与具体的业务和管理。

清华大学副教授宋学宝博士在了解了德胜洋楼之后说，"如果我年轻20岁，我将以到该公司做清洁工当作自己的荣幸"。虽然德胜模式目前尚难复制，但是它给人们指明了方向。相信会有越来越多的新生代企业家勇敢地跟进和践行德胜洋楼秉持的理念——激发人的善意和潜能！

中国式制造业经营改革的可能性[①]

——以德胜洋楼为例

一、前言

20世纪也被称为"美式和平"（Pax Americana[②]）的世纪。美国福特以"生产量最大化"为目标的"规模经济"经营模式一度受到了全世界的推崇。

到了20世纪80年代，日本企业，全球竞争力崛起，尤其在制造业方面。而到了90年代，美国经济受益于网络和金融得以再创辉煌，反倒是日本泡沫经济破灭，并从此陷入长期的停滞之中。这期间，很多日本企业受到美国式经营的影响，纷纷导入季度决算制度、绩效主义考核等。但是，立足于股东和经营者之间信息不对称性的股东价值经营和金融工程学，最终导致了美国雷曼兄弟的破产，并由此引发了全球性金融危机。

在这样的背景之下，本文将探讨德胜洋楼有限公司的经营。

德胜公司位于中国苏州，以美式预制住宅的建造销售为主业，拥有1 000余名员工，是一家小型企业，但在同行业中处于国内领先地位，自创业以来稳健增长，没有出现过一次赤字。公司对于超计划的订单一律予以拒绝，销售人员只有销售部长一人，通过口碑式宣传，实行完全的按订单生产。公司秉承不追求虚利、品质至上的原则。

之所以要将德胜经营模式特别提出来，是因为该公司关于制造业经营价值观、精神特质的理念、"对人和其智慧的信赖"等，与丰田方式实现了相当程度的重合。两家公司的经营模式，也许蕴含着新的管理模型。

[①] 本文摘自河田信《回归原点：丰田方式的管理会计》第二版补章。河田信，日本著名丰田管理方式大师，MPM研究所社长，日本名城大学经营学部教授。他长期从事管理会计、丰田系统与JIT（just in time）管理会计、TPS的海外可移植性以及制造企业经营系统再设计等方面的研究。2004年12月出版专著《丰田系统与管理会计》，系统地阐述了如何通过经营管理系统的再设计构筑整体最优化的经营系统。

[②] 美式和平，即美国强权下的和平，尤指第二次世界大战之后。

二、德胜洋楼有限公司

（一）公司概述

德胜前身是美国企业 FEDERAL TECSUN, INC. 的中国上海事务所，后聂圣哲先生将其收购，于 1997 年创立公司。主业是预制式木结构住宅的研究开发和建造。现在是国内唯一具备美式预制木结构住宅施工资格的企业。

公司苏州总部的面积约为 35 000 平方米。2009 年的员工人数为 1 260 人，其中，学习过轻型预制建筑的工程和技术课程的人员 830 人，预制建筑的设计人员 19 人，高级设计师 28 人，独立品质监察负责人 10 人，现场施工监督人员 12 人，管理层只有 20 人。公司年销售额约 3 亿元，纯利润率保持在 8% 左右。对于超计划的订单，一概予以拒绝，利润的一部分用于开设经营者学校、为贫困子弟设置奖学金等，以回馈社会。

（二）社长聂圣哲

德胜洋楼的创始人聂圣哲先生出身于安徽农村，对农民始终有一种热爱和使命感。他曾经在美国留学，兼任过电影导演，还在四川大学研究院从事教学工作。

聂先生认为，中国的教育主要是培养白领人才，而对社会特别需要的蓝领人才的职业技能教育却非常不足，为此，他将"让农民工变身为现代化职业工人、绅士"作为自己公司的目标之一。而德胜与丰田公司都将"造物即造人"作为经营理念。

在参访德胜的总部工厂时，笔者注意到，包括厕所在内，都实行彻底的 5S。笔者目睹了老员工带着新员工，四五个人在房间里认真擦拭，甚至书架后面也不放过。彻底的 5S，与丰田公司的做法是一致的。令人吃惊的还有，没有"社长专用室"。据说，社长平时在各处现场巡回，喜欢与员工对话。一把手喜欢去现场这一点也与丰田相似，但丰田也没有做到不设置社长专用室。

在清洁的总部内的旅馆，各客室竟然没有钥匙。据说这是因为公司内部 100% 相信人。而性善说经营也是日本公司的特征，丰田也是这样的，但德胜洋楼在程度上要更胜一筹。

（三）人本主义经营

丰田的理念也是"造物即造人"，重视"标准作业"。德胜洋楼在育人上的目标是"将农民工培养成职业产业工人兼绅士"，并将此作为使命。

德胜经营背后的思想是严格、细致地制定经营的标准，并彻底执行。通过这种做法，将中国式风土和文化，成功培育成企业文化。可见，价值观、观念、"认知上的固执己见"等都是可以改变的，德胜就是很好的证明。

德胜的经营方针是"诚实、认真、有爱、不走捷径"。而一部分国人对待事物持有的是"差不多就得"的态度，喜欢过得去就好，这与执着于细节的日本人是不同的。而聂先生认为这一点是不利于中国制造业经营的，必须予以克服。

因此，德胜将农民工录用为正式员工，而不是临时工，然后通过严格的制度重新加以锤炼，将新的规范重新刻入他们心中。例如，"只要是贿赂，不管是收还是给，立刻开除"。另一方面，"能够诚实地承认自己错误的人，反而可从公司领取奖金"，并将其制度化。公司还强调，"轻视手续制度的人，永远是德胜的敌人"，可见其严厉程度。同时，还非常严格地强调"蔑视程序的人，永远是德胜的敌人"。

德胜还建立了与丰田的员工教育训练设施 GPC（全球生产推进中心）类似的公司内教育训练设施，从基础开始对木工等专业技能进行实践指导，优秀人员还会成为设计技师，颁发奖学金，并外派攻读研究生。

公司每年在五星级酒店开一次员工大会。这些农民工所呈现的绅士风度一度令酒店方面吃惊。员工在德胜工作满 5 年，还会获得去海外出差的机会。工资是按照工作年限递增的年功制，辞职的员工只要满足条件还可以回到公司，去除辞职期间，之前的工作时间仍可以累积。总之，对育人，严格的同时有人情味，两手同时抓。

这种经营是将着眼点放在"人"上而不是"资本"上，这是与欧美资本主义相对的日本"育人式经营"的特点所在。日本的伊丹教授将其命名为"人本主义"。丰田汽车认为，"TPS 的经济效果确实很显著，然而我们自身所认识的 TPS 更大的优点是'人的成长'和'培养经营干部中长期的视角、思维方式'等"。可见其对"人得以成长"的重视程度要在"赚到钱"之上。

（四）员工稳定率高

不只是中国，包括美国、欧洲等在内，员工稳定率低的问题经常被提及，而德胜的员工稳定率却非常高。他们所采取的措施有：

（1）工作年限越长工资增长越多的构造。（类似日本的年功制）
（2）福利制度非常优越。
（3）退休后支付养老金。
（4）辞职后三年以内，给予复职的机会。

（五）信赖度管理

德胜的经营，一方面要求员工100%严格遵守制度和规矩；另一方面对于能够严守规则并能保质保量完成工作的员工，会赋予绝对的信任和权利。

德胜洋楼对员工的信赖度可分为五级。新入职员工从1级开始。比如，该公司有一条规定"我公司永远不采取上班打卡制，完全凭员工自觉做到不迟到、不早退，上班时间必须拼命努力工作①。员工必须穿着正确的服装，除了特殊作业以外，不允许穿拖鞋等"……能够很好遵守这些规则的人，信赖度会上升为2级。一旦信赖度达到最高的5级，便可以自己来决定预算的使用方法，费用发票也可以不通过上级检查而报销。而达到信赖度5级的员工据说已经占到了全体员工的一半左右。因此，总部的会计等间接工作人员数量非常少，包括计算机操作员在内，会计人员只有三名，这个数字是令人吃惊的。

三、从标准作业显示出的价值观和精神特质

（一）福特、丰田和德胜的比较

"标准"是制造业经营的大前提，这在福特、丰田和德胜公司都有所体现，但各企业存在着微妙的差别。福特的做法是，由技术人员等来制定标准，然后让员工按照标准来执行。这时的标准规定员工有义务完全按照规定来做，并将标准作业与计件工资相结合，提高作业效率成为经营的目的。这就是自泰罗的科学管理提出以来的美国式标准作业。

与此相对，丰田与德胜的共同点是，不将标准作业与工资挂钩。两家公司的标准作业都是"育人""磨炼流程"的重要手段，只要按规定去做，谁做都能生产出相同的产品，既能保证质量，又能在短时间内培育出合格的工人。丰田方面则更进一步，甚至连开发设计部门也彻底实行"标准作业"的方法。丰田还有个特征是，会将标准不断进行再改良，即"持续改善"。大野耐一先生曾说过，"一个月不改变标准的人，就是'月工资小偷'"。德胜围绕业务标准也会定期召开会议，以弥补不足，使标准变得更好。这样的会议被称为"趁热打铁"，不惜花费时间，以持续推进改善。

---

① 公司永远不实行打卡制，员工应自觉做到不迟到，不早退。但上班时间必须做到满负荷工作。（德胜员工守则第七条）

(二) 德胜洋楼的业务标准管理（程序管理）

德胜的业务标准与制造部门的作业标准在含义上是有区别的。与聚焦于产品和服务的结果上的品质 TQC 相比，德胜的作业标准将焦点放在到达结果（output）之前的业务程序（procedure）中的"人"的作业上。其认为业务标准才是决定产品品质这一结果的，将之定位为重要的流程标准。认真工作指的是按照业务标准来工作，即使偶尔工作成功了，如果没有按照业务标准来做，也会被视为没有成功。[①] 这也相当于在将日本的"PDCA"作为业务标准。

之所以重视业务标准，是因为现在非生产部门的成员比例在日益增大，有的企业占比过半，甚至 80% 左右。非生产部门的工作主要是脑力劳动，很难对责任大小、业务结果实行定量测定，进行业绩评价。

因此，在业务标准（程序管理）上，焦点不放在业务结果上，而是在于过程（流程、手续、顺序）。也就是要在工作结果出来之前，对"是否按照规定进行工作"进行测定评价。这样一目了然，检查、测定、监督也变得容易，可以对复杂多样的非生产部门的业务品质进行测定评价。在这样的思路下，德胜在销售、采购、设计、信息处理业务等方面的测定评价上也进行了应用，与丰田将生产部门的作业标准化应用到间接部门和开发设计部门去的思路是相同的。而德胜还强调不遵守制度的人是不能信赖的人，紧紧抓住中国人的特点，绝不允许"走捷径"，而保证品质的手段便是业务标准。

例如，公司游泳池管理员的业务标准如下：

（1）用 pH 值来确认水质。如果 pH 值低于 7，则投入适量药丸；如果 pH 值超过 7，则注入适量的明矾。

（2）要确认污水泵的运行状态，拧紧两个循环阀门，确认压力计的数值是否正常……[②]。

笔者注意到，在公司旅馆的会议室时，负责服务的年轻人隔一会儿就来给我们添咖啡。后来得知，公司的业务标准规定，服务员必须每隔 15 分钟给客人添一次咖啡或茶。

而据天津丰田（TFTM）的日籍副总经理介绍，该工厂的 TPS 所达到的水平分为三个阶段：①能够按照规定的做法做；②边改善边做；③能够将智慧植入进去。经过三年时间，到达了阶段二的水平，即能够提出意见，QC 小组可以产生创造性，"发生异常时也可以很好地应对"。但距离阶段三，估计还

---

① 《德胜员工守则》。
② 杨壮，王海杰. 德胜洋楼：中国式管理的新范本 [J]. 商业评论，2012（7）：135.

要花个五六年。这位丰田生产调查部出身的副总经理认为,只要三年时间,中国员工的组织文化就可以转变为以创造流为中心了。

四、关于劳动的价值观和精神特质——脱离"管理贵族"

上面所说的依据标准的管理,表面上看似乎很像马克斯·韦伯所提出的"官僚性",而另一方面,德胜的价值观却有着浓厚的杜绝官僚制或"管理贵族"的思想。

聂先生所定义的官僚文化是指"手握权力而口出狂言,或者无视、不尊重别人,再或者不愿意弄脏自己的手"的文化。这种官僚文化、管理贵族的害处非常大,它会破坏人与人相互之间的诚意,还会降低公司的效率。因此,为了杜绝这种现象,第一步就要从"尊重劳动"开始。

聂先生指出,我们的民族文化中,有一种蔑视劳动的气息,总喜欢不劳而获。要将此转变成尊重劳动的文化,可见其志向远大。为此,公司规定成员升任到管理岗位以后,无论是作业现场的正副总监,还是总部各部长,都必须每个月拿出一定时间从事现场劳动。笔者就看到了总部会计部长正在擦窗玻璃的劳动情景。这就是德胜的所谓"交替性(代岗制)"[①]。这与丰田的"现场重视"的姿态也很相似,这与"围绕农民工的价值观、精神特质、文化遗传基因的转变"的经营理念是相通的。

五、关于"短期利润至上"的价值观和精神特质

(一)会计无关法和会计相关法

德胜与丰田的共同点是,与美国及日本也较为常见的"短期利润至上"的价值观基本无缘。德胜对于超计划的追加订单会予以拒绝,即彻底地"不追逐浮利"[②],而丰田的现场看不到与金钱有关的指标。这种做法被称为"会计无关法"。

但是,对于已经习惯于利用预算等金钱方式来控制事业部或现场的企业,要想转变为会计无关法恐怕是不现实的。一般来说,即"会计相关法"显得更具现实意义。对于这种不一致的现象,通过"会计相关法"来加以消解,就是下面的"经营信息的阶层"。

[①] 杨壮,王海杰. 德胜洋楼:中国式管理的新范本 [J]. 商业评论,2012 (7):130-131.
[②] 浮利,即在与本业无关的地方谋求一时的利益。

（二）经营信息的阶层

最基础的经营信息是第一层的"下意识""暗默知""非语言"的世界，将此称为"非数据、场面信息"。再往上层走，就是"意识""形式知""言语"的世界，将此定义为"数据信息"，而数据信息又分为物量次元的生产信息（写像）和货币次元的会计信息（筑像）。其结果就是经营信息的阶层模型。

经营信息的阶层

阶层	像种类	信息种类	信息特性	信息对象	表现形态	旧式管理	新式管理
第三层	筑像	数据	货币次元	会计信息	数值	控制	测定
第二层	写像	数据	物量次元	生产信息	数值	控制	测定
第一层	实像	非数据	场面/现地现物	场面信息	言语	无控制	控制

资料来源：摘自河田信（2004）《トヨタシステムと管理会計》。

在第一层，比如在"适应后工序速度"的命题下，无数的"关系性网眼"形成了流程中的非数据、场面信息。接着，在第二层，对于第一层的言语表达，将其作为"过程期间"这一物量次元的测量尺度形成写像。然后，在更上层的第三层，用譬如"中间库存周转率"这种货币次元信息将其变成财务指标中的"筑像"。

在旧式管理中所见的第三层货币次元"预算"或"利润目标"等成果主义的筑像中，要想控制第一层的"关系性网眼"，对于磨合型产品的制造业来说是不合适的。因此，在JIT经营（新式经营）中，对于第一层以创造流为核心的口号下自律式运转的关系性网眼，通过磨合第二、三层的测量尺度加以声援，从而使各层间的意思连锁统一起来是很必要的。

在第一层的"机器A停机了"这种非数据场面信息发生的瞬间，将最好的应对方法，由偶然经过该场面的员工们自己设定为"标准动作"，并将标准进一步变成能够有利于全体最适，这就是改善，也利于系统的"进化"。从这方面来看，丰田与德胜是一致的。

六、总结

（一）价值观的重塑

前文通过对比德胜与丰田，运用价值观、精神特质和"经营信息阶层"

的框架，对中国式制造业经营改革的可能性进行了摸索。很明显，JIT 经营的导入首先需要的是价值观的再造（改变思考方式的基础）。

在对人性的看法上，德胜与丰田都提倡性善说。基于荀子的性恶说价值观，充其量只能"通过内部统制来实行管理"。而如果立足于孟子的性善说，则德胜式拥有高信赖度的员工可以不经检查而报销费用票据的"信赖度管理"之类的制度便产生了。

德胜公司的聂先生的"诚实""勤劳""有爱心"的经营理念，让人不禁联想起马克斯·韦伯的《新教伦理与资本主义精神》中严格的清教徒宗教信条。即不追求拜金主义和个人利益，通过支持合理的经营、经济活动的精神或行动样式，以及鼓励禁欲式的劳动，来贡献于社会，并给社会带来荣光，这样自己才能得到解救。两者的思想和价值观是非常相似的。至于德胜经营理念中的"不走捷径"，聂先生认为，只要这一点得不到纠正，中国制造业企业经营就不会有未来，决心要对此进行价值观重塑。

德胜的这四个理念，与丰田拥有共通的价值观，即"人是教育出来的"。它们都认同人的智慧无限，通过刺激人的暗默知，向员工追问"五次为什么"，直至找到真因为止，从而彻底思考"不断改善"，来磨炼经营信息阶层的第一层，并实现制造业经营的成功。如果说，"造物即造人"是 TPS 的价值观，则德胜的价值观是"将农民工培育成产业工人"。

可见，朝着"人本主义"进行价值观的转换，这是超越国境导入 JIT 经营的前提。如果回避这个前提，马上导入新的手法或制度，在无法接受人本主义的情况下，即使一时看起来似乎成功了，也将很快回到原来的状态中去。

（二）重塑价值观的方法——在一张白纸上重新描绘

那么，价值观的重塑如何进行呢？你在德胜工作时，每天早上必须默念下面的话：我实在没有什么大的本事，我只有认真做事的精神。比如，通过整理服装，做 5S，把厕所打扫得干干净净等，很快价值观就会改变。只改变制度是不行的，只改变语言也不行，起决定作用的是行动。

丰田在中国天津等地新建工厂时，只用三年左右时间，中国员工就能掌握一整套在限量生产下的后工序拉式 JIT 方式。其秘诀是，他们不录用在其他公司工作过的被其他价值观"所污染"过的人员，而是使用毫无经验的成员。指导这些员工"不能生产后工序所需数量之外的产品"时，他们会马上照做，即使自己的能力是 10 个，如果后工序需要 7 个，天津丰田的员工便会在生产 7 个后停下工作，并举手示意自己处于空闲状态，从而可被派去支援其他繁忙的工序，而不是继续生产库存。但是计件工资制度下培育起来的员工会生产

10个，留下3个形成库存。

在德胜洋楼也有相同的做法。他们也不录用经验丰富的人员，而是选择那些没有任何经验、像一张白纸的人。头脑已经装有很多东西的人，让其转换脑筋是非常难的，还不如从零开始教没有任何经验的人更快更简单。一旦将利己（根据自己的情况工作）转变为利他（根据旁边人的情况工作）的价值观，就能理解限量生产的创造流，然后实现自工序完结或多能工制度等手法和制度，从而最终实现"只生产后工序所需数量"的表层行动的固化。

如果不再造眼睛看不见的价值观部分，就无法改变眼睛看得见的构造、制度、行动等。只要按照价值观→思考方式→构造、制度→表层行动这四个阶段去推进，TPS 就可以固化下来，这就是导入容易说。而有人认为一定会在哪里出现问题，从而很难固化下来，这是导入困难说。两者都有道理，都是正确答案。

Z公司践行《德胜员工守则》的具体做法[①]

Z公司是我国一家大型矿山企业，已探明地质储量1.7亿吨，在相关矿产行业内有着极强的竞争优势，具有市场风向标的地位，属于国有企业。

近年来，公司的生产经营和文化建设取得了较快发展，先后获得"全国五一劳动奖状""全国模范职工之家"等荣誉称号。自建矿以来，公司一直保持着良好的经营状况，效益可观，这在全国同行中是不多见的。

而正是《德胜员工守则》把Z公司和德胜公司这两个互不相干的公司联系到了一起，此后两家企业一直保持着良好的关系。

先介绍一下《德胜员工守则》一书的情况。

《德胜员工守则》大致分为三部分：第一部分是德胜公司从1999年到2013年之间的管理制度；第二部分是公司总裁聂圣哲先生的部分会议讲话；第三部分是公司部分员工的工作感想。有读者会觉得这是一本汇编书，但恰恰是汇编本和盘托出了德胜公司真实的一面。制度设计对于企业的有效管理非常重要。大多数人就是从这本书开始了解德胜公司的，并由此探究德胜公司到底如何从事企业管理。

《德胜员工守则》里，几乎每一个措施、规定的制定，其背后都有一些引导事件，几乎都有员工对该事件的反思和探讨，几乎都能反映企业的一些观念、原则和动机，让员工明辨是非，时刻掌握规则红线，严格遵守规章制度。比如，公司制定了职工上班不打卡制度，如果有人恶意破坏这项制度，每天故意晚来，那么公司同时规定，这种情况下，专门采购打卡机，让这些人打卡至少两个月。这一规定就是为了约束有意破坏制度的职工，让他们体会到破坏制度的后果。又如，针对春节期间值班的人经常无法全身心投入的问题，德胜公司采取了一种新办法：不强制安排人员值班，而是由全体职工毛遂自荐，职工自己愿意在哪里值班就在哪里值班。值班期间，可以请父母和配偶、子女在值班所在地一起过春节，吃住行以及往返飞机、火车票全由公司报销。值班结束后还可以代表公司给家人购买1 000元左右的礼品。这样就调动了值班人的积极性，使他们能够更加愉快地全身心投入值班工作。

[①] 作者简介：王海，Z集团公司营销公司副总经理，先后在矿山学校、团委、政工部、营销公司等部门任职。

德胜的日常管理工作建立在"诚实、勤劳、有爱心、不走捷径"核心价值观的基础上。员工非常清楚公司的管理理念、指导思想和经营思路，企业也会基于核心价值观给予员工极大的尊重，并且这种尊重是扎实和牢固的。比如，德胜公司在尊重员工的生命权方面，坚决禁止为了赶工期强迫员工去超负荷工作。同时又制定了一个规定——管理人员不能在八小时工作时间随意打建筑工人的电话。为什么要有这项规定？员工在高空作业时，如果接听领导打来的电话，而万一出了事故，谁来承担责任？

Z公司作为资源型国字号企业，具有得天独厚的优势，只要内部管理不出现大的偏差，依靠矿产资源，每年很容易在经营上取得良好业绩。但德胜管理模式，对于Z公司这样的国有企业同样有参考价值。Z公司近年来也一直致力于学习德胜文化、借鉴德胜管理经验，形成了有国企特色的营销文化，收到了很好的成效。现将Z公司践行《德胜员工守则》的一些具体做法列举如下：

一、完善与再造员工价值观

企业文化的核心是价值观，好的价值观能够激发人性善的一面，摒弃恶的一面。德胜公司的价值观"诚实、勤劳、有爱心、不走捷径"，直指做人的根本。而Z公司的价值观在提升员工自身品德素质，从而更好服务于企业方面，往往做得不够深入甚至有所缺失，这也导致部分员工的价值观难以融入企业，或者是选择性融入，抑或仅表面赞同。

在了解了《德胜员工守则》后，Z公司将管理团队的几十人先后分9批安排去苏州，对德胜公司进行实地参观和学习。之后，积极开展价值观的完善和再造，对照德胜的价值观，确立了合格员工的"四有"标准，即"做一个有爱心的人，做一个有品位的人，做一个有规矩守秩序的人，做一个受人尊敬的人"，并将"四有"作为员工的价值导向。为了贯彻这一价值理念，制定了各类行为规范、制度准则。凡是符合文化精神的行为，都大力褒奖，对不符合的则坚决抵制和惩戒。每周五下午的例行学习会上，员工们轮流诵读理念、规章制度，强化对价值观的认识。Z公司还借鉴德胜的公告制度，以白板公示的方式，及时对各类奖罚进行公示。为推进文化价值观的完善和再造，还从物质上进行保障，将员工工资分成两部分，70%考核业务绩效，30%考核文化管理，并从薪资上鼓励、保障员工遵守制度，言行符合文化精神。

二、提升制度管理水平

首先，Z公司为推进文化制度建设，对已有的制度进行了整理、完善，将不合时宜的内容予以剔除，对于无法办到的条款予以调整，对于过于繁杂的条文进行重新优化，使之简洁明了、实用并易于执行。

其次，引入德胜的程序化管理方法，通过制定文件，将一些常规性工作以程序的形式固定下来，使工作有步骤、有方法、有标准。对于常规性工作，过去只是有一个大致流程，具体怎么完成全凭业务人员的经验。由于没有明确的步骤、方法和标准，执行时容易出现各种变数，而执行者有时候为了达成目标结果，会不顾及过程是否合理，甚至不惜违规越界。同时，由于缺少明确的标准和责任主体，做错了也容易推诿扯皮，不易对责任人进行考核。而对于刚参加工作的新手，则存在上手慢、难以尽快进入工作角色的弊端。采取程序管理，制定程序文件后，相当于有了工作说明书，做事的方法和步骤变得清晰明了，也方便考核管理，再通过严格执行，保障过程和结果都正确，工作绩效得到了显著提升，精细化管理因此大大向前迈进了一步。

经过几年的推进，程序化管理的程序文件已涉及内部管理、发货、业务、接待等方方面面。例如，办公场所的保洁方面，制定了卫生保洁程序，规定窗户怎么擦，地板怎么擦，厕所怎么清洁等，员工们对照执行后，公司的卫生环境焕然一新，也培养起职工耐心细致的工作习惯。业务工作方面，制定了多个程序文件，例如矿石调运工作程序，将日常矿石发货工作的各个环节都以程序文件形式固定下来，怎么干一目了然。再配合微信工作群对发货过程实施"直播"，通过数字、文字、图片甚至现场视频，将整个调运工作程序直观清晰地展现出来，促进各环节工作准确、到位。同时，还邀请相关客户进微信群参与发货过程的实时监督，客户对此非常满意。

三、增强执行力

国企的制度很多，但常常存在执行不到位的弊端，对于工作执行情况的监督通常由各级管理者来完成。由于大多没有明确的督察办法、执行标准，督察工作成为典型的"人治"，难以体现效率和公平。而德胜制度管理成功的要诀之一就是有效地监督执行，Z公司的监督管理无处不在，各项制度的落实因此获得了充分保障。

Z公司营销中心借鉴德胜的做法，成立督察部，设立了文化专员、巡视员、督察官等职位，其中文化专员是专职的，平时不做销售业务，专门负责制度的督察工作，还制定了文化专员制度，从多方面保障督察工作的开展。这样对制度的督察考核权力就由领导转移到督察部门，避免了监督执行中的遗漏和随意。新的督察制度，一举克服了过去制度督察靠领导、执行规定有弹性的弊端，真正做到了督察工作对制度负责，而不是对领导负责。对于各项制度规定的执行情况，一律及时上板公示，放在阳光下进行，使营销中心的工作执行力获得了根本性的提升。长期不懈的坚持，使员工逐渐养成遵守制度的习惯，也使制度从墙上、纸上真正落实到了行动上。

四、增加人性化关怀

德胜的管理中还有一个重要特色，就是人性化关怀。例如，员工可以根据实际情况自行安排休假时间，不允许带病坚持工作，提供必要的生活服务保障，等等。Z公司学习德胜的人性化管理，结合国企的思想政治工作及群团关怀等优良传统，针对员工的工作和生活实际，采取一系列措施，努力为员工创造人性化关怀的文化氛围。例如，在员工请休假制度方面规定，员工可灵活休假，只要在微信平台通报，如上级不反对即为同意休假；员工有病必须休假，不鼓励带病坚持工作；正常的业务招待，经办人无须履行申请手续，只需通报一下就可以按规定办理；员工过生日，利用晨会举办简单的庆祝仪式，向其献花并送蛋糕卡；添置爱心雨伞，方便职工和客户使用，等等。这些做法，体现了公司对员工的爱心，而员工也会以全力以赴的努力回报单位。

五、克服官僚主义

任何公司规模大了以后都会出现一个问题，这就是管理中的官僚主义。很多管理人员做管理，往往更多的是听汇报，深入一线的情况不多，当下属遇到问题请示时，仅凭经验给出解决方案，但往往不是最佳选择，容易出现决策失误和效率低下的问题。《德胜员工守则》旗帜鲜明地提出反对官僚主义，强调管理者首先应是一名优秀的员工，管理工作不能脱离一线实际。为此采取了顶岗、复训等制度来克服官僚主义。Z公司几乎没有任何改变地照搬了德胜反官僚主义的做法，要求全体管理人员每月到分管工作的一线顶岗1~2次，顶岗期间将原先的管理工作交给他人，以一线人员的身份干活一天，其他人不得代劳。这一措施收到了很好的效果，管理人员通过顶岗，更多了解了一线工作，发现了很多被忽视的问题，管理更加有的放矢，提升了管理效率。

六、发挥宣传导向作用，充分体现爱心

Z公司一贯重视宣传工作，将其作为职工思想政治工作的重要载体，但在宣传工作的核心内容方面，对于企业文化和价值观的核心地位往往重视不够，不能自觉做到将企业文化和价值观作为宣传工作的主线加以有效推进。

而德胜对文化和价值观的宣传、贯彻几乎涵盖管理的每一个角落，通过制度、会议、公告、员工手册等多种方式，深化员工对"诚实、勤劳、有爱心、不走捷径"价值观的认识。

Z公司在营销文化建设方面，也特别重视对文化价值观的宣传、贯彻。日常管理中，凡是符合文化精神的思想和行为，都会在各种场合大力褒扬和宣传，而不符合文化精神的则予以批评惩处，并及时上板警示。营销中心还在报刊等媒体以及微信公众号上发表文章，以企业文化的价值导向作为宣传核心，传递公司的文化主张。公司还修编了《Z公司员工手册——营销文化分册》，由原来的84页扩编到177页，内容极其丰富，不仅内部使用，也向兄弟单位和广大客户赠送，增强员工及客户对Z公司的文化、价值观的认同，以此塑造良好的企业形象。宣传工作与营销文化的紧密结合，给Z公司营造了较为浓厚的文化小环境，员工获得了满满的正能量，营销绩效显著提升。

在普及正能量的活动中，Z公司管理人员从2012年开始，骨干人员每个月从工资中拿出50~100元，捐赠给由德胜公司发起、创立的长江平民教育基金会，活动一直持续至今，向社会奉献了一片浓浓的爱心。

总之，Z公司学习德胜文化以来，管理方面获益良多。当然，公司仍然存在着一些不足，难以完全形成德胜那样的文化环境。例如，少数人（包括一些管理者）对文化制度存在一些错误认识等，导致文化管理有时候不能站在价值观认同的高度，从而使文化管理的效果打了折扣。相信随着改革的不断推进，这一状况将会得到根本性改善。

德胜公司是一家建造承包商，然而一本《德胜员工守则》做出了文化，做出了品牌，这是非常难得的。她把员工用共同的理念凝聚到一起，形成一个相对稳定的团体，同时保障了员工的工作和福利。这是非常有意义的。中国许多加工业都是凭着低价来竞争，如今印度、东南亚等地区的劳动力比中国还要便宜，人口红利带来的优势逐步递减，德胜的企业文化也许就是中国制造业转型的一个方向。以Z公司为代表的国有企业之所以大力关注和借鉴德胜，正是因为《德胜员工守则》具有普遍性意义。

2016年，第二届中国质量奖颁奖大会和政府工作报告均提出要弘扬工匠精神，勇攀质量高峰，让追求卓越崇尚质量成为全社会全民族的价值导向和时代精神。与日本、德国制造形成对比的是，我国许多制造企业仍然缺乏沉下心来钻研的态度，抱着浮躁的心态寻求速成的捷径，将互联网思维视为救命稻草，企图通过营销带来颠覆性的变化，而把像工匠一样追求产品品质的精神抛在脑后。这样的本末倒置使得中国制造迷失在互联网思维的泥沼之中。大道相通，新兴的互联网思维与古老的匠人精神，落脚点都是凭借极致的产品满足用户的需求，必须依靠充满正能量的企业文化才能走遍天下。

德胜公司在这样的大环境下坚守匠人精神，这是值得称赞的。希望我国企业不断加强企业文化的建设，扩大知名度，树立良好形象，增强竞争力，向社会传递正能量，为社会进步做出更多更大的贡献。

德胜 治理的人和事

4 员工自主管理

用听证会制度有效解决实际管理问题

企业在实际管理中会不可避免地存在一系列的问题，听证会程序是解决问题的有效方法之一，尤其是在员工之间发生矛盾问题时，设立听证团，由第三方组成听证团讨论解决矛盾问题，不失为一种好的方法。

一、德胜公司是否要制定接送子女上学规定听证会

在德胜洋楼公司，发生了一件事：

鉴于一些年轻夫妇有小孩子需上学，且双方父母或家人都不能接送，公司制定了一条规定："员工上下班期间可以接送小孩子"，即上班可晚到一个小时，下班可提前一个小时。这项规定似乎是很人性化的，但是在全公司征求意见时，却引起了不少争议，有人赞成，有人反对。

于是，公司管理者就决定对此项制度召开一次听证会：抽取全公司结婚且有孩子的员工10名，结婚但没有孩子的员工10名，没有结婚的员工10名，把所有被抽取的员工召集到一起，30人举行了一次听证会，专门就此项制度进行辩论。

会议开始，按照规定，大会主席宣读听证会执行程序：

听证会执行程序

为了合理、有效、公平、公正地制定和实施对职工违规行为的处罚，为了协调与处理同事之间的分歧而召开此次供当事人或矛盾双方陈述、质证、辩论的听证会，特制定听证会程序。

情况分类

（一）当职工之间为工作发生矛盾并各持己见，关系得不到协调时，任何一方有权利随时向公司申请召开听证会，来陈述、质证、辩论矛盾发生的起因、经过，并提出自己的观点与理由，通过陪审团调查、记录、分析，最后得出处理结论。

（二）当任何一位职工严重违背公司制度，他的言行给公司造成了不良影响或损失，或者危害公司正常运转时，公司将启用听证会程序予以处理。

程序规定

（一）确认事由，即发生的违规事件或发生的矛盾必须为事实。
（二）确认事件当事人或参与辩论的人员。
（三）确定召开听证会的时间和地点。
（四）临时确定主持人（1 名）。
（五）组织陪审团成员（5 名）。
（六）临时确定速记员（1 名）。
（七）邀请事件见证人。
（八）邀请旁听人员：
1. 对此事件有疑虑或需要作出其他说明和证明的所有人员。
2. 对此处理办法感兴趣且有时间到场的所有人员。
（九）各与会人员的职责与权限：
1. 主持人：负责维持大会秩序和宣布大会开始与结束，不具有做听证结论的权利。听证会期间，时刻注意提醒和引导当事人及所有发言人员沿着听证会的主题进行发言，始终维护听证会的客观性和公正性。主持人有权利打断任何一个人的发言，对不服从听证会程序的人员有请出会场的权利，目的是保证听证会能够按秩序正常进行。
2. 当事人：陈述事件发生的起因、经过和提出自己的观点及理由。对听证团成员和旁听人员的提问有义务做出自己的回答。
3. 听证团成员：被同事认可的诚实可靠和办事公正，在公司没有处罚权利的人员。听证会结束后三天内，听证团成员各自写出自己的听证报告，听证团成员相互交换意见后共同写出一份听证报告，签字后呈交公司决策层审核。
4. 旁听人员：不具有评论任何一方的权利，但可以提供相关的事实及材料证明，或做其他说明，也可以提出自己的疑虑和观点。特别规定：①提问的旁听人员只限于自始至终参加听证会的人员；②中途前来参加或中途因故离开会场（10 分钟以上）的旁听人员没有发言权。
5. 见证人员：必须是发生事件时在第一现场或全部或部分经历事件的人员。特别注意：见证人员所讲述的话语必须是真实的，不允许猜测性的话语，对自己所讲出的每一句话都必须负全部责任。

6. 速记员：做好听证会上每一个细节的真实记录，对没有听清楚、没有完全理解，或记录不完整的内容有权利提问。

（十）执行步骤：

1. 主持人宣布听证会开始，宣布大会纪律，介绍听证会的组成。
2. 当事人陈述事情的原因、经过及其他情况，申明自己的观点及理由。（注意：在当事人发言时其他人员不能插话，直到当事人陈述完毕后再做辩解或提出自己的不同见解。）
3. 调查组及见证人员陈述本次事件的情况。
4. 陪审团成员提问。当事人有义务一一答复。
5. 旁听人员提问。当事人必须一一答复。
6. 大会主席根据会议情况宣布听证会的结束时间。
7. 辩论会结束后，陪审团成员履行职责。
8. 解决办法或处理结论得出之前，当事人做好本职工作。
9. 解决办法或处理结论确定之后，由公司相关部门宣布本届听证团解散。

郑重声明：所有有关听证会的录音、录像及文本资料仅供公司内部使用，未经允许，严禁以各种形式对外发布和泄露。

这次听证会开得非常激烈，大家你一言我一语，旁听的人数也近100人。辩论归辩论，仍没有结果，为此只能实行投票表决。最终，19票反对，8票赞成，还有3票作废——一项似乎十分人性化的制度被否决了。理由是这项制度只针对公司极少数员工，不适用于大多数员工；此外，有些人家里本来有人可以接送小孩，如果允许员工也去接送小孩，可能有人认为有便宜不占白不占。

德胜规定：当一项决定符合企业中每个人的利益时，决策者就可以直接签署，比如董事长宣布给每一个职工月薪加1 000元，这是惠及大家的决定，就不需要员工再讨论了。但是，当某项规定只符合企业中部分人的利益时，就要经员工广泛的讨论。以听证会的形式，力求做到公平公正公开，而且听证会所做出的决定，至少要一年后才可以修订，否则听证会就会失去严肃性。

虽然员工接送子女上学的规定被否决了，但是少数员工无人接送小孩上学的问题不能不解决。于是公司成立了互助组，让就近居住的同事的家人互相帮扶起来，解决了少数员工的问题。

通过听证会，员工从管理制度的被动接受者变成了制度的参与者。这不仅考虑了单个事件的得失，更重要的是考虑了全公司的长远利益。

二、行为准则与实施程序的区别

管理制度包括两个方面：行为准则和实施程序。

管理制度的两方面

行为准则和实施程序的区别在于：行为准则是各种条条框框的规则；而实施程序则是说明实施这些行为准则的过程，是切实可行的实施条款。

在德胜洋楼的行为准则里有一项规定是同事关系法则：简单、纯洁的同事关系是公司健康发展的保证，君子之交淡如水是本公司同事关系的最佳状态……具体采取何种方法调解职工之间的矛盾由再教育中心决定。

这里列出听证会程序具体的实施步骤。为了保证听证会的公正性和有效性，听证会程序一般要做以下详细规定：

第一，听证团人数一般为奇数，以便于投票表决，且不允许弃权。

第二，听证团要求由以下人员组成：

（1）与当事人没有亲缘、友缘、情缘、地缘、学缘及直接的上下级关系。

（2）是企业一线普通员工。

（3）威望和信誉度极高的退休人员。

（4）必须有想法、能表达，为人诚实、公正、有良好教养，以充分表达员工意愿。

第三，主持人不得发表意见，不得总结别人发言，必须保持中立和公正。管理人员可担任主持人，但严禁主导听证会的结果。

第四，召开听证会之前，调查员可以事先进行充分调查和资料收集，并写出调查报告，以备听证会使用。

第五，为了实现公开透明，每次听证会召开前，需要向全公司发出通告。

听证会应留足一个小时或更多的时间陈述和互相辩论，当事情的经过、事实与性质认定清楚后，听证团成员根据情况，做出听证会报告，对当事人给出处理议案，并报决策层审核。

听证团通过对当事人进行问询和核查，最后得出公平、公正和合理的处理意见或建议，供企业高层裁决。因为处理意见是第三方提出的，当事人一般都会心悦诚服地接受处理结果。

中南财经政法大学郑耀洲教授团队和笔者基于一次听证会案例共同撰写

全国百篇优秀管理案例获得证书

的《小题大做：德胜听证会助力企业文化落地》，获得2019年"全国百篇优秀管理案例（微案例）"奖。

小题大做：德胜听证会助力企业文化落地[①]

一、引言

各位德胜员工：5月26日早晨，方雯、沈芸（化名）两名员工因矛盾激化导致的骂人事件，经听证会的详细调查，现做出如下裁决……特此公告，以扬律威。

2018年5月31日，全体德胜员工都收到了一封特殊的《告员工书》，此前沸沸扬扬的对骂事件至此尘埃落定。

作为一家美式洋楼建造公司，德胜以过硬的产品质量和严格的监管体制闻名；公司员工上千而管理层只有十几人，人员流失率几乎为零；其管理体系与泰罗制、丰田制一道被誉为美日中三国的典型管理模式，来自万科、华为等众多知名企业的高管先后前来参观交流……承载德胜文化的《德胜员工守则》先后重印35次，并在海外出版。2017年年底，德胜公司荣获中国人力资源管理最佳实践奖。

二、口舌之争，听证启动

时间回到2018年5月26日早晨，德胜管家中心的员工像往常一样陆续来到波特兰小街花园的咖啡屋准备晨会。7时27分，一阵激烈的争吵打破了咖啡屋的平静，这在以文明友善著称的德胜实属罕见。究竟发生了什么？原来，一位名叫方雯的员工与另一位名叫沈芸的员工发生争吵。方雯声称沈芸在关

[①] 作者简介：郑耀洲，中国人民大学劳动人事学院博士，美国石溪大学访问学者，中南财经政法大学工商管理学院副教授、数字经济与商业伦理研究中心主任、案例中心联席主任、MBA/EMBA导师，兼任中国管理现代化研究会管理思想与商业伦理专业委员会常务理事、中国人才研究会工资福利专委会理事、湖北省人力资源学会常务理事、武汉化工投资集团公司专家咨询委员会委员。发表中英文论文20余篇，出版专著教材4部。主持教育部名校名院名家主题案例征集项目以及知名国企"十四五"规划重点项目等各类课题20余项。近年来专注于探索与实践案例研究、案例开发、案例教学和管理咨询"四位一体"的产学研模式，主持开发了10多篇原创管理案例，其中3篇案例入选全国百篇优秀管理案例（中国管理案例最高奖），案例《远大活楼：国际化战略》同时入选毅伟案例库和哈佛案例库（两大国际著名案例库）。基于产教融合的案例成果先后获2020年中南财经政法大学教学成果一等奖、2021年浙江大学春晓基金社会责任研究奖。曾为中国葛洲坝集团、中国科印传媒集团、山东鲁信集团、德胜洋楼、远大科技集团、百果园集团等知名企业提供过培训、案例开发或管理咨询服务。

门时撞击了她的头部，便不由分说地辱骂沈芸。沈芸也没有顾及当时正在进行的晨会，直接与方雯发生激烈争吵。两人情绪激动，互不相让，在管家中心经理的耐心劝阻下仍争执不断，一度使管家中心工作中断。

随后，管家中心经理依据公司程序将此事上报到人力资源部负责人。28日早晨，沈芸找到公司高层诉说内心委屈："……尽管我与方雯半月前就有过摩擦，但没想到矛盾会激化，以致影响到工作，我希望能够召开听证会彻底解决我们之间的纠纷。"公司高层认识到此次对骂事件没有那么简单，且影响极其恶劣，事不宜迟，公司创始人聂圣哲先生决定立即召开员工听证会，按照公司听证会程序及有关制度进行处理。

三、员工听证，有法可依

这次争吵给德胜此前和谐的员工关系蒙上了阴影，公司程序中心随后发布的听证会通知，宣布将于5月28日15时针对此事举行听证会。通知如下：

各位同事："5·26事件"不仅违背了德胜公司《同事关系准则》和"在意别人的存在"的做人做事理念，而且严重影响了德胜风气。至今两位员工没有相互道歉，重新言和。公司决定，立即启动听证会程序，于2018年5月28日15时在德胜楼匠心堂举行员工听证会，参加人员包括：主持人王晓文，当事人方雯、沈芸，听证团成员金孟裔、宋文博、张永琴、徐志宏、陈志郢，事件见证人项倩静、傅玉珍，速记员赵雷，会场录像徐臻以及部分旁听人员。

虽说德胜实施听证会制度已有20余年，对员工来说不是什么新鲜事，但是为员工吵架举行听证会还是头一次。一些员工表示：最初我们以为领导批评几句、写个检讨就完事，想不到公司会如此正式地对待这件小事。

四、执法必严，以人为本

5月28日15时整，员工听证会在德胜楼匠心堂如期举行。此次听证会由德胜党支部书记王晓文负责主持，首先宣布听证会纪律，其次重温听证会程序，介绍听证会参加人员。接下来，主持人宣布采用抛硬币的方式决定两位当事人的发言顺序，方雯获得了首先发言的权利。主持人宣布：首先请方雯女士陈述事情经过，请速记员根据二人的书面陈述及现场发言做好记录。

会上，方雯首先表态："关于此事我感到后悔和自责，虽然沈芸关门时撞击了我的头部，但我当时没有控制好自己的情绪，在公共场合辱骂他人，对管家中心的同事和沈芸造成了严重伤害，在这里我向所有人郑重道歉。"随后沈芸表示:"首先我承认在公共场合与同事争执是错误的,我也向大家道歉,如果我能理智一些,事态就不会发展成这样,给大家带来这么多麻烦,真的很对不起。但是我想说明一点,我并没有撞到方雯的头,是她在撒谎!"

两位当事人各执一词,到底是怎么回事呢?王书记很快理清了思绪,稍作停顿后说道:"既然双方表述有所出入,那下面我们观看一下监控记录并请听证团成员提问。"在反复观看咖啡屋监控视频后,一位听证团成员说道:"根据录像,沈芸关门时,大门并没有与方雯的身体形成接触,且从方雯进门后的反应来看,她所说的似乎与事实不符。"接下来,五名听证员先后向当事人询问了一些细节问题,并认真做了记录。管家中心的几名见证人也分别描述了现场情景,一系列证据均指向方雯的说法与事实不符。此时,方雯终于承认:"对不起,我刚才确实撒了谎,先前提供了假的书面报告……"

随后,来自不同部门的旁听人员针对此事各抒己见。一名程序中心的员工首先发言:"各位,我建议按照公司程序对当事人进行严肃处理,因为她们的争执严重影响公司工作秩序。尤其是方雯,在书面陈述和听证会现场问答过程中均存在撒谎行为。"另一名督察部门的员工讲道:"我赞同对她们依规惩处,但我认为,既然当事人已经承认错误,是否可以酌情减轻惩罚力度?"部分管家中心的同事表示,考虑到两人都是老员工,且已进行反思检讨,站在稳定员工情绪、以人为本的角度上,应以批评教育为主,减少经济性惩罚,如此才能体现"有爱心"的德胜核心价值观。大家见仁见智,现场议论纷纷。

王书记一边安静地倾听大家的发言,一边若有所思。他重新将目光投向了几位听证员。只见他们有的继续向当事人和见证人追问事件详情,不放过任何细节;有的侧耳倾听,不时提笔记录;有的则在认真地互换意见。不久后,来自管家中心的一位听证员打破了沉默:

"各位,我简单陈述一下我的观点。首先,我很欣慰看到两位当事人对自身错误进行道歉与反思,希望所有人都能引以为戒,今后杜绝此类事件发生。但我们必须明确的是,不能因为事后的道歉,就漠视德胜'诚实、勤劳、有爱心、不走捷径'的核心价值观,就漠视公司的规章制度。沈芸和方雯严重违背德胜核心价值观,违反了《德胜公司员工读本(手册)》的相关规定,应'依法'严肃处理。鉴于二人认错态度诚恳,平时工作尽职尽责,从人文关怀的角度出发,可以酌情减轻惩罚力度,以观后效。"

这番话道出了听证团成员的心声,其他听证员也几乎一致地表态,予以补充:公司一向以遵守制度闻名,十一字的德胜价值观大家也都烂熟于心。依法治司是德胜立司之本,遵守制度是德胜发展之魂,我们会依据《德胜公司员工读本(手册)》中有关奖惩条例、解聘预警规定、同事关系准则的部分，综合各方意见做出公正的处罚建议，提交给公司领导。

这时，王书记终于舒展了眉头，说道："感谢各位听证员的发言。公司召开听证会的目的是查明真相并做出公正的裁决。管理无小事，德胜人不走捷径。这次对骂事件给公司治理敲响了警钟，也拷问着德胜人的灵魂。希望大家扪心自问，是否真正践行了德胜的核心价值观？听证会到此结束，待听证团成员统一意见后，正式向全体员工宣布最终处理意见。"

五、反复磋商，依法裁决

当晚，听证团成员建立了微信群，一位成员发言："我们是在代表公司做出处理结果，处理重了不行，轻了也不行，压力好大啊！"其他成员则回应："压力是有的，在依照制度进行处理时要多方权衡，毕竟我们是一个关爱员工的公司。""是啊，我们责任重大，须慎之又慎，必须在核心价值观和《德胜公司员工读本（手册）》中找到合理依据，公平公正地进行评判。"大家互相勉励，反复磋商，终于在30日上午最终形成听证会报告，对"5·26事件"做出裁决：

方雯女士在工作场合与同事争吵，且事后作伪证试图开脱责任，严重地背离了德胜"有爱心""诚实"两项核心价值观，违反了德胜同事关系相关规定，伤害了员工间的感情，扰乱正常办公秩序，对公司形象造成了恶劣影响。责令其以书面形式向沈芸和全体德胜员工道歉，并停职深刻反省三个月，反省期间每周向公司再教育中心提交书面思想认识，再次参加工作起第二日进入解聘预警观察期，以观后效。

沈芸女士虽是被辱骂一方，但她不分场合与同事争吵，违背了德胜"有爱心"这一核心价值观，违反德胜同事关系相关规定，影响了管家中心晨会的正常召开，造成了恶劣影响，责令其以书面形式向全体员工道歉并进行深刻的自我检讨。

六、余音绕梁，引人深思

随着公告的发布，关于此次事件的处理告一段落。但听证会带来的震撼与思考，却在德胜人的心中久久回荡，令他们在之后的工作中，遇事三思核心价值观而后行，同时公司也准备采取一系列措施帮助员工进行情绪管理。

不可否认的是，此次对骂事件反映出公司存在的一些问题。有人认为，两名当事人的争吵并非偶然，公司没有提前发现端倪，也没有及时采取调解和安抚措施，这为公司员工关系治理敲响了警钟。听证会程序虽然严谨但过于烦琐，难免影响听证员所属部门的工作。员工听证的方式公开且透明，但可能对当事人造成沉重的心理负担，进而影响其日后的工作状态。如何处理好这些问题，需要全体德胜人不断思考……

许多企业制定的管理制度形同虚设，其中一个重要原因就是只有行为准则，而缺少切实可行的实施程序。

听证会是处理企业管理问题，保障企业管理制度有效执行和持续完善的一项措施，对违反制度的员工进行公正调查、审理和裁决，也是员工参与管理的有效方式。

用听证会制度有效解决一起滥用职权事件

以下是德胜公司由最普通、最没有权力的职工对管理着上百人的一位项目经理举行听证的一次真实会议。分为通知、听证会报告、事实的确认与判断、听证会的结论、听证团的处罚建议、由这次事件引发的思考及制定员工个人房屋装修规定七个部分。

一、李××先生错误调查与处罚听证会通知

女士们、先生们：

近期，李××先生利用项目经理职务之便，未向公司申请，擅自安排公司职工为自己在南京购买的房屋进行装修，且有部分装修材料未经详细登记和领用人签字便从仓库领出。经初步调查与取证，以上严重违规事件为既成事实，公司决策层高度重视，为了进一步澄清事实经过和做出公正的处理，公司决定召开一次听证会。现将具体安排公布如下：

一、会议时间：2006年9月10日16时40分

二、会议地点：办公楼一楼大厅

三、主持人（1名）：王坚强

四、当事人（1名）：李××

五、陪审团成员（5名）：张红强　李　孟　周海涛　张　娟　陈会东

六、事件见证人：（2名）李英文　林红新

七、旁听人员

（一）对此事件有疑虑或需要做出其他说明和证明的所有人员。

（二）对此次处理感兴趣且有时间到场的所有人员。

八、各与会人员的职责与权限

（一）主持人：负责维持大会秩序和宣布大会开始与结束，设有做陪审结论的权利。听证会期间，时刻注意提醒和引导当事人及提问人员按照听证会的主题进行发言。主持人有权利打断任何一个人的发言，对不服从听证会程序的人员有请出会场的权利，目的是维护听证会的客观性和公正性。

（二）当事人：陈述事件发生的起因、经过和自己的观点与理由。对陪审团成员和旁听人员的提问必须做出自己的回答。

（三）陪审团成员：被同事认可的诚实可靠和办事公正且没有处罚权的人员。

（四）旁听人员：不具有评论任何一方的权利，但可以提供相关的事实及材料证明，或做其他说明，也可以提出自己的不同观点。（特别规定：提问的旁听人员只限于自始至终参加听证会的人员，中途前来参加或离开的旁听人员对此事件和处理办法没有发言权。）

九、听证会议的执行程序

（一）主持人宣布听证会开始，宣布大会纪律，介绍听证会与会人员。

（二）当事人陈述事情的原因、经过及其他情况，申明自己的观点及理由。（注意：当事人在发言时其他人员不能插话，直到当事人将事情陈述完毕后再提出自己的不同见解）。

（三）调查组人员陈述本次事件的调查情况。

（四）陪审团成员提问，当事人必须一一答复。

（五）旁听人员提问，当事人必须一一答复。

（六）大会主席根据会议情况宣布听证会的结束时间。

（七）辩论会结束后，陪审团成员的工作：

1. 两天内，陪审团成员各自写出自己的陪审报告。

2. 两天内，陪审团成员相互交换意见，共同写出一份陪审报告，并呈交公司决策层审核。

（八）处理结论公布后，公司行政部门立即执行。

特此通知

德胜（苏州）洋楼有限公司
2006 年 9 月 10 日

二、李××错误调查与处罚听证会报告

时　间：2006 年 9 月 10 日 16 时 40 分

地　点：办公楼一楼大厅

主持人：王坚强

当事人：李××

听证员：张红强　李　孟　周海涛　张　娟　陈会东

调查组：陈　晖、王坚强、林　龙

……（此处省略报告具体内容）

三、事实的确认与判断

事实 1：材料的领用做了如实的登记，无论是亲自领用还是委托领用的，均注明在当事人李××先生家里装修使用。李××先生在听证会上说财务算好材料款后，他就把账结掉。

事实 2：李××先生与为其装修的公司职工说明了由他个人支付工人的工资，为每人每天 70 元，加班费也由李××个人支付。

听证会的判断：从以上两点来看，当事人李××先生主观上并没有想要侵占公司的财物。另外，他也不想无偿使用公司的人力资源，但是在客观上利用了职务之便，侵占了公司的人力资源。

事实 3：公司为方便当事人李××先生在工地工作期间开展工作，而配备了一辆蓝鸟轿车。但是在该工程结束后，当事人没有想到主动将车上交给公司。

事实 4：当事人用公司的车办过私事，但是未主动登记注明，据当事人李××先生陈述都是顺带办理。

听证会的判断：当事人李××先生因私用车而未主动登记注明，违反公司用车规定。

事实 5：对于当事人李××先生为何要使用公司的人工和材料的问题，他的回答是，"因为员工家里装修可以到公司里去买些材料，我也不会考虑到什么优惠的事，我只考虑到公司的材料用到我家装修上是最好的，因为与市场上的材料比较，我们公司材料质量很好。另外，我也确实看惯了我们自己职工的手艺，再看了看其他外部人员装修房子的工艺，材料是一样的，但就是没有我们职工做得好。当时我就是这样考虑的"。

听证会的判断：从这一点来看，虽然当事人李××先生对公司的装修质量和材料质量高度信任，但是客观上，领用材料、调动人员为其装修前并未向公司提出申请。

事实 6：主观上，李××先生安排公司的员工为其装修房子，未向公司申请。在听证会上当事人李××先生的陈述是，"以前公司为别人做装修，零星的活，例如派一个人一个下午或者加班能完成的，是我自己决定安排的，如果需要长期装修的话，要经过公司领导审批后才可以的"。

事实 7：据李××先生陈述，他先装修自己的房子是想为其他购房的公司员工的装修做个样本，但怕想法不成熟而不敢向公司领导请示。他考虑过他的做法会被其他可以利用职务之便实施这种做法的管理者效仿，从而对公司产生不良的影响，但是，事实上他还是实施了未汇报而私自装修这样一个行为。

听证会的判断：从以上两点我们得出结论：李××先生未向公司申请，利用职务之便擅作主张，身为项目经理，考虑问题不够深刻，做决定过于草率。他主观上抱有一种侥幸心理，并且具有一种职务优越感，从而忽视了公司的制度。

四、听证会结论

首先，从李××先生在听证会上的陈述和态度看，他能诚恳地认识到自己的错误，并且愿意接受公司的处罚。

李××先生个人装修领用的材料作了如实的登记，主观上并没有想要侵占公司的财物。在人力资源的问题上，虽然李××先生并不想无偿使用公司的人力资源，但是客观上，他未经申请而利用职务之便调用公司的职工为其个人房屋进行装修，构成侵占公司的人力资源这一事实。

对于李××先生安排公司的员工为其个人装修房屋，听证会所得出的结论是：虽然当事人李××先生对公司的装修质量和材料质量高度信任，但是，他身为项目经理，考虑问题不够深刻，做决定过于草率，从而犯了未向公司申请，利用职务之便擅作主张的错误，造成了在客观上忽视制度的事实。

其次，听证会要提醒全体员工注意的是，公司的制度告诫全体职工，当你拥有了权力以后，首先应该考虑什么事情不能做，然后再考虑能做什么。在此次事件中，李××先生身为项目经理，在拥有很高权力的时候，并没有时刻用这句话来约束自己。

另外，经过调查组核实，在他负责的工程结束后，李××先生未想到主动将蓝鸟车上交给公司，并有因私用车而未主动登记的情况，违反了公司的用车规定。

五、听证团的处罚建议

针对李××先生所犯的错误，听证会建议对他做出如下处罚：

（1）在公司财务部核算出所领用材料的成本后，尽快与财务部结算。以后如需再使用公司的材料和人工，应提前向公司申请。

（2）向公司全体员工做出深刻的书面检查。

（3）收回李××先生使用的蓝鸟车。

（4）鉴于李××先生没有正确、谨慎地使用公司赋予他的权力，听证会建议对其进行降职处理。

六、由这次事件引发的思考

第一，李××先生擅自给职工发每人每天70元的工资，可能会使职工造成一种心理：在德胜工作吃亏了。表面上看每天只有不到70元，但实质上扰乱了公司健康的劳资秩序。因为，职工在计算收入时一般是不会想到公司还会为他们额外发奖金的，更不会想到摊到他们身上每人每天近40元的福利以及公司支付的隐性成本。

第二，公司职工为李××先生家装修，做的是与公司业务无关的事情。公司明文规定：遵纪守法，坚决服从有关上级的管理，杜绝与上级顶撞。在职工心目中可能会产生一种疑问：这个事情与公司的业务无关，我到底应不应该做？因为公司制度的约束，职工必须得服从。那就有可能在职工心目中产生对公司的误解和怨恨，从而伤害职工的敬业心和人权，间接损害公司的利益。

以上就是我们听证会全体听证员对事情经过的调查报告与建议。该结论是我们对整个事件的真实感受。

听证报告时间：2006年9月13日
听证团成员签字：×××　×××……

处罚公告

李××先生（工牌号：50802）近期在南京利用自己职务之便，擅自安排公司员工为其个人房屋进行装修，这是德胜公司自成立以来出现的最为严重的管理上的错误。作为项目经理，李××先生完全辜负了公司领导和全体员工对他的信任，违背了公司所倡导的"诚实、勤劳、有爱心、不走捷径"的核心价值观和一贯反对官僚文化的一系列规章制度。为此，公司特别召开了专题讨论会，一致研究决定：1. 李××先生即日起从项目经理降职为项目经理助理；2. 收回李××先生现用名片（改用项目经理助理名片）；3. 责令其对此事进行深刻反思，并向全体员工致歉。

特此公告，以扬律威！

德胜（苏州）洋楼有限公司
2006年9月14日

七、制定《德胜员工个人房屋装修规定》

鉴于公司木结构洋楼部分优质材料同样适用于水泥结构房屋的实际情况，

作为员工福利的一部分，现公司就员工个人房屋装修时可以使用木结构洋楼材料规定如下：

（1）任何员工在装修个人房屋时都可以从公司领取合适的装修材料，要特别注意进口材料与国内材料在性能、尺寸及保修等方面的差异。由财务部门详细列出所有可为员工个人房屋装修的材料（共89种材料）。装修时员工可以先从公司领取材料，待房屋装修结束后再到财务部门去结算。结算价格按材料进口价格的8折计算。

（2）公司免费提供1位熟练工人6个工作日协助各员工设计和装修。

（3）装修所使用的任何公用工具，都应按照轻重缓急的原则和重要优先的顺序予以占用，不得因为欲占用公用工具而闹矛盾。否则，影响公司的利益将受到公司相应的处罚。

对一起举报的调查及处理

2009年6月22日，公司相关人员接到举报短信，内容如下：

我是杭州物业的一名员工，现严肃反映一件事：原这边被开除的保安部主管张飞翔又要来公司上班了。我负责任地说一下他是一个什么样的人：他迷恋彩票，每次买几十元钱，后来发展到以主管的身份向下属到处借钱，更严重的时候把住户交的施工押金买彩票花了，还时不时向保安要烟抽，经常带一些人外出喝酒。有次带一帮人去吃火锅，酒喝多了现场被弄得遍地狼藉，致使一名队员摔倒，手被碎酒瓶扎伤缝了几针。公司处罚解聘预警过一次，降为队员，可处罚还不到一个月的时间，他又喝酒，而且酒后在单位拿刀子架在别人的脖子上。这好多同事都看到了。此事后被公司开除，可新来的经理又让这样的人来上班，不知为什么？我们好多人不理解像这样的人还能再次回到公司。听说他认了公司现在的行政陶丽琴为干姐，不知道是不是他能再次来公司的原因。

根据举报内容，2009年6月26日至2009年7月12日，公司专职督察官王仁海先生展开了调查。调查结果如下：

（1）他（张飞翔）迷恋彩票，每次买几十元钱，后来发展到以主管的身份向下属到处借钱。

——情况基本属实。经与张飞翔先生共事过的同事李斌等进行了解，张飞翔在职期间曾经有买彩票的行为。保安部买彩票的同事之间有过相互借钱的行为，张飞翔先生任主管期间有过向队员借钱的行为。

（2）把住户交的施工押金买彩票花了。

——事情的经过是：小区的住户装修时，短时间（比如一两天）的装修，施工队押金暂交在保安部，施工结束时即退给施工队。一天，施工队施工结束时恰遇张飞翔先生休息，施工队的负责人当天没有从张飞翔先生那里退回押金，第二天张飞翔先生上班时才把押金退给施工队负责人。（注：保安部经手押金的做法已经被纠正，现在由财务部统一收取、保管和退还。）

（3）时不时向我们要烟。

——情况属实，当时张飞翔为主管身份。

（4）经常带我们外出喝酒，有次带我们去吃火锅，酒喝多了现场被弄得遍地狼藉，致使一名队员摔倒，手被碎酒瓶扎伤缝了几针，公司处罚解聘预警一次，降为队员。

——完全属实。

（5）处罚还不到一个月的时间，他又喝酒，而且酒后在单位拿刀子架在别人的脖子上。

——"拿刀子架在别人的脖子上"属实。据当事人李斌先生陈述：当天我的手摔破皮了，张飞翔（晚饭时喝过酒）晚上在宿舍看到后问我是怎么回事，我说是摔伤了，张飞翔不相信是摔伤的，说肯定是被人欺负了，是打架造成的。他一定要叫我说出是被谁欺负了，于是开玩笑似地把刀架在我脖子上，问我被谁欺负了。

（6）此事后被公司开除。

——属实。经调查，是原物业经理决定开除张飞翔的。

（7）可新来的经理又让这样的人来上班，不知为什么？

——新来的经理（注：吴岳东先生）陈述："我和张飞翔没有任何关系，我来杭州物业之前不认识他。接手杭州物业工作两个星期后，发现二期保安有三个缺口，在6月18日的晨会上我提出需要招人。按公司的做法，我提出进行内部推荐，并且郑重申明：新人来上班必须先接受物业管家的培训，考核决定是否符合要求。后来，有同事反映说：以前的保安主管张飞翔其实是很不错的员工，还被评为优秀员工，后来因自己哥们义气被解聘了（当时确定为同事打架）。大家对张飞翔的管理能力、业务水平和责任心评价都挺好的。基于大家的提法，我之后问了一些熟悉张飞翔的员工，基本上对他的工作还是比较认可的。询问中我也了解到张飞翔的缺点，诸如：有些哥们义气，好酒，说话口气比较硬之类的。后来我就叫保安部负责人询问张飞翔目前的状况，保安部负责人了解后告诉我，张飞翔的父亲去世了，他的家境很清苦，解聘之后张飞翔一直在老家陪着母亲，在附近的工地做小工。保安部负责人还告诉我，当他了解时张飞翔哭了，说他一直在关注着公司的动态，经常看公司网站。我想了一个晚上，觉得张飞翔能够认识到自己的错误和缺点，也很怀念公司，要是再给他一次机会，我想他会很珍惜的。第二天晨会上我就说了我的想法，大家也很支持，我说：按照公司的规定办理，程序不能少，一定要写思想认识。后来，我们收到了张飞翔的四封来信，过了半个月我通知他来上岗。"

（8）认了公司现在的行政（主管）陶丽琴为干姐。

——陶丽琴女士陈述：在物业公司，很多同事都这样称呼她，因为她比其他很多同事的年龄要长一些。

另外，张飞翔先生自己陈述：短信举报的内容基本属实。我当时向同事借过钱，是由于父亲生病需要寄钱回家，不是用来买彩票。其他的陈述与调查结果相符。

以上是接到手机短信举报后的调查情况。

根据调查报告，公司分析、研究后认为：

一、同事之间相互借钱严重违背了公司相关制度，即使偶尔发生也绝不可以。张飞翔先生重来上班后如果还有这样的行为，应对张飞翔先生进行相应的处罚。

二、向同事要物（要烟）是令人不齿的恶习，张飞翔身为主管，不但不以身作则来制止这种恶习，而且还参与其中。张飞翔先生重来上班后如果还有此恶习，立即开除。

三、杭州物业同事之间互相借钱买彩票屡有发生，风气败坏。张飞翔身为主管，对此现象不仅不予以制止，还参与其中，更是令人费解。

四、张飞翔将刀架在别人脖子上，称作是玩笑动作，实在是荒唐至极。杭州物业应对保安队伍进行整顿，坚决禁止聚众酗酒等有损公司形象的恶劣行为。

五、认陶丽琴为干姐，涉及隐私，无法认定。但举报者并不是无中生有。

六、调查报告表明，张飞翔是个缺点甚至劣迹很多的人。张飞翔先生重来上班后，如果对以前的恶习不思悔改，立即开除，参见第2009025号德胜公告。

德胜公告

（第2009025号）

原杭州社区项目保安主管张飞翔先生，在工作期间，犯下了几起让人费解和难以想象的错误：不但向同事借钱索烟，而且还酗酒滋事，最为严重的是他在喝酒后曾将凶器架在别人的脖子上取乐，后被物业公司原负责人宣布开除，但新任负责人在没有经过谨慎考虑的情况下，重新聘用了张飞翔先生。经公司督察员详细调查取证后，张飞翔先生对其所犯的错误全部承认。张飞翔先生所犯的错误严重违反公司系列管理规定，破坏物业公司优良的工作和生活秩序，败坏物业公司在广大客户中形成的良好形象，本来属于一种不可饶恕的恶劣行为。现经公司召开专题会议研究，决定：继续维持新任负责人聘用张飞翔先生的决定，但张飞翔先生如果不从思想和灵魂深处进行反思，如不对所犯的一系列错误进行彻底悔改，或在以后的工作中不改变以上任何一种恶习或再犯类似的错误，公司将立即开除并永不录用张飞翔先生。

特此公告，以扬律威！

德胜（苏州）洋楼有限公司

七、新上任的经理吴岳东先生漠视德胜倡导的"一个不遵守制度的人是一个不可靠的人"的训诫，违背了《德胜员工守则》中《奖惩条例》第25条"被开除者除非董事会决议，任何个人（包括董事长及总经理）不得批准其重新在公司工作"的规定，草率聘用张飞翔，伤害了遵守和爱护德胜制度职工的情感与工作热情。公司决定，对吴岳东先生的权力使用进入预警警告状态，并保留进行调查的权力，参见第2009026号德胜公告。

德胜公告
（第2009026号）

吴岳东先生（工牌号：94）在杭州物业担任负责人期间，做事不严谨，未经谨慎考虑就聘用了特殊岗位的工作人员，在广大员工中造成了极坏的影响，肆意伤害了遵守和爱护德胜制度职工的情感与工作热情，也完全漠视了德胜倡导的"一个不遵守制度的人是一个不可靠的人"的训诫，严重违背了《德胜员工守则》中《奖惩条例》第25条"被开除者除非董事会决议，任何个人（包括董事长及总经理）不得批准其重新在公司工作"的规定。经公司研究，决定：①对吴岳东先生的权力使用进入预警警告状态，并对其行为进一步督察；②罚款人民币1 000元整。同时，希望吴岳东先生以此为戒，严格要求自己，主持正义，慎重从事，做一名合格的管理人员。

特此公告，以扬律威！

德胜（苏州）洋楼有限公司

八、在本次举报的调查中，起初王仁海先生态度暧昧、工作不细致，行文也不严谨，特别是立场模糊、价值观偏颇。作为一名督察官，不能以敏锐的目光、机警的态度来明察不良习气及破坏德胜价值观和制度的言行，而是以和稀泥的态度来粉饰太平、纵容恶习。他的调查报告被有些德胜员工笑称为"简直是律师为当事人开脱罪责的辩护词"。这种极不负责任的行为，一时令德胜广大员工非常失望。公司发现后，一针见血地指出了王仁海先生所犯的错误，并及时地给予了警告和提醒——如果这样堕落下去，首先就不适合做督察官了，甚至将会被清理出德胜的队伍！希望王仁海先生引以为戒，严格要求自己，用公正树立威信，用正义维护尊严，做好督察调查工作！同时，公司对王仁海先生的权力使用进入预警警告状态，并保留对其进行调查的权力。后来，在同事的帮助下，王仁海先生重新对该调查事件进行了全面、客观的补充与完善，并进行了通报，参见第2009027号德胜公告。

德胜公告
(第2009027号)

　　王仁海先生（工牌号：525）近期在对举报有种种劣迹和恶习的人和事件的调查过程中，态度暧昧、工作不细致，行文不严谨，特别是立场模糊、价值观偏颇。作为一名督察官，不仅不能以敏锐的目光、机警的态度来明察不良习气及破坏德胜价值观和制度的言行，反而以和稀泥的态度来粉饰太平、纵容恶习。这是一种破坏公开、公平、公正的秩序，违背正义和道德、对督察工作极不负责任、完全背离了德胜价值观的恶劣行为。王仁海先生严重地辜负了德胜广大员工对他所寄予的厚望。经公司研究决定：①对王仁海先生的权力使用进入预警警告状态，并对其行为进一步察看；②罚款人民币300元整。希望王仁海先生以此事件为戒，严格要求自己，坚持正义，捍卫公平公正，用公正树立威信，用正义维护尊严，做一名合格的督察官！

　　特此公告，以扬律威！

德胜（苏州）洋楼有限公司

　　以上是杭州物业对于手机短信举报张飞翔先生又回公司上班事件的调查通报结果。欢迎爱护德胜的员工对破坏德胜制度、程序、秩序和价值观的行为予以举报。对任何人尤其是有权力的人任何时候滥用权力，德胜公司将坚决予以严肃处罚。

管理需要"小题大做"

不少朋友问到了同一个相似的问题：

你们德胜有严密的管理制度、精细化的管理，那么，在公司管理中会不会带来决策成本增加的问题？如何克服这个问题？

一些需要当机立断做出决策的事情，一旦后置了，会不会影响到其他方面？因没有迅速决策造成了问题后置，会不会造成其他更大的问题？

一旦决策的流程过多，效率势必就会降低，怎样克服这样的问题？

这些问题背后有一个潜台词，那就是"小题大做"。

对此，我做了如下的思考。

首先，一旦企业里发生了问题，如果不及时解决，久拖之后，许多管理的症结就会变成管理的"死结"，最后可能会不了了之，以至于公司里员工对老问题习以为常，对解决老问题缺乏信心，挫伤工作积极性，从而严重地影响公司的秩序和效率。

我认为，许多时候，在没有明文规定的情况下，对于小问题和小事件也需要进行严肃的讨论，这样做看似有些小题大做，但是不能低估它的积极影响和警示作用。今天不对"小题"进行"大做"，明天就会成为大问题，到时候解决起来就更加困难了。对于"小题"，公司如果给予足够重视，那么对于关乎企业命运的大事，企业一定会更给予更高重视，让人人都具有对问题的敏感性，增强防范意识，等于给整个管理上了一把保险锁，确保管理秩序得到有效维护。

对大量的事件进行总结和归纳，不仅对企业自身有益处，还可以对外输出、宣传和推广解决问题的经验。德胜洋楼公司一部分经典的案例问题解决到位，经验和教训总结到位，被大学选用，部分案例还获得了国家奖。

其次，从短期看，处理一些看似小的问题或事件，管理的成本的确是增加了，但长期来说，成本会降下来，包括沟通成本、决策成本、试错成本、时间成本，当然还包括财务成本。

对公司里发生的问题或事件进行大讨论，这非常重要，会对当事人有一定的震慑作用。通过过程管理，让全体员工明确知道，一旦他们犯了错误，公司会立即启动一系列的处罚程序，甚至于启动专题的听证会等，加大了当事人的犯错成本，增加了他们的心理负担，自然就会遵守公司规定而减少犯错的概率。

利用专题会议对事件进行还原和回顾，并认真严肃讨论，得出公平的结论，总结经验，吸取教训，以制度、流程确定下来，防止类似事件再次发生。这样看起来似乎是增加了一定的成本，但是企业以此为鉴，可以有效地防止再次发生同样问题的可能。即使再次发生类似错误，也会把造成的后果降到最低。

在管理中，优秀的管理人员是要算大账的，不能只顾眼前的小付出而忽略了更为重要的大账。因为有了长远的打算和谋划，短期内的成本可以为企业的长期管理服务，你说哪一个更划算？比如，一项好的管理制度和流程确定下来并以一贯之执行后，企业可以长期获益，那么，短期内制定这项制度的成本几乎可以忽略不计，等于用最小的成本取得了长期的收益。

清代学者陈澹然说过：不谋万世者，不足谋一时；不谋全局者，不足谋一域。对于天天需要精打细算的企业来说，这段话尤其重要。

最后，通过共创、会议研讨和集体辩论等，可以使企业文化有效落地。员工们在公司里用统一的语言和统一的标准，采取统一的行动，大家配合默契，言行一致，心往一处想，劲往一处使，人人都是君子，事事都有规则，即使遇到了困难和问题，大家充分进行沟通，及时检讨曾经所犯的错误，确保信息传递和过程控制的准确性，对事件从根源上进行及时总结和反馈，杜绝再次发生的可能。试问，这样的企业还有什么样的问题不能解决呢？！

群体决策的一大好处就在于规避了管理中的许多问题，大家打开天窗说亮话，把所有的问题摆在桌面上来讨论和解决，不搞人身攻击、乱扣帽子，消除分歧，促进合作，使问题可以在短时间里得到解决。大家集中起来，集体讨论，经过投票，少数服从多数，集体签字、盖手印，最终会得到理想的结果。

管理不能脱离实际、违背自然规律、搞权力至上的"当机立断"和想当然、拍脑袋做事，这方面的教训实在太多了。常州一家企业专门由各部门的年轻人组成一个事务部门，对公司发生的大小事件进行充分讨论并做出相应的决策，提高了员工的效率和积极性，有效地解决了生产和工作中许多实际问题，公司上下一片和谐和友好。

德国哲学家黑格尔说："人类从历史中学到的唯一教训就是人类无法从历史中学到任何教训。"在实际管理中，对于发生在公司里的问题和事件，只有及时总结，举一反三，乃至亡羊补牢，才会对以后的管理有裨益，而不能认为是"小题大做"。一切的过程管理都是为了解决问题，否则就不是有效的管理，管理中出现的互相扯皮、效率低下、精神内耗都是因为问题没有彻底解决造成的。只有经过大家认真讨论和反复论证后的"深思熟虑"，才是稳妥的管理决策。

通过严格治理，从长期来看，企业员工的犯错次数会明显下降，管理水平得到提高，振奋员工的士气，企业增加了收入，降低了决策成本、沟通成本、试错成本、时间成本，大幅提高了工作效率，还规避了各类风险和潜在的隐患，企业可以处于健康和可持续发展的道路上。这不正是企业所期望和追求的吗？

德胜 治理的人和事

5 用妙方打造德胜洋楼式的企业文化

对标德胜洋楼，谈谈企业文化落地的六大法宝

企业文化最先是日本和美国一部分优秀企业提出来的，是他们在竞争中取胜的经验总结。

企业文化之所以必须具备鲜明的个性，是为了适应企业竞争的需要，而不是因为人们主观上的标新立异。两个企业若文化完全相同，在竞争中就分不出高低。一个企业能在竞争中胜出，必定与其他企业不同，至少在某一点上比其他企业高明。企业之间一旦没有任何竞争，那就没有必要、也没有动力去强化本企业特有的群体意识。企业群体意识一旦失去本企业的特色，企业文化也就相应地转化为社区文化或民族文化。但并不是任何"群体竞争意识"都可称之为企业文化，只有"以文明取胜"的群体竞争意识才是企业文化。

"以文明取胜"是企业文化的本质特征。企业不只通过更好地为社会提供优质产品和优良服务来树立本企业的良好形象，还要通过尊重和理解人来赢得人心，以使企业在竞争中立于不败之地。

然而，企业文化作为"以文明取胜的群体竞争意识"，决不能仅仅存在于人们的头脑中，停留在口头上，而是应该贯彻到企业一切的活动中，并且真正体现在这些活动的实际结果上。离开了企业的各种活动，离开了企业的生产经营管理、美化工作环境、参与社会事务、处理人际关系、制定规章制度、从事科研教育及开展文艺、体育、知识、技能竞赛活动，企业文化建设就无从着手，就成了无源之水和无本之木。离开了企业活动所取得的实际结果，离开了企业的优质产品（或服务）、英雄人物、合理利润、科技成果、社会赞助、花园厂房、精美报刊等，企业文化建设不过是空中楼阁，"文明取胜"也成为一句空话。企业文化确实有意识、过程和结果等多种层面，但作为群体意识，企业文化的内涵不能没有物质载体。

打造企业文化的作用非常多，但有效解决问题是首要的。

围绕解决问题，笔者从六个维度进行分析，提出解决问题的思路和方法，并将之称为企业文化落地的六大法宝，它们分别是道（天道、地道、人道）、三观（世界观、人生观、价值观）、规则、素养、物质和习惯，为此还申请了作品版权予以保护。

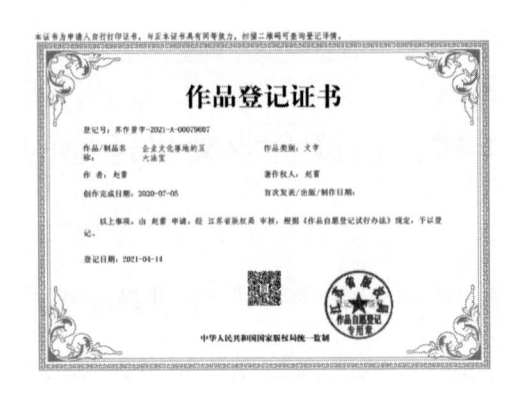

作品登记证书

为了清晰说明这六大法宝，我们以植物生长的过程做类比。

一、合道：土壤

经常有人说：人生是一场修行。但我们修行的依据是什么？这就是我们所有的言行一定要合道，合天道、地道和人道。这符合《道德经》的精神。

什么是天道？天道就是自然规律，就是我们要非常清楚任何行业、任何企业都有一个成长发展的规律。我们只有遵循规律做事情，才能事半功倍。

什么是地道呢？地道其实就是社会规律，也就是群体的意识。

最重要的是人道，人道就是人性。在企业与其他相关方打交道的过程中，最重要的就是我们的员工、我们的团队，我们必须把握人性、理解人性。人性是最重要的，因为人性可以驱动人的能量。人性是什么呢？人性就是趋利避害。因为人都有惰性，人都是自私的，人都是追求自己的利益的。

无论是好还是坏，所有的人都逃不出人性。既然这样，我们就要理解人性、把握人性。在理解人性、把握人性的基础上设计游戏规则，引导人性，调动团队的能量，向我们想要的方向去发展。

人生是一场修行，世界是一面镜子。我们通过世界这面镜子，通过员工这面镜子，通过合伙人和投资人这面镜子，能够看到最真实的我们到底是什么样的。我们要尊重自然规律，尊重人性规律，从自身做起，从而优化社会规律。

这就相当于植物生长离不开土壤一样。

二、三观（世界观、人生观和价值观）：种子

对于一家企业的创始人来说，创办这家企业究竟是为了谁？这就是他的世界观。这个创始人到底想成为谁？想成为一个什么样的人？要把企业带到一个什么样的境界？这就是他的人生观。他的世界观和人生观，最终决定了

在做出企业决策的时候，什么事情是重要的，什么事情是值得的，什么事情是不能做的，亦即决定了他的价值观。

三观就好比植物的种子，在企业文化系统中，三观至关重要。世界观、人生观和价值观听起来好像是非常虚的，但是它们真实地影响着我们所有人，影响每一个人的思维方式和行为方式，最终影响我们的命运，决定我们的能量。它们是企业文化的中心，指导着企业中的个人行为，决定着企业文化的内容和方向。整个企业文化的生成，就是某种价值理念、精神境界和理想追求的发育和成熟，就是它们的展开和实现。因此，它们就如同植物的种子一样，直接决定着植物的生根、发芽和成长。核心价值观是企业文化的灵魂。

企业领导是企业三观的提出者、倡导者、宣传者和践行者。企业文化做得好，离不开强有力的创始人或核心领导人。

三、规则：发芽

企业文化系统要准确推广和落地，离不开一系列规章制度、教育培训、科学技术和文化艺术，就像植物光有种子还不能发芽一样。

任何核心价值观，如果仅仅是个别人头脑中的思想，那它实际上没有在企业中发挥有效的作用。核心价值观必须要展示出来，变成全体或绝大多数员工认同的群体认知，才能真正发挥企业文化"种子"的作用。核心价值观要从个体认知转化为群体认知，必须以规章制度、教育培训、科学技术和文学艺术等作为支撑。以规章制度为载体，通过教育培训、科学技术和文学艺术等活动，充分、系统地进行说理，或是对事物内在的本质进行深刻揭示，或是采用打动人心的形象引导等，有利于渗透文明取胜的价值理念、精神境界和理想追求，使全体员工从懵懂到熟悉和了解，从信服、感动到认可、接受，进而完全认同，最后将之变成自己的人生理想和精神追求。这样，核心价值观就会转化成群体共同遵循的规则认知。

规则绝不是一系列条条框框，更不是说了就等于做了，简单地下达命令就可以落地执行。良好的规章制度、教育培训、科学技术和文化艺术就像植物种子需要适当的水分、充足的空气、适宜的温度和光、有活力的胚和一定的营养才能发芽一样，能够唤醒和催熟群体的认知。

四、素养：长苗

普遍存在于企业员工身上的文明素养、道德素养、劳动素养、专业修养等各种素养和自主意识、参与意识、协作意识、集体意识、质量意识、服务意识、顾客意识、竞争意识、创新意识、安全意识、实干意识、奉献意识、超前意识和宽容意识等各种意识，在塑造企业文化中同样极其重要。总结优秀企业的成功经验，塑造共有的价值观，实质上就是培育和贯彻这些素养和意识。具体特质可以从企业英雄、模范代表和元老人物中提炼。

下面列举部分常用的企业管理理念：

企业管理理念是教育指导团队具体行为的思想。管理理念的作用在于让团队知道怎么做是对的，明晰团队的方向和标准。

通用理念包括：用人理念（符合价值观）、经营理念、团队理念、薪酬理念、晋升理念、服务理念、销售理念、品质理念、为人理念、节约理念、卫生理念、竞争理念、发展理念、品牌理念、立场理念、管理理念、执行理念、担当理念、阳光理念。

（1）经营理念：以爱治企诚信为先，完善系统创新发展；践行文化培育人才，服务至上店大货全。

（2）用人理念：为有爱真诚懂感恩者，搭建平台；让坚韧勤奋勇担当者，登上舞台。

（3）服务理念：待客之爱体现于主动热情，悦人之道源于微笑赞美。

（4）销售理念：爱在心间，在共赢心态中销售商品，才是高手；强调退换，在专业话术里高效成交，就是人才。

（5）薪酬理念：爱岗敬业提升业绩，拿高薪光荣；滥竽充数不思进取，领报酬可耻。

（6）晋升理念：大爱付出以店为家者，前程似锦；团结同仁培养后备者，步步高升。

（7）团队理念：互相关爱多帮助，凝心聚力比付出；换位思考多理解，彼此激励展宏图。

（8）管理理念：工作中以爱服人，严管理奖罚分明；生活里关怀呵护，多付出榜样引领。说到做到让下属"信服"，奖罚分明让下属"心服"，担当付出让下属"佩服"，关爱呵护让下属"舒服"……

（9）节约理念：爱企如家开源节流，就是企业的功臣；奢侈挥霍糟蹋浪费，就是社会的罪人。

（10）执行理念：不讲条件立即执行，是敬爱上级的体现；全力以赴拿到成果，是个人能力的彰显。

（11）阳光理念：大爱者，心胸豁达正能量；阳光人，积极乐观每一天。

（12）为人理念：爱己达人，多付出吃亏是福；宽容豁达，不计较难得糊涂。

（13）发展理念：紧围定位聚精英，企业才能快速发展；爱上学习勇创新，个人才有美好未来。

（14）卫生理念：爱擦勤扫，管区的洁净代表内心的纯净。

（15）品质理念：不能保证质量，所有对顾客的爱都是虚伪的。

（16）品牌理念：真爱只售优品，让学子轻松学习。店大汇聚品牌，达顾客高效办公。购物随心退换，得上帝满意愉悦，争议就认吃亏，渡自己难得糊涂。

（17）立场理念：以良心做人为底线，远离负能量黑白分明；以团队利益为第一，弘扬正能量坚定立场。

（18）竞争理念：感恩对手，考察对手，学习对手，超越对手。

（19）担当理念：担己责才能够内心坦荡自然，扛他错就是为人生积功攒德。

此外还有特殊行业的理念：

生产行业：成本理念、设计理念、生产理念、安全理念；

教育行业：教学理念、成效理念；

美容美发、服装行业：时尚理念；

养生行业：养生理念、健康理念；

餐饮行业：安全理念、出品理念；

KTV、儿童娱乐行业：快乐理念；

装修行业：设计理念、环保理念；

批发行业：合作理念、共赢理念；

医疗行业：安全理念、健康理念。

任何企业都应该至少从经营、用人、服务、销售、薪酬、晋升、团队、管理、节约和执行这10个方面突出企业的重点理念。

素养是核心价值观在系统化规则的约束和作用下，在每个员工的心中萌发、生成的过程，是对价值理念、精神境界和理想追求的认同过程，是潜移默化、不断灌输和渗透的过程，就像植物种子发芽、出苗、生长。

这个过程是把文明取胜的价值理念、精神境界和理想追求，从少数人的思想转化为多数人的品质，转化为普通员工的信念；把外在命令的约束，转化为全体员工内心自觉自愿的约束；把员工从被动的命令接受者，转化为"主人翁"的过程。普遍的素养一旦养成，以文明取胜的群体竞争意识也就基本形成了，企业文化的轮廓已经基本成形了。

五、物质：开花

要打造良好的企业文化，物质呈现是必不可少的，它体现于企业向外部提供的物质产品、技术服务、环境保护、社会赞助以及企业内部的厂房设施、环境布置等。

企业文化的生长发育，不能只停留在提出核心价值观、制定制度规则和要求、倡导员工具备相当的素养等层面，这还不能算是完全的企业文化，就像植物需要开花再结出果实来一样。核心价值观作为"种子"，继续发挥对规则的约束和催逼功能，除了形成和固化员工的普遍素养外，员工的思想激情要转化为热情行动，要创造出能够体现自己理想追求的物质产品和物化象征物，使企业文化很好地以外在形式呈现出来，就像植物开出灿烂的鲜花一样，最后才能结出累累硕果来。但是，评价一家企业的企业文化时，绝不能片面地以企业的物质化呈现作为评判依据。种子发芽，根系发达，根正苗红，但终究要结出果实来。

六、习惯：结果

企业文化要真正修成"正果"，必须要在企业上下形成一种普遍的习惯。这里的习惯是指企业的风俗、惯例、传统、仪式、非正式信息渠道、约定俗成等。习惯的涵盖面极其广泛，既可以是物质性活动的习惯，也可以是思维活动习惯。原则上，人类的任何一种活动都可以形成一种习惯。

企业活动一旦形成一种习惯，企业文化执行起来就极为自然，既不需要从外部施加压力，也不需要从内部刺激，习惯也如同植物从发芽，长苗，开花，最后结果的过程。整个企业文化的最终目标就是核心价值观这颗种子转化为习惯性活动，成为企业员工共同的信念。当文明竞争、为社会发展做贡献、尊重与理解人、质量第一和顾客至上等成为企业全体员工的习惯，成为自然而然的风气时，企业文化就真正形成了。文化之所以称之为文化，就在于它能历代相传、经久不衰，不断发扬光大，影响他人和社会。这种局面，只有在习惯生成之后才会自然出现。

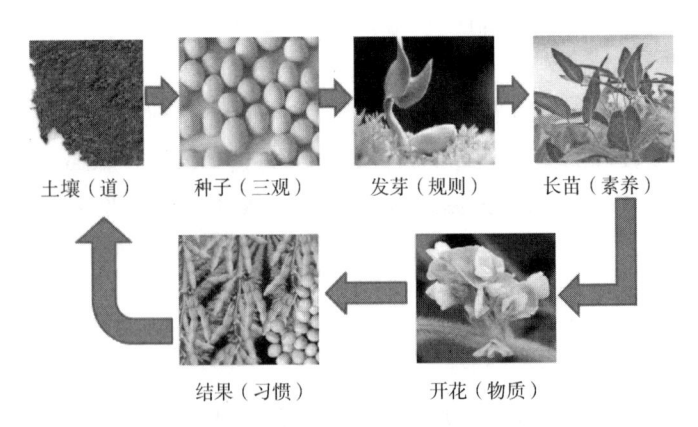

土壤（道） → 种子（三观） → 发芽（规则） → 长苗（素养）

结果（习惯） ← 开花（物质）

企业文化落地的六大法宝

德胜洋楼：组织与管理创新

——2022年组织进化年会上的讲座

各位尊敬的组织进化年会的朋友们：

大家好！

我是赵雷。我一直在德胜洋楼这家公司从事企业文化方面的工作，至今已经22年了。我是陕西咸阳人，在多所大学受聘做课外辅导，目前经营德胜教育科技有限公司，主要从事管理和企业文化的培训与咨询工作。我们的使命是：优化企业生态，实现持续发展，成为企业界朋友的圣地。

今天，非常荣幸在这里，从管理咨询的角度与大家分享关于德胜洋楼的组织与管理创新的主题。希望各位组织进化年会的朋友们多多指导。

看一个企业管理创新的能力和空间，一般从以下三个方面考虑：

第一，技术创新或者技术应用创新，也就是你的产品确实在某个领域或行业进行深耕，建立起自己不可超越的竞争优势。这是企业生存的根本。

第二，企业文化的创新。

第三，是否能够正确处理企业内部和外部环境的关系。

一个规模不大，只做木结构房屋的企业，也就是平常许多人认为的包工头，却成为国内外多所大学的 EMBA 教学案例。一群土生土长的进城务工人员居然做出了远高于欧美标准的精美建筑。这家公司就是德胜洋楼。她究竟是如何开出蓝海，走到今天的？

我想从核心竞争优势、企业文化和企业的内外部关系这三大方面与大家分享德胜的经验，希望大家喜欢。

首先，我简要地从"三个一"来介绍一下我服务的这家企业。

第一个，一个基地。追溯起来，德胜洋楼1992年成立于海南海口，1997年来到江苏，苏州从此成为全球永久发展基地，一直从事轻型木结构房屋的建造。由于这种建筑不受地形地势的限制，因此几乎在全国所有地方都可以建造，而且在山区、水岸、湿地等地形具有更大的优势。

第二个，一个人，就是创始人聂圣哲先生。他是一位海归人士，毕业于四川大学化学系。请大家注意"化学系"，我们后续还要谈到。

第三个，一本书，就是一本内部员工手册，后来成为正式出版的畅销书——《德胜员工守则》。

从 2010 年起，德胜公司先后成为哈佛大学、耶鲁大学、中国人民大学和中南财经政法大学的教学管理案例。此外，中南财经政法大学郑耀洲教授团队和我共同撰写的一篇案例被评选为全国百优案例奖。

德胜公司还先后获得 2017 年第七届中国人力资源管理学院奖、2021 年德鲁克管理中国实践奖等。其管理实践被翻译成英文、马来文、波兰文等多国文字向全球发行，还被编入高等院校人力资源管理专业的教材。

德胜公司业务好到什么程度呢？许多时候要下狠心拒绝客户的订单，因为做不过来。德胜公司是"以能定产"而不是"以销定产"。比如，在全国有基地的地方，距基地 300 公里内才接单，超过 300 公里的要综合评估是否接单。因为要考虑到后续的售后服务是否能长期保障。

其次，我们介绍一下德胜洋楼的核心竞争优势到底是什么。

德胜的木结构住宅是从美国引进的技术和产品，经过不断消化和吸收，逐步发展起来：一方面，通过吸收西方先进技术，将其中好的思想和理念借鉴过来，对现有的产品不断迭代；另一方面，加入我们中国的新创意和新思路，升华之后变成自己的知识产权。起初，开发一个新产品、开拓一个新市场都需要摸着石头过河。后来，摸索出了经验，研发了许多新技术，经过不断努力，逐渐成为行业的老大。从引进、吸收到创造性、颠覆性超越，最终走向了成功。

德胜洋楼的核心竞争优势主要表现在以下几个方面：

（1）施工的标准超越欧美，加之我们中国人心灵手巧，使得我们建造的房屋更结实耐用。

（2）解决了许多建筑行业的难题，比如防腐、防锈、防酸雨等。前面说过，德胜的老板化学系毕业，是化学学会成员，在材料研究方面有一定的特长。

（3）大幅缩短工期。一栋房屋，欧洲可能需要一年的时间才能完工，但德胜至多三个月就顺利完成，且工程质量也是最优质。

德胜洋楼每一栋木结构房屋都包含 960 多项专利技术，实实在在地具备非凡的建筑能力。30 多年来，公司始终保持着轻型木结构行业内的领先地位。《德胜员工守则》也从建筑工人的一本口袋书，最后发展到公开出版发行，给公司直接带来了可观的经济效益和社会效益。书中还暗藏 1 个玄机……

接下来我们谈谈企业文化。

道是中华传统文化的根基，也是万事万物和谐运作的基本法则。

德胜洋楼认为，只有一心一意做好每一件事，以认真的工作向客户提供高品质的产品和服务，才能博得客户的尊重。工程施工的过程对了，结果自然就不会错，这是基本的规律。过程就是路径，走正确的道路，就是我们的"道"。而在具体的工作方法上，尤其在标准化和程序化的做法方面，德胜则借鉴了西方科学化的优势。

科学建立在实证基础上，在科学技术研究上占有优势，但重术不通道，所以道术不贯通。而中华文化的特点是重道轻术，在术的研究方面缺少科学的严谨性，使得合道的思想较难落地，道术也不贯通。

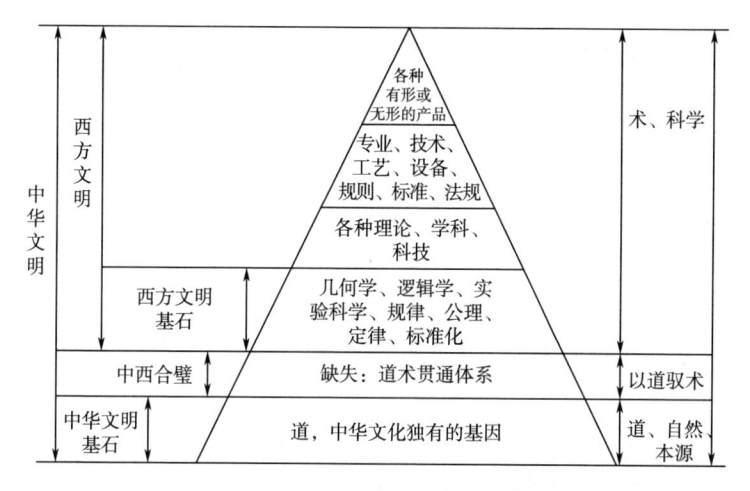

中西方文化的差异（引自陶啸山《身体智慧与管理真谛》）

在领导力复制、传承和制度设计方面，德胜洋楼的方法是把企业管理的基因根植在每一个员工的身上，而不是领导者的身上，因为领导者的职责是为员工提供最好的支持。德胜洋楼的领导者要为员工做好做足"秘书"服务，所以制度体系的设计要与领导者的职责相配套。比如，德胜公司的员工报销不需要领导签字审批。首先公司认为领导没有权力签字，领导没有参与、经手这笔费用，为什么要签字呢？这体现了中华文化中的"无为而治"。但完全放权又可能会乱，于是就设置了内部抽查制度、举报制度和企业内部信用管理体系，对不良行为进行约束。这又是西方式的管理思路。

德胜洋楼的管理制度还有一个特点，就是对权力的约束机制，采用分权的方式，即法规部、执行部和奖罚部三者职能分开。法规部门有立规建制的权力，站在第三方的角度，树立公平公正的权威和风尚，制定出一系列的制度。执行部有提醒、监督和督促的权力，但是不能越界做事，比如执行部没有处罚权，不能滥用权力，否则可能过分用权，但它有权要求当事人停工、返工。奖罚部门虽然有奖罚的权力，但是不能凭空指挥，不能颐指气使。三个部门与其他职能部门又是平级的，使各部门最大限度地各司其职，同时对各自权力进行有效的制约，实现各自责任明确清晰，各自利益一清二楚。德胜洋楼除了专业制度以外，几乎所有管理制度都针对法规、执行和奖罚展开，取得了很好的效果。

与管理制度息息相关的是企业的组织架构。法规部必须做到严谨、公平、通俗易懂，所有条款甚至可以达到法律的水准。执行部门必须讲求科学、量化，其标准、要求和细则等都要非常清晰。奖罚部门则要求实现艺术、公平、合理、引导、教育、感化等。

德胜洋楼要求所有员工的言行举止必须符合中华文化的"道"。什么道呢？要符合天道、地道和人道。这个合道来自《道德经》。

什么是天道？天道就是自然规律，就是我们要非常清楚建筑行业发展的规律。只有遵循规律做事情，才能事半功倍。

什么是地道呢？地道就是社会规律，也就是群体的意识。

最重要的是人道，人道就是人性。企业在与其他相关方打交道的过程中，最重要的就是员工和团队，企业主必须要把握人性、理解人性。人性是什么呢？人性就是趋利避害。因为人都有惰性，人都是自私的，人都是追求自己利益的。

那人性都是坏的吗？不见得。所有的人都逃不出人性。既然这样，企业就一定要理解人性、把握人性。在理解人性、把握人性的基础上设计游戏规则，引导人性，调动团队的能量，向企业想要的方向去发展。

比如，公司规定收到客户赠送的单件超过20元的礼品要上缴，礼品经过拍卖程序在公司内部拍卖，款项的20%至35%奖励给上缴人，其余捐赠给慈善基金会。上缴者有竞买上缴产品的优先权。

又如，德胜洋楼虽然鼓励员工考驾照，却并不鼓励员工购车，而是制定了"公车私用"的规定，员工可以使用公车，每次只需交纳20元就可以。这就是让员工要光明正大地占公司的便宜，但不能搞偷偷摸摸的行为。

公司食堂的饭菜投币2~3元可以打包回家，但是每个月最多7天，不能每天都打包回家。

公司还引导员工，不仅管理好自己，做好自己的工作，还要同时照管好家人，不求后代能成龙，只求子孙能平安。要教孩子做一个平常的人，做一个自食其力的人，做一个靠勤劳吃饭的人。以平安为重，不能干的事不要因小失大，只有自己安全和健康了，大家才能有更多的快乐，享受更好的人生。

因此，德胜洋楼既不像西方企业那样利益和股东至上，又避免了东方企业人情式的做法，没有忽视最重要的规则意识。德胜洋楼的企业文化是中西合璧、道术贯通、以道驭术的，在利用西方的创新设计和科学技术的同时，力求复兴中国传统的文化和精神。

德胜企业文化

西方企业理论

社会主义市场经济体系

中华传统文化（根基）

德胜洋楼中西合璧的管理方式

这里再介绍一下德胜公司的一些观点：

第一，企业可以小，但产业规模不能小。在瑞士、瑞典、荷兰等国家，全国也就一两家大公司，但产业规模都不小。德胜洋楼的产业规模也是比较大的，从木工职业学校培养技术人员，为客户免费规划设计，到在现场进行组装，再到终身售后服务……甚至给客户交房后，还要为客户免费培训物业管理人员，提供一条龙服务，让客户真正感受到温暖、体贴和到位。公司围绕开门四件事，即增收、降本、提效和避险，开展有效的治理。

第二，产品可以小，但市场空间不能小。德胜公司一方面提供产品服务，另一方面不断创造需求，为客户提供增值服务。

第三，产值销售可以小，但是营利能力不能小。企业无论投资多少，研发费用多少，最终的净利润不能太低，就是说营利能力一定要高。作为实体企业的德胜公司，在技术更新、人员单小时贡献率、施工队伍本土化等方面都位居行业前列，其营利能力一直保持较高水平。

所以，我们认为企业之间，不应比企业大小，而比较产业规模；不应比产品大小，而比较市场空间；不应比销售规模大小，而比较净利润。

下面谈谈如何建立利他的企业环境。

为何对员工、客户和供应商进行排序？可能有以下六种情况：

（1）员工、客户、供应商；

（2）员工、供应商、客户；

（3）供应商、员工、客户；

（4）供应商、客户、员工；

（5）客户、员工、供应商；

（6）客户、供应商、员工。

但究竟哪个排序最合理是没有正确答案的。从因果关系角度来分析，员工应该第一，其次是供应商，最后才是客户。但是这个排序不是根据重要程度，而是根据因果关系的逻辑顺序来排列的，也就是说，前一个是后一个的基础。

任何企业所面临的环境，既包括外部的环境，即客户、供应商、社区、国家和社会、环境保护，也包括内部的环境，即员工和股东的长短期利益平衡。因此，企业要持久健康地发展，必须要建立起利他的环境，就是要利于员工、利于供应商、利于客户、利于社区、利于国家和社会、利于环境保护、利于股东长短期利益平衡和利于长期可持续发展。

这八个"利他"，顺序也是按照因果关系排列的。

为什么要进行排序呢？因为对于企业家和管理者来说，这八个利他，要想"八位一体"需要花费很大的精力，有必要对它们进行排序。

因为时间的关系，这里仅对利于员工进行详细分析，其他我们一笔带过。

为什么首先要利于员工呢？因为利于供应商、利于客户、利于社区、利于国家和社会、利于环境保护等都需要员工来完成，如果员工的基本诉求得不到保障，整天生活在一种不安之中，那么员工的创造力是发挥不出来的，也就无法最大限度地为客户、社区、国家和社会、环境保护等贡献力量。简单地说，如果企业给员工的保障不够，员工就要花精力自己去进行自我保障，这样不仅会放大员工的私心，也会消耗员工的精力，从而无法全身心地投入工作。

在德胜公司，员工可以有以下选择：

第一，随意调休，但奖金与出勤率挂钩。你可以做背包客进行一次说走就走的旅行，也可以参加同学聚会……也许有些经历一生只有一次，机会极其珍贵，当然应该满足员工们的愿望。

第二，可以将自己不愉快、不顺心的事告诉同事，不能抑郁。而抑郁后可以选择不执行某些受压抑的制度。

第三，可以好聚好散，但不能有报复心态。

同理，利于供应商应该排在利于客户之前，因为供应商是材料提供方，如果供应商的基本利益和合理诉求得不到充分保障，那么供应商提供产品的品质就有可能不高，这也会损害客户利益；或者供应商发展的速度跟不上企业发展的速度，其产品品质必然也无法长期满足企业的需求。

利于客户排在了利于社区、利于国家和社会、利于环境保护之前，因为站在企业的角度来说，要利于社区、利于国家和社会、利于环境保护，除了要意识和行为之外，还需要企业具有一定的经济基础。只有能够给客户创造价值的企业才能获得相应的经济回报，如果企业自身都活不下去，又何谈利于社区、利于国家和社会、利于环境保护呢？事实上，当企业做到利于员工、利于供应商和利于客户时，就已经为社区、国家和社会做了贡献。当企业经济实力日益增长时，当然可以为社区、国家和社会做更多的贡献。

而如果社区、国家和社会、环境保护中的任何一个方面出现问题，也会影响股东的长短期利益和企业的可持续发展，所以股东的长短期利益排在了社区、国家和社会以及环境保护之后。

如果股东的利益得不到满足，股东的投资意愿就会降低，从而减少投资，甚至撤资，最终影响企业的长期可持续发展。所以，股东的长短期利益排在企业可持续发展之前。

要建立起"八位一体"的利他环境，关键是要做好平衡，这个平衡不是平均分配的意思，而是在掌握好因果关系的基础上，重新制订时间、精力的规划，排序越是靠前，所花费的精力应该越多，这样才能有效保障后位要素的实现。这一切的平衡是从利于员工开始的，所以利于员工必须是企业管理者投入精力最多的领域。

德胜洋楼在管理中非常好地体现了利于员工的理念，在制度化和人性化之间找到了一种平衡，这方面的做法值得企业学习借鉴。

德胜洋楼的员工来自全国各地，员工有亲属探访是常有的事。德胜洋楼就设计了一个允许亲属探访6天5夜的住宿制度，德胜洋楼在这期间为亲属提供免费住宿，方便员工与亲属相聚。这种人性化和制度化的完美结合，既体现了中国式管理的人文关怀，也结合了西方式管理的制度和契约的优势。

在基本生活保障方面，德胜洋楼聘请了优秀的发型师，员工理发只要5元。公司有自己的医务室，医务室能够解决的小问题，就不向员工收费；若是医务室无法解决，也会为员工联系好大医院，甚至预约好专家，这些都不需要员工操心。

对于员工职业安全感的保障，德胜洋楼倡导终身制，提前为员工规划退休之后的养老问题。在德胜公司工作满10年的员工，就可以成为终身员工，终身员工不仅可以一直在公司工作，退休后还可以享受公司额外提供的养老金。2015年，德胜洋楼虽然还没有员工到退休年龄，但公司已买下土地，为将来退休的员工修建养老中心。如果员工退休以后没有更好的去处，公司会提供晚年养老的地方。这个终身员工制实际上保障了员工的一辈子。也正因如此，德胜的员工流动率非常低，甚至很多年都为零。

德胜洋楼创建之初，老板思考了两个问题：

第一，如何做到基业长青，百年不倒？这个问题早已解决，德胜公司已经健康运营几十年了。

第二，如何看待撒切尔夫人所谓的"中国成不了超级大国，因为中国只能出口电视机，而不能输出思想观念"？

为什么外国人会认为我们国家不能输出思想观念？如何消除文化赤字现象呢？与我国对外贸易出口多于进口相比，作为文明古国，对外文化交流和传播有严重的"入超"现象，存在一种文化的"赤字"。这主要表现在影视、图书、文艺演出等文化产品进口多，出口少。我国要成为强国，文化与政治、经济必须同时强大起来，为此应该尽快增强文化软实力，消除"文化赤字"现象。

德胜洋楼提出了必须要遵守的三个原则：一是办企业必须要符合社会共同的文明要求；二是德胜建造的住宅不能发生漏风漏雨漏水等质量问题；三是向客户交付产品，要有一种嫁女儿的心态，不能不管不问，对住宅提供主体 70 年免费保修。

同时，以德胜公司管理为蓝本的《中国人是如何管理企业的》英文版，先后被翻译成马来文、波兰文、罗马尼亚文、土耳其文、斯里兰卡文等多种文字对外发行。这充分说明中国人也可以输出管理思想和理念。

此外，德胜洋楼还有一些特殊规定，比如：

- 高级管理人员的配偶不能涉及财务工作。

- 董事长、总经理不直接介绍人员入职，必须由其他员工考察后再以其他员工的名义推荐进入公司。
- 要求员工做到的，领导和管理人员必须首先做到，而且做得更好。

……

总的来看，德胜洋楼在组织和管理创新方面做了许多工作：

第一，在核心竞争优势打造方面，从引进、吸收到创造性地颠覆、超越，对产品进行深耕，建立起自己不可超越的竞争优势。这是企业生存的根本。

第二，在管理方面实行了分权式制度。

第三，在企业文化上中西合璧、道术贯通和以道驭术，要求员工的言行符合天道、地道、人道。

第四，企业内外部关系做到"八位一体"，按因果逻辑顺序进行排序。特别强调企业管理要多做利于员工的事，对此企业管理者必须投入最多的精力，不能一味地偏重于产品和技术，而忽视了对员工的支持和管理。

当前，科技迅猛发展、社会变革加剧，我们不能不加入终生学习者的行列，每天都要学习各类新知识，否则就要被社会所淘汰。但是，无论时代如何变化，我们都应该透过现象看本质，牢牢掌握底层逻辑，探寻万变中的不变，动态、持续地看清世界，始终做到如鱼得水、心平气和。

《钱氏家训》中有一句话："利在一身勿谋也，利在天下者必谋之。"每个人都要明白：人人都是社会的一分子，必须要有胸怀天下的气概，不能仅为自己打算，而应该考虑更多人的利益。

我的主题分享就到这里，非常感谢大家的聆听！

浅谈企业文化组成

——以房屋做类比

一、房屋的基本组成

众所周知，一座房屋，一般由地基、主体、预埋件、屋顶和门窗等部分组成，各部分的功能和作用如下：

地基：建筑物最下部的构件，承重房屋上部的荷载。没有地基作为基础就建起房屋，显然是荒唐的。

主体：基于地基，接受、承担和传递房屋荷载，维持结构的整体性、稳定性和安全性，是一个不可缺少、紧密联系的结构。

预埋件：建造房屋时，为安装门、窗、幕墙和搭接电线、电缆、水管、煤气管等而预装预留的一切管道、螺栓等，起到为设备服务的通道作用。

屋顶：起到围护、承重、美观、保温、隔热和防水等多重作用。

门窗：提供内外交流、采光、通风、隔离作用的围护构件。

地基、主体、预埋件、屋顶和门窗共同构成一座房屋。这样的房屋，人们居住起来才能安全、稳定、可靠，缺少任一部分，房屋就不完整。

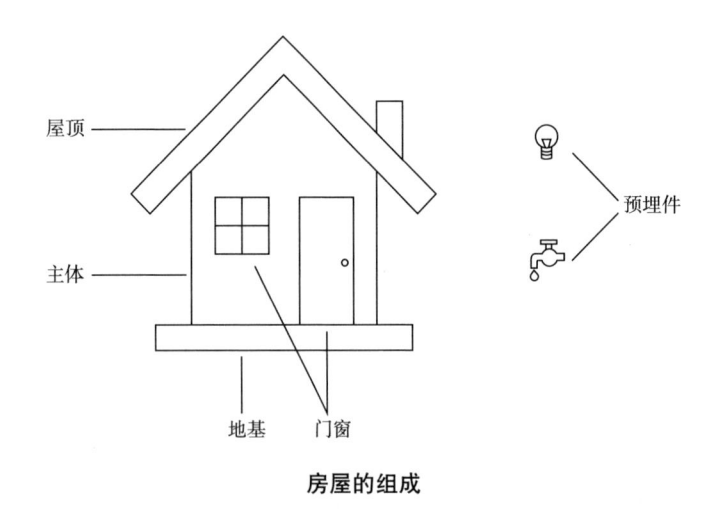

房屋的组成

二、企业文化的基本组成

同理,打造企业文化需要哪几部分呢?怎么样去建造文化之根、文化之架、文化之管、文化之顶和文化之门?

打造企业文化要做的工作,恰如建造房屋需要地基、主体、预埋件、屋顶和门窗这五个基本部分一样,企业文化的基本组成元素也需要齐备。

- 地基——文化本色;
- 主体——文化模型;
- 预埋件——文化理念故事;
- 屋顶——安全文化;
- 门窗——文化创新。

为了把文化这一抽象事物变得具体?把深奥的道理变得浅显,我们以建造房屋来类比企业文化。这五个部分中,文化本色如同房屋地基,文化模型恰如房屋主体,文化理念故事如同预埋件。说到房屋屋顶,人们自然想到安全。文化创新犹如房屋门窗,需要吸收新鲜空气、透射明亮阳光。

企业文化的组成
(版权号:苏作登字-2020-F-00278686。著作权人:赵雷)

（一）文化本色

完善的企业文化体系并不一定是设计出来的，企业在长期发展中会自然生长，内生出自身的文化。《士兵突击》中钢七连每一个伙伴都在喊："我是钢七连的兵。"但是钢七连的文化不是喊口号时形成的，而是在钢七连的前辈牺牲在阵地上、红旗没倒的那一刻形成的。

企业文化许多时候体现于一瞬间、一个念头。假如有人给你送礼，面对厚厚的现金，在这一瞬间，你选择要还是不要？就是在这一念之间，一句话可以扭转乾坤，也可以自毁前程，就这么简单。你是说"以前关进去的人不少，请拿回去吧！"还是一言不发，默默地留下？

有一首歌唱得非常好：

从生到死有多远，呼吸之间。

从迷到悟有多远，一念之间。

从爱到恨有多远，无常之间。

从古到今有多远，笑谈之间。

从你到我有多远，善解之间。

从心到心有多远，天地之间……

面对各种诱惑，是抵御还是接受，这一选择和决定体现出的是文化。因为它能体现企业文化最本质、最特色的一面，比如原始纯朴的良好品行、高尚情操等。一提到苹果公司，人们马上想到"创新""革命"等关键词，这些关键词所体现的文化内涵成为企业独特的文化象征和难以替代的精神标签，让其他企业望而却步。

企业文化并不是一成不变的，它随着企业的变化而变化，以适应企业的不断发展。在不同的发展阶段，企业需要上接战略，下通绩效，适当调整先后顺序，但是文化的核心理念和核心原则是不能改变的。这是企业文化持续发展的需要，也是保持文化严肃性的体现，否则就会让人感觉企业文化没有主心骨，忽左忽右，飘忽不定。

（二）文化模型

模型对复杂的研究对象进行必要的简化，浓缩出它们的本质和共同特征，用数学公式、图例等适当的形式或规则把它们的主要特征描述出来。这些形式或规则超越了数据和碎片化的信息描述，让人们从事物的全貌和系统间的关联角度来把握事物的本质、规律和逻辑。模型能增强人们对事物的理解。

研究事物就需要研究它的本质、规律和其背后的逻辑。《大学》中有：物有本末，事有终始。知所先后，则近道矣。每样东西都有根本有枝末，每件事情都有开始有终结。明白了这本末始终的道理，就接近事物发展的规律了。

对于企业来说，文化模型要严谨、缜密和富有逻辑性。在长期的经营管理实践中，我们发现，绩效至上的西方管理思想并不完全适用于中国企业的经营管理和文化创建。本土企业强调的是"以心为本""大家庭""和谐共生式发展"，更多关注员工的成长，激发员工的热情，追求员工的幸福，继而才能不断积累和沉淀企业的文化。因此，东方管理哲学适于探索经营管理的自身特色、文化再造和管理哲学。

文化模型以一种直观的形式理解一个企业的文化内涵。它是企业为了实现愿景、履行使命和践行核心价值观而实行的一系列方法或规章制度的总框架。因此，有必要研究企业文化模型的搭建，使其在企业管理中发挥更大的作用。

文化模型的重要性在于，它为企业文化建设提供了指导性引领，对于提升员工的向心力和实现企业的战略具有重要作用。企业要想可持续发展，文化上必须形成一个统一体，把企业的全体员工紧紧拴在一起，形成一个坚不可摧的整体。

文化模型虽然是西方管理理论倡导的科学化管理工具之一，但融合东方管理哲学和智慧后，对中国企业也具有很好实践指导作用。

（三）安全文化

日本的后藤俊夫教授是一位专门研究世界长寿企业"基因"的专家。他说：企业有了风险管理，只是成全其长寿经营的一个要件，如果不进行风险管理，想要长期经营是不可能的。那企业最大的风险是什么呢？没有认识到存在风险才是企业最大的风险，也就是说没有风险意识才是企业最大的风险。

安全被称为企业第一位的管理工作。这里的安全不只是日常管理的安全防范，而是一整套安全文化系统。

常言说得好：人无远虑，必有近忧。新冠疫情告诉我们，危机随时都有可能爆发，它不会提前通知，也不管你有没有做好准备。

比尔·盖茨说：新冠只是一个烟幕弹，未来人类将面对两大灾难，分别是气候变化和生物恐怖主义。他还警告，人类未来将面对更大的灾难，甚至远比新冠疫情更加恐怖。

新冠疫情让中国人民前所未有地团结起来，展现出世界一流的动员能力和优秀的保障能力。几乎每家企业都对疫情防控给予了高度的重视，疫情让我们重新认识了企业管理，企业的执行力原来是可以做到极致的。

疫情来势汹汹，让人感到世事无常，人生没有来日方长，生命是多么脆弱和短暂，谁也不知道明天和意外哪一个先来。但是，从事企业管理和文化工作，我们不能靠个人感觉或一厢情愿做事，必须要做到以下几点：

1. 要有安全意识

《中庸·第二十章》提出认识世界有三种方式，即生而知之；或学而知之；或困而知之：及其知之，一也。就是说：有的人生来就知道，有的人通过学习才知道，有的人要遇到困难后才知道，但只要他们最终知道了，也就是一样的了。

我认为最能够提升本质认知能力的就是"困而知之"。肆虐全球的新冠疫情就像一面镜子，甚至是放大镜，它会照出企业真实的自己，也让老板们看到问题的本质。我们经常会说：兵来将挡，水来土掩。但现实可能是：兵来，无将可挡；水来，无土能掩。这次的疫情充分考验了团队的执行力，管理干部的管理能力和领导力。一些文化底蕴厚实的企业，团队表现出巨大的力量，异常地担当和顽强；而一些公司自以为文化强大，困难来临之际，表现却不尽如人意，这才认识到需要进一步加强企业文化体系的建设。

2. 在任何事情面前，不要认为与你没有关系

21世纪前二十几年的变局已经打破了我们所有的惯性思维，特别是2019年，中美贸易摩擦、全面打压华为、新冠疫情等等所有的事情让人大开眼界。在这样的时代，我们更需要开启智慧，提高认知水平，理性看待和应对世界。

企业要树立这样一种观念：拯救地球就是拯救自己。过去有一句话叫"事不关己，高高挂起"，但是新冠疫情给了我们一个重要的启示，事事关己。面临任何事情，不要说"这与我无关"，它与我们每个人息息相关，也许只是时间没到而已。

我们应运用中国传统文化中利他即利己的哲学思维，重新界定企业的使命，主动参与扶贫济困、兴教助医、赈灾救难这些重大工程中，甚至肩负起保护自然、捍卫和平的重任。从小事做起，涓涓细流汇成大海，每一个企业，哪怕是小微企业，都能在保护自然甚至捍卫和平方面尽一己之力，为世界做贡献。世界之大，与我们每一个人、每一家企业都有着紧密的关联，我们一定要有事事关己之心，要有利他即利己的哲学思想。

3. 企业要以理性发展为导向

外部危机引发企业的并发症，其根本原因还是自身的免疫力差。无论外部形势如何风云变幻，总有一些企业活得从容、精彩，所以无论是外部危机还是内部危机，从本质上说，还是由于企业缺乏足够的危机感所造成的。

我们要树立这样一种思想：一是庞大不等于伟大，二是科技引领未来。

所谓庞大不等于伟大，就意味着我们不能盲目地设定愿景和战略目标，不以规模、速度论成败，在保证有充裕现金流的基础之上，追求有质量、有节制的增长。对许多企业来说，这是非常难的一种选择，因为随着市场的发展，企业一定会不断地扩大自己的规模。很多时候，我们需要控制自己的发展节奏，不能认为世界永远是我们的，企业会永远发展下去。

4. 重视舆论管理

舆论宣传能够造势，起到营造氛围、推波助澜的作用。在这个过程中，我们如何确保信息的公开、透明、及时？如何确保企业文化的趣味性、参与性？这些都是企业各级管理者和企业文化建设者需要考虑的重要课题。

新冠疫情发生后，无论是官方媒体还是自媒体，都发挥了重要作用，缓解百姓的情绪、增强大家抗击疫情的信心。在整个疫情防控期间，百姓的觉悟，百姓的作用是有目共睹的。即使出现了个别不良现象，公众以舆论的手段进行鞭挞，也非常有效。

企业也保持了足够的敏感，广泛应用新兴科技，不断提升运营的效率、效能，减少对于传统渠道的依赖。疫情期间，有的企业获得了很好的发展，充分发挥了网络平台、线上运营的作用。

5. 处处要以法律为依据，因为法律是底线

疫情发生后，企业要更加关注法律事务方面的风险，在签订合同中要注意不可抗力条款的相关约束和规定。

所谓不可抗力，就是不能预见、不能避免且不能克服的客观情况。这次新冠疫情就是不能预见、不能避免、不能克服的。任何工作要从法律角度考虑，用好"不可抗力"，必须要清楚以下三点：

（1）要想清楚，合同约定的事项到底是不是属于不能预见、不可避免且不可克服的客观情况？因为不是所有行业、所有地区都受不可抗力因素影响。

（2）合同条款中，不可抗力是否包括疫情？如果合同中的不可抗力条款中根本不包括"新冠疫情"，那也没有办法主张。

（3）合同不能履约与疫情影响是否构成直接因果关系？直接因果关系最终会影响法律判决结果。

即使合同中规定了相关的不可抗力条款，也必须要考虑以上三种情况。

我们认为今后签订合同，要增加不可抗力的详细内容，比如列举新冠疫情、流感、非典型性肺炎、埃博拉病毒疫情等具体名称。

6. 围绕企业的愿景、使命和价值观，凝聚员工的心

企业实际工作中，必须凝聚大家的心，要使得团队整体围绕企业的愿景、使命和价值观，"一群有情有义的人做一件有价值、有意义的事"。管理者一

定要与员工密切沟通，打造团队的向心力，营造互相信任的氛围和环境。

7. 反向思维

要站在未来看现在，比如从5个月后回过头来看今天，思考哪些事情该做而没有做？哪些事情不该做但是做了？哪些事情本该想到却没有想到？我们的资金储备够吗？货源和原材料够吗？公司内部的应急预案够实用吗？……这些都是企业管理者必须要思考的问题。

在企业这个小社会里，一种无形的力量就是文化。企业所有的活动都必须要保证安全、健康，要符合人类文明，文化活动只有建立在安全、健康和文明基础上才是有意义、有价值的。

企业是一个整体，企业文化工作者要预见问题、认识问题、分析问题、解决问题，要配合企业其他部门，用雄鹰般犀利的眼睛、猎犬般敏锐的嗅觉、钢铁般坚强的信念、水晶般透明的情怀，去找出企业里的每一个瑕疵，把破坏企业核心价值观的现象和行为扼杀在萌芽状态，把企业文化打造得更完美、更健康、更安全。

企业文化折射企业管理素质，企业有了好的文化，才会成为一个海洋，才会具有自我净化的能力。

（四）文化理念故事

对内，企业要想让员工信服和推崇企业文化，需要借助大量的企业发展故事和案例作为文化宣传的手段。案例和故事可以帮助员工看清企业文化背后的经营理念、组织能力等。对企业成长和文化发展脉络有了清晰的认知后，员工才能对企业文化理论有所信服。

对外，经过传播，企业的文化故事可以成为人们的谈资，扩大企业的知名度。企业故事和案例，具有很强的传播性与延续性。故事可以千差万别，员工奋斗的故事、企业创始的历程，抑或是企业产品诞生的过程……只要是围绕企业核心价值观、符合人类文明的故事都可以广泛加以传播。

故事之所以有助于传播企业文化，原因在于以下三个方面：

首先，故事具有很强的传播性。企业经营，可能天天就是那些事，一定会有重复、枯燥的一面，不可能每天都有波澜壮阔的事情发生。如果只是单纯地介绍企业的实际情况，明显会单调许多，而绘声绘色的案例故事则让人印象深刻。

其次，故事具有很好的延续性。一提到某个企业，人们就会想起企业的某个故事，因为故事可以无限延长，超越时间、空间的束缚。

最后，故事还具有神秘性。越是久远的故事，人们会觉得越神秘，从而激发好奇心，把故事牢记在心里。

但是，故事必须是围绕企业开门四件事，即"增收、节支、提效、避险"四个方面，或者围绕员工的成长、发展的创新等方面的内容，必须是本企业真实发生的。在宣传企业文化时，一个个动人心弦的故事，能像空气一样自由地传播，会具有持久的影响力。更关键的一点是，企业文化故事必须反映和体现企业倡导的核心价值观、管理理念和管理制度。

（五）文化创新

在西交利物浦大学一次创新管理研究会上，一位老师走进会议室时，感觉到屋子里黑洞洞的。

在黑屋子里如何谈创新呢？创新就是要走出去，拥抱火热的社会生活，在黑屋子里怎么能做思想者呢？她立即请学生把窗帘全部拉开，把窗户全部打开。会议室立即变得通透明亮了。老师还要求在场的师生们不要正襟危坐，大家随意发挥，畅所欲言，现场的气氛一下子变得轻松活泼起来。

虽然把门和窗关起来可以抵挡风和雨，但同时也关闭了温暖的阳光和新鲜的空气。如今，只有开放、包容和创新才是企业不断发展的正确道路，任何还在持保守、封闭和自我保护主义的组织必将走向倒退，直到衰败。

英国思想家格勒说：世界上一切美好的东西，无不是创新的结果。

企业应该打开门窗，让最新鲜的空气流通，拥抱社会生活。创新是永恒的主题，是永远的进行时。企业要想打造核心竞争力，就要不断地进行文化创新，使文化始终伴随企业运营的步伐，保持旺盛的活力。这样的文化体系才会生生不息、永远传承、绵延流长。

三、从德胜洋楼的企业文化看企业文化组成

下面我们以德胜洋楼的企业文化为例，简要分析一下企业文化的各个组成部分。

（一）德胜洋楼的文化本色

想要了解一家企业是如何做企业文化的，就要了解她在创业阶段是如何做的，做了哪些与文化相关的工作。这是非常有必要的，因为那个时候刚刚起步，企业创始人的初心和所作所为是最实在、最落地和最纯朴的。德胜洋楼处于萌芽状态时的企业文化情况如何呢？

德胜洋楼创立之初就在思考两个问题：如何基业能长青？为什么外国人说我们不能输出思想观念？

这两个问题始终萦绕在创始人聂圣哲先生的心里，这也成为他打造企业文化的基石或者说他创办企业的目的和追求。

有了这个初心，他又问自己：

第一，从企业业务经营的角度，是结果导向还是过程导向？是以量取胜还是以质取胜？是以进度为主还是以安全为主？

最终，他对德胜洋楼的定位是：以过程和安全为导向，以质取胜，秉持"以能定产"而不是"以销定产"的经营思想，就是有多大能力做多大事，有多少人做多少活。所以才出现了一些在别人看来很奇怪的现象：

- 不随意接50幢以下的订单。
- 客户不一定都是对的。
- 客户对德胜洋楼犹豫不决时，就不要让他们勉为其难，德胜洋楼会把600多家同行的联系人和电话告诉客户，供他们选择。
- 与同行不打价格战，在行业内有定价权。

第二，在行为方式的选择上，是超责任感和坚持原则还是处处妥协？是大胆进取还是谨慎开拓？是注重思维还是强调行动？是集权领导还是民主参与？是阶层明显还是公司上下打成一片？

最终，德胜洋楼在行为方式上选择的是：超责任感和坚持原则，谨慎开拓，注重思维，民主参与，公司上下打成一片。

只有了解了创始人的初心，才会明白企业创办的出发点。

当时，德胜洋楼提出了三个必须要遵守的原则：一是办企业必须要符合人类文明；二是德胜建造的住宅绝不能出现像漏风漏雨等质量问题；三是向给客户交了钥匙后，要有嫁女儿的心态，对客户的住宅，提供主体免20年费保修。

绝不能发生质量、安全方面的问题。"质量是道德，质量是修养，质量是对客户的尊重"，这成为德胜洋楼的质量方针。

（二）德胜洋楼的文化架构

文化架构是对经营管理理论的形象体现。经营管理理论必须要彻底解决企业经营管理原则的问题。同样是指导行为，经营管理原则分为经营理念和管理思想，它指导的不是个人行为，而是组织行为。它是指导企业组织行为的一种准则，与价值观有较大差异。

在多个场合，德胜洋楼的创始人聂圣哲先生说过这样一段话：德胜洋楼发展到今天，就是一群人遵守了共同的规则，尊重了人的尊严，服务和影响他人。这是他对德胜成功经验的总结。是我将他的经典话语提炼成为德胜洋楼的企业文化架构。

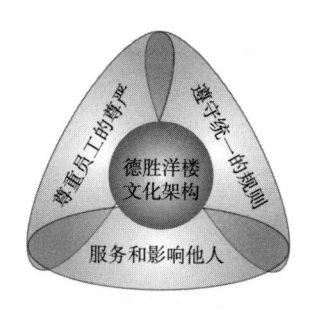

德胜洋楼的企业文化架构

（三）德胜洋楼的安全文化

首先，德胜公司用她的核心价值观规范员工的一切行为。价值观就是让员工明确在什么时候什么是正确的，什么东西是最重要的，对公司的任何情况和问题，都需要从价值观的角度做出选择。这就保障了员工走正确和光明的道路，不会走歪路、偏路甚至是邪路。

德胜洋楼提出：只有与价值观趋同的人才能长久在一起。虽然是共同的利益让我们走到一起，但能够让我们长期相依为命的却是共同的价值观：诚实、勤劳、有爱心、不走捷径。德胜洋楼永远要做高尚的公司、充满良知的公司、捍卫正义的公司。

其次，德胜公司用一系列管理制度支撑和保障了员工的言行，打消了员工做事的顾虑。

再次，在做人方面，提出了"站着要谦虚，跪着要坚强"的管理理念。永远要做合格公民。在做事方面，提出"永远不走捷径，认认真真地走一系列规定的标准和程序"。管理的过程比管理的结果更重要，过程要透明化。甚至要求员工从心里模拟一种枪弹和棍棒打过来的状态，要勇敢地冲上去，充分表现出用自己的坚强和果敢。

最后，永远要养成良好的习惯，要求员工都要做到三件事：一是自己能做的事，尽量不要麻烦别人。二是约见和开会，要提前5至10分钟到达，不能失约。三是离开一个地方，要把这个地方恢复得比原先还要好。

（四）德胜洋楼的故事

故事是我们传播信息的有效方式。汉语中的成语，众人皆说，成之于语，所以叫成语。成语有很大一部分源自一个故事或者典故，像破天荒、眼中钉、佼佼者、贱骨头、东道主、莫须有、疑邻盗斧、不可救药等都是由故事演化而来的。

在企业中，故事不仅可作为领导人分享、传达观点的方式，同时也是企业员工凝聚情感、创建企业文化的重要工具。哈佛大学历史学家路易斯指出，故事不仅是领导的工具，也是企业文化的组成部分，是大家共同的根。企业组织成员从口口相传的故事中能够学到企业文化，也会因为彼此分享共同的故事而使得情感更加凝聚。

故事是企业文化传播的有效载体之一，让员工在一事一理中加强对企业核心价值观的理解，轻松了解企业的成功之道。通过讲故事，领导者可以把高深的道理变得通俗易懂，把枯燥单调的理念讲得打动人心。许多擅长激励员工的领导者都是讲故事的高手。

我在德胜洋楼工作的20多年里，搜集的案例不少于60个，本书所列举的故事几乎都是我亲身经历的。

（五）德胜洋楼的文化创新

在文化创新方面，德胜洋楼有许多做法值得我们去思考。

德胜洋楼公司打造了一套完整的企业文化管理系统，核心是以价值观作为行为管理的主导思想。正如德胜洋楼一位资深员工所说的：今天取得的成就，是我们提倡的价值观、尊崇人类道德底线所结出的正果。在最朴实、最基本的道德理念和准则及"诚实、勤劳、有爱心、不走捷径"价值观的指导下，我们的员工才会热火朝天、充满信心地工作，我们的生活才富有意义，我们的生命才得以升华，我们所做的一切才让外人折服，我们才会从心底生发一种骄傲和自豪。

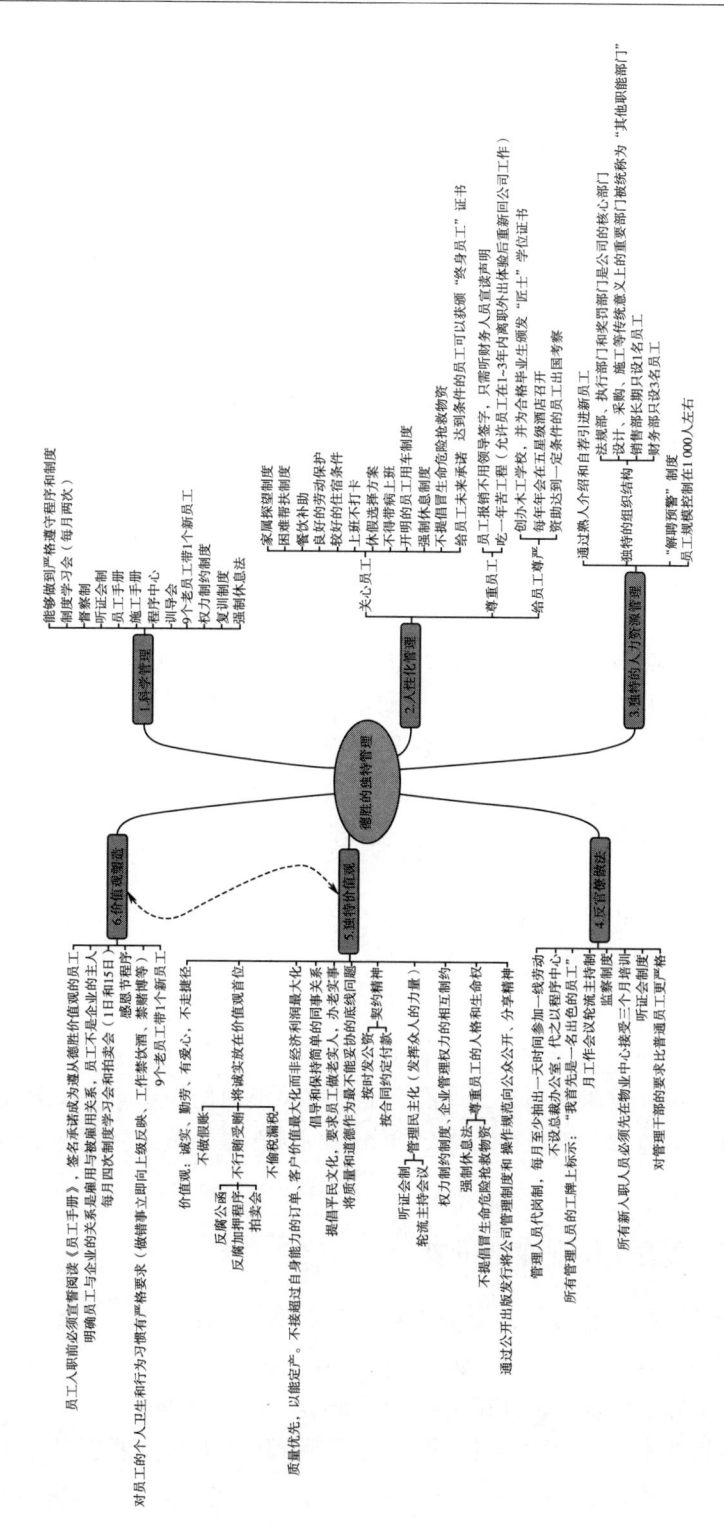

5 用妙方打造德胜洋楼式的企业文化

德胜洋楼企业文化系统图

1. 科学管理
- 「能够做到」"严格遵守程序和制度"
- 制度学习会（每月两次）
- 听证会制
- 员工手册
- 施工手册
- 程序中心
- 训导会
- 「老员工带1个新员工」
- 权力制约制度
- 复训制度
- 强制休息法

2. 人性化管理
- 关心员工
  - 家属探望制度
  - 困难帮扶制度
  - 餐饮补助
  - 良好的劳动保护
  - 较好的住宿条件
  - 上班不打卡
- 重视员工休假
  - 休假选择方案
  - 不提倡加班
  - 温馨舒适的员工用车制度
  - 开明的员工休息制度
  - 不提倡员工生命危险抢救财物
- 尊重员工
  - 员工报销不用领导签字，只需听财务人员宣读声明
  - 达到条件的员工可以获颁"终身员工"（允许员工在1~3年内离职外出休验后重回公司工作）
  - 每年年底五星级酒店召开，并为合格毕业的员工颁发"匠士"学位证书
- 给员工专严
  - 创办木工大学校

3. 独特的人力资源管理
- 通过熟人介绍自荐引进新员工
- 独特的组织结构
  - 设计、采购、执行部门是公司的核心部门
  - 施工等传统意义上的重要部门被统称为"其他职能部门"
  - 销售长期只设1名员工
  - 财务部只设3名员工
- "解聘预警"制度
- 员工规模控制在1 000人左右

4. 反文化做法
- 所有新入职人员必须阅读《员工手册》
- 管理人员不出洋相，每月至少指出一天时间参加一线劳动
- 不设总裁办公室，代之以程序中心
- 月工作会议轮流主持制
- "我育我先，"名出色的员工"上标示:
- 通过公开出版发行公司管理制度和操作规范的监督制度
- 所有管理人员将听证会制度
- 对管理干部的要求比普通员工更严格

5. 独特价值观
- 价值观: 诚实、勤劳、有爱心、不走捷径
- 反腐败公诉
  - 反腐败加押程序（不行贿受贿）将诚实放在价值观首位
  - 抢救国
  - 不做假账
- 提倡平民化、客户价值最大化而非经济利益最大化
  - 要求员工做老实人、办老实事
  - 将质量和道德作为最不能妥协的底线问题
  - 按时发薪水，坚约精神
  - 按合同约付款
- 权力制约制度（发挥众人的力量）
- 轮流主持会议
- 管理民主化、企业管理权力的相互制约
- 强制休息法
- 不提倡生命危险抢救财物
- 尊重员工的人格、生命权

6. 价值观宣贯
- 员工入职前必须管阅读《员工手册》，签名承诺成为德胜价值观的员工
- 明确员工与企业的关系是雇佣关系，员工不是企业的主人
- 每月四次制度学习会和报告会（感恩节聚会）

德胜的独特管理

注: 天津财经大学程汇教授制图。

229

从个体、团队和组织三个维度构建企业文化

企业文化来源于创始人，但又高于创始人，企业文化是引领企业和服务企业的利器。

我曾经服务过安徽一家企业，通过为其所设计的企业文化系统，我们来验证一下上述观点。

下面是该企业董事长张长春先生于2022年1月13日举办的企业年会上的演讲摘要。

一、韧性成长

今天我想简单地聊一下公司发展的问题，主题是"韧性成长"。这是非常重要的一个主题，因为企业不可能是一帆风顺的，一定会有起有落。在这个过程中，韧性地成长非常重要。这个过程我们如何去把控？

首先，我想问大家一个问题：中国哪一个城市白天的日长是21个小时？是在座的薛老师的家乡——黑龙江漠河，夏至时白天是21个小时，黑夜只有3个小时。

那么中国哪一个城市黑夜可以达17个小时？还是漠河。每一年冬至的时候，它的黑夜达17个小时。

再问大家一个问题：如果我们没有去过漠河，或者说我们没有学习过这个知识，你会认为一天白天的时长可能会有21个小时吗？在你的人生旅途里，有一天，你与一位朋友聊天，你没有学过有关漠河的知识，这位朋友告诉你，他去过一个地方，那个地方一天21个小时太阳挂在天上，你一定会说那是不可能的。

二、韧性比柔性和刚性更重要

举这个例子，我想说的意思是，许多人总觉得人生有很多时候是不可能的。原因是我们没有足够的认知去认识，因为我们没有看到或者没有学习过，我们没有足够的知识储备，所以我们自然而然地认为它是不可能的。

我认为韧性非常重要，比柔性、刚性更重要。因为有很多新同事，我就简单地回顾一下，我是2005年从广东一家制造公司辞职，回到安徽创业的。

2020年6月份正式接手合肥公司,我与合作伙伴楚先生一起到了合肥……我们现在共有130位同事。

不知不觉中发现我们有人了。因为我们在发展过程中,我们的客户、经销商和贸易商,每一次都说没有人。今天很多企业,大家都在探讨一个问题:没有人。我们不惜一切成本,花大量的时间和精力去解决人的问题。所有的公司都在说没有人的时候,我们就先解决人的问题。我们先不去谈别的,只谈人。

现在我们终于有人了,有人要干什么呢?如果我们是一群乌合之众,那大概率也会知道我们的结果。我们需要专业,需要专业的人做专业的事。

三、什么叫"专业"

什么叫专业?大家想一下,"会"与"专业"是不是两码事。

前几天,安徽本地一位做腻子粉、胶水和真石漆的老板打电话给我说,他想做真石漆,他要做品牌。我说你凭什么?他说他觉得他做得挺好。我说,你能PK嘉宝莉,PK立邦,PK多乐士吗?人家是化学博士在做研发,你怎么做研发?你有没有资金?有没有研发能力?我跟他简单聊了一下什么叫专业。

有时候,我们不能太把自己当回事了,不能把"专业"理解得太通俗了。"专业"不是那么想当然的。

我们有时候看职业足球比赛,总感觉那么近的球都踢不进去啊?总感觉自己上去都能踢进去的。

一个职业运动员,从七八岁开始,20多年如一日,不断练习基本功。我们看到他在赛场上踢得很简单,但你上去10分钟,恐怕连气都喘不过来,别说踢足球了。

请问一下,我们是不是运动员?我们也是运动员。我们今天是涂装运动员。那我们的专业度如何体现呢?

美国加利福尼亚州西米谷,当天天气风和日丽,跳伞狂人鲁克先生在地面架起了一张巨大的网,这个网高大概20层楼。鲁克乘坐飞机来到7 600米的高空。他不带降落伞,与同伴们一样跳出了机舱。

此时他的命运完全掌握在他自己的手上,绝不能有任何偏差。

随着高度的快速下降,他在尽力调整位置。

然而地上的大网根本看不见啊!辅助他的同伴,在低空的最后时刻也只能打开降落伞各自逃命了。鲁克已经没有了任何退路。

就在几秒钟后,他顺利地坠落到了网中,周围一片欢呼声。

他创造了历史!

我通常每天会花十几分钟刷一下抖音,碰巧看到这样的视频,我就在想我们的专业能做到几分?这些事情我们做不到,但在我自己做涂装这件事情上我能做到几分?我们是以什么样的行为路径来完成的?

四、魔方思想实验:从137亿年到2.5分钟

在一次会议上我与同事们讲过美国人做的一个魔方思想实验:让盲人独自去转一个魔方,即使花费137亿年,他也不可能恢复魔方。但是你只要给这个盲人一个对或错的反馈,他花费的时间将从137亿年缩短至2.5分钟。我想请问一下大家,为什么你给盲人一个反馈,他完成一个任务的时间就会从137亿年缩短至2.5分钟?

五、学习+事上练:我们要当教练员

一个团队,第一要学习,第二要互相反馈。参与的反馈非常重要。所以,学习+事上练,两个逻辑构成了我们变得专业的路径。我们到底怎么样成长呢?我们需要去找教练员,同时自己要成为教练员。为什么合肥公司一成立,我们就请了赵雷先生当我们的顾问?因为我需要教练员,因为我知道我自己是不可能完成这个任务的,我需要借助外力。当然,我希望我们团队中的所有成员都能参与到学习中,最后有一天,不光是我们请教练员,我们自己也要当教练员。

六、认知层面:过道原理

刚才讲了漠河日照日落和极昼极夜的问题,下面我们回到最简单的一个认知层面。第二次世界大战时期,德国纳粹分子生下来就是杀人不眨眼的人吗?为什么?人都是会盲从的,我们在很多时候会失去思考的独立性。因此我们需要提升我们的认知。

我希望大家过年时在稍许娱乐的同时可以去看一些书,可以独立思考一下在新的一年里我们到底要做什么,我们如何提升自己。很多时候只有你认真提升了以后,你才会有选择。选择为什么大过努力呢?因为前路是黑暗的,但是,很有意思的是心理学上有个过道原理,就是过道里感应灯平时是关闭的,人们只要走到相应的地方就会自动亮起来,灯才会给你照亮前途,人才会看到以前看不到的更远的地方。人生其实也是一样的,有时候看着前方一片漆黑,但是当你走到相应的位置时,你就会发现有人给你点亮。我非常认同赵老师在致辞里说的一句话:只要我们公司足够努力,这个社会就会垂青

我们。

一个人若想更优秀，必须自己努力做到更好。只有这样，其他人才会教你更多的知识，你才能成长得更快。人生，只有拼尽全力才会有幸运降临，越努力，越幸运。

爱因斯坦曾说过：持续不断地用同样的方法做同一件事情，却期望得到不同的结果，这就叫荒谬。今天我们是涂装行业的运动员，如果我们每天在用同样的方法做施工，做我们的品质服务，做销售和推广，那永远不能盼望未来我们人人会有极大的变化。如果不通过学习和培训，我觉得那其实就是荒谬的，因为你每天都是在低效地重复。

《平凡的世界》里写道：我认为每一个人都有一个觉醒期，但觉醒的早晚决定人的命运。人生可悲的事情莫过于胸怀大志却虚度光阴，聪明不足又习惯拖延，学历不高又不愿意学习，不满意自己又自我安慰。这世上没有什么比叫醒自己更加困难的，想想什么是真正的付出，能自律地坚持下去会让你蜕变成契机，记得赢在行动。你跟别人的差距不在于你走得慢，而在于别人走的时候你一直在看。这一点非常重要。

我想在这次年会上再一次重复三个基本点：学习、勤奋、开心。学习第一位，勤奋第二位，开心第三位。非常重要，你要开心，要用你的乐观感染你身边的人。

七、吃苦的真正意义

我们再聊一聊吃苦的含义。我想了半天，后来我决定引用一下稻盛和夫先生的一段话：

大多数人对吃苦的含义可能理解得太肤浅。穷，并不是吃苦。穷就是穷，吃苦不是忍受贫穷的能力。吃苦的本质，是长时间为了某个目标而聚焦的能力，在这个过程中，放弃娱乐生活，放弃无效社交，放弃无意义的消费以及在过程中不被理解的孤独。它本质是一种自控力，自制力，坚持和深度思考的能力。从很大程度上来说靠自己成功的富人，往往比穷人更能吃苦耐劳，否则他不可能白手起家。你会看到他富有之后还是比普通人勤奋，比普通人能忍受孤独，还更有理想。这才是吃苦。

其实今年我们的团队特别地辛苦。我跟几位管理人员经常在一起聊，我们怎么才能让我们的同事过得更好一点，但同时又要保证公司能生存下来，并且有所发展、壮大。我觉得这个好，不只是在物质上，还在于学习提升。我很感谢刚才施先生说的对于员工能力的提升，这是我们整个团队给予每一个人很重量的目标。所以，对于吃苦，我们大部分人理解得比较肤浅，穷并不是吃苦，穷就是穷，吃苦不是忍受贫穷的能力，吃苦本身是长时间为了某个目标而聚焦的能力，在这个过程中放弃娱乐生活，放弃无效社交，放弃无意义的消费以及在过去不被理解的孤独，它本身是一种自控力、自制力、坚决和慎重思考的能力。所以，在新的一年里我想用三个字形容自己：不摆布。我也希望我们团队的全体伙伴们辛苦了以后没有摆布，没有白辛苦。

因为我们许多人都是从普通员工到班长发展起来的，有的做排长，人越来越多以后可能做连长。大家可以用《中国人民解放军内务条令（试行）》第三十二条班长职责来对照一下自己，看看能不能做一个合格的班长。

"班长对全班的工作负完全责任，履行下列职责：

（一）带领全班做好战斗准备，指挥全班完成战斗任务；

（二）带领全班完成训练任务，提高全班人员的军政素质；

（三）带领全班严格执行规章制度，严格组织纪律，养成良好作风；

（四）带领全班爱护武器装备，严格遵守使用规定，熟练掌握武器装备；

（五）掌握全班人员的思想情况和心理状况，及时做好思想政治工作和心理疏导工作，搞好全班团结，保证各项任务的完成；

（六）教育和监督全班严守秘密，落实安全措施，预防各种事故、案件；

（七）完成上级赋予的其他任务。"

八、创建服务品牌

为什么要让大家每天都背诵21条匠人守则？因为读书千遍，其义自见。坚持读，坚持一点点践行，有一天你会发现自己变得不一样。

在职场里，收到指令要回复，遇到困难要沟通，项目进展要按节点通报，安排要落实。这不是繁文缛节，而是一个公司的基本规范。只有尽心尽力、说到做到、有始有终、积极主动，你才能成长，公司也才能成长。不要玻璃心，也不要有惰性，更不要骄横。

"收到指令要回复"就是指反馈很重要，上对下、下对上要有明确的反馈。许多人特别有才华，但是他们不约束自己，最终只不过是浪费自己的才气。

人要有品牌，公司也要有品牌。今天我们的涂装团队做服务，服务逻辑是我们的战略核心。其实我们建立品牌最重要的逻辑就是建立一个信任逻辑，我们要靠品牌和口碑赢得竞争。希望有一天，我们的品牌是靠良币来"驱动"劣币的，所以我们一定要围绕公司的品牌战略运营企业。梦想不会逃跑，会逃跑的永远都是自己。

最后送大家五句箴言：

相信你自己。

永不气馁。

加油，向前冲，做了再说。

我行，因为我相信我能行。

永远不要忘了说"谢谢"。

从这篇讲话稿中，我提炼出了13个"力"，它们是：

吸引力（快乐）；

影响力（教练员）；

生命力（坚韧）；

公信力（服务客户）；

创造力（创建品牌）；

执行力（团队）；

战斗力（军队）；

学习力；

卖苦力（吃苦）；

自制力（5个箴言、21条匠人守则）；

原动力（节日学习）；

凝聚力（互相配合）；

辨别力（认知、原理）。

从个体、团队和组织三个维度，对这13个"力"进行合并同类项后，得出以下三类：

组织方面，生命力（坚韧）最具代表性，而公信力（服务客户）、创造力（创建品牌）可以归于生命力。

团队方面，执行力（团队）最具代表性，而战斗力（军队）、凝聚力（互相配合）、吸引力（快乐）和影响力（教练员）可以归于执行力。

个体方面，自制力（5个箴言、21条匠人守则）最具代表性，而辨别力（认知、原理）、学习力、卖苦力（吃苦）和原动力（节日学习）可以归于自制力。

接下来，对这三个代表性的"力"做进一步的解释：

生命力（坚韧）：使身体和心智保持运转的精神燃料。

执行力（团队）：贯彻战略意图，完成预定目标的操作能力。

自制力（5个箴言、21条匠人守则）：面对诱惑和冲动时，自觉地控制自己情绪和行为的能力。

下面是21条匠人守则的内容。

进入作业场所前：

必须先学会打招呼；

必须先学会联络、报告、协商；

必须先是一个开朗的人；

必须是和蔼可亲，好相处的人；

必须要能够正确听懂别人说的话；

必须成为不会让周围的人变焦躁的人；

必须成为能够做好自我介绍的人；

必须成为有责任心的人；

必须成为能够好好响应的人；

必须成为能为他人着想的人；

必须成为有时间观念的人；

必须成为懂得感恩的人；

必须成为随时准备好工具的人；

必须成为能够积极思考的人；

必须成为能够熟练使用工具的人；

必须成为一个细心的人；

必须成为能够撰写简要报告的人；

必须成为虚心学习手艺的人；

必须成为很会打扫整理的人；

必须成为注重仪容的人；

必须成为会整理物品的人。

这21条看起来庞杂、无序、零乱，我从本质上对它们做一下总结和提炼。

进入作业场所前：

必须先学会打招呼；（沟通）

必须先学会联络、报告、协商；（沟通）

必须先是一个开朗的人；（快乐）

必须是和蔼可亲，好相处的人；（快乐）

必须要能够正确听懂别人说的话；（沟通）

必须成为不会让周围的人变焦躁的人；（沟通、快乐）

必须成为能够做好自我介绍的人；（沟通、快乐）

必须成为有责任心的人；（担当）

必须成为能够好好响应的人；（沟通、协作配合）

必须成为能为他人着想的人；（沟通、协作配合）

必须成为有时间观念的人；（习惯）

必须成为懂得感恩的人；（品质）

必须成为随时准备好工具的人；（习惯）

必须成为能够积极思考的人；（独立思考）

必须成为能够熟练使用工具的人；（专业）

必须成为一个细心的人；（品质）

必须成为能够撰写简要报告的人；（习惯、专业、沟通）

必须成为虚心学习手艺的人；（学习）

必须成为很会打扫整理的人；（习惯）

必须成为注重仪容的人；（仪容、习惯）

必须成为会整理物品的人。（习惯）

最后，你会发现：这21条无外乎围绕沟通、快乐、品质、习惯、独立思考、专业等几个关键词展开。因此，我对他们的核心价值观、使命和愿景提炼如下：

（一）核心价值观

勤奋、沟通、韧性、快乐。

（二）使命

为弘扬人间正道，发扬中华商道而奋斗终生！

这里特别要对使命的确认加以说明。使命为什么制定得似乎有一些夸张，原因有二：

（1）董事长的讲话中提到"良币驱逐劣币"，这本身就定位在"弘扬人间正道，发扬中华商道"的范畴里。

（2）历史上，徽商最重视的就是商道。

徽商讲究商业道德，提倡以诚待人，以信接物，义利兼顾。以勤奋和吃苦耐劳而著称，在外经营，三年一归，新婚离别，习以为常。我们可以从徽州的商训中体会一下：

斯商：不以见利为利，以诚为利；

斯业：不以富贵为贵，以和为贵；

斯买：不以压价为价，以衡为价；

斯卖：不以赚赢为赢，以信为赢；

斯货：不以奇货为货，以需为货；

斯财：不以敛财为财，以均为财；

斯诺：不以应答为答，以真为答。

古代徽商就具备爱国精神、进取精神、竞争精神、勤俭精神、奉献精神、文化精神和团队精神等。

（3）做良心事业，永远使用环保和健康材料。

（三）愿景

一般地，企业愿景的格式如下：

（魂）　（地域定位）　（行业定位）　（优势定位）　（地位定位）

贴心周到　成为安徽　涂装行业　诚信服务　最优品牌

最后，经过不断斟酌，根据安徽这家公司实际的经营和管理情况，从个体、团队和组织三个层次确定了企业文化结构，并根据外部环境变化和内部业务逻辑，全面推动落实企业文化的核心价值观、经营理念和管理思想。

DTT 企业文化结构

维度	核心价值观	落地措施	关键要素	经营理念和管理思想	目标	原则	要求	方法
个体	Diligence 勤奋：能力提升	积分计划、踏遍青山计划、跑步计划、体现责任感、意志力、坚韧心、自制力	专业	诚信、正直、持续学习；热情、正向、拥抱变化；兢兢业业，一丝不苟，吃苦耐劳，不言放弃	做球星	对员工提出的个人发展需求第一时间不说NO。自动自发，发挥自我，应对自如，独当一面	五句箴言：1. 相信你自己。2. 永不气馁。3. 加油，向前冲，做了再说。4. 我行，因为我相信我能行。5. 永远不要忘了说"谢谢"	每天背诵21条匠人守则。有话直说：员工要大胆和直言不讳地发表看法、反映问题。学习+事上练，当教练员

续表

维度	核心价值观	落地措施	关键要素	经营理念和管理思想	目标	原则	要求	方法
团队	Tie 沟通：球队文化	吐槽大会、快乐周日计划、讲堂计划、聚餐聚会计划等，体现参与、连接、欣赏、温暖、幸福、执行力	协作	打破边界、促进合作、社群主义、增进连接、过道原理、魔方思想实验、提高沟通能力	打配合	对协同部门提出的支援需求第一时间不说NO。人人参与，目标明确，分工合作，协作如一人	四要：1. 收到指令要回复。2. 遇到困难要沟通。3. 项目进展要按节点通报。4. 安排要落实	"七共"：共习、共思、共谋、共识、共创、共进、共享。《中国人民解放军内务条令（试行）》
组织	Toughness 韧性：韧性成长	工匠文化、信任服务文化、快乐文化等，体现技术、组织结构和流程、生命力	客户成功	以工匠精神做产品；以客户第一做服务宗旨	要赢球	对客户提出的建议和需求第一时间不说NO。品质第一，服务极致到位	1. 服务是公司的战略核心，5至10年不变。2. 品牌逻辑是建立信任逻辑。靠品牌和口碑赢得客户和市场。×××品牌是靠良币"驱动"劣币的	五大步：审定、评估、考核、复盘、改进

作为一个群体组织，企业有必要研究员工、团队、组织及与其相关的组织行为特征。这些大都源自企业创始人和管理者，从他们的管理过程中提炼、总结和升华而来。这样，企业文化才能有效贯彻和落地执行。

千里始足下，高山起微尘

　　成功的企业一定有优秀的企业文化，好的企业文化有利于企业稳定、健康和可持续的发展。在打造好企业文化的同时，还要对内和对外宣传讲透，这是企业领导者和文化工作者必须花时间和精力要做的工作。

　　2009年，在接待某地的服务商时，我给一行人详细讲解了我们公司的企业文化，其中有一位化学专业姓顾的博士毕业生，一直非常认真地聆听，用餐时也主动坐在我的旁边，还向我索要了公司的相关资料。大约三天后，顾先生给我打来电话并发了信息，请求我推荐他入职我们公司。短信的原文没有保留下来，但大意我至今还记得：

　　我从小到大，顺风顺水，几乎从来没有吃过苦。有一点点困难，父母都帮我解决了。工作后，我感到自己缺乏一种与人交际的能力。虽然娶妻生子，但依旧还是饭来张口，衣来伸手，感觉我的一生好像白活了，不知道生活的意义究竟在哪里。这次，通过您的介绍，我彻底被贵公司的文化和理念折服了，特申请成为公司的一员，恳请赵经理予以考虑。

　　非常遗憾，因各种原因，他没有被公司录用。但我被他真诚的意愿所打动，当时与他进行了深入的交流，并引用白居易的"千里始足下，高山起微尘"，认为他可以从最小的事做起，人生一定可以焕发光彩，等等。

　　大约两个月后，他告诉我自己好好思考了一下人生，我说的"始于足下"给了他一个提示，他决定从办一家足浴中心做起，天天与各类人打交道，从认识自我、服务他人做起。

　　我介绍企业文化时，谈到过"服务他人，造福社会"的理念，他认为"始于足下"，那就从脚下的事业做起，于是决定开办一家足浴中心。"足下"之意还可以这样理解！那"从头做起"岂不是要开理发店了？

　　无论如何，顾先生找到了他的人生目标和意义，这是令人欣慰和高兴的事。后来，听说他的事业不错，蒸蒸日上。

　　可见，把企业文化讲得清楚讲得透彻，不仅让听者动心，甚至可以促人觉醒、顿悟。

企业文化创新的源动力

企业文化创新的源动力在哪里？到底什么会让员工产生一种持续的动力？美国心理学家德西和瑞安于20世纪80年代共同提出了自我决定理论（Self-Determination Theory），这是目前关于人类动机领域最有影响力的理论。

自我决定理论与马斯洛的需求层次论有一定的不同。马斯洛的需求层次论认为人的需求是有不同层次的，满足了一个需求以后就会向更高一级的需求提升。而自我决定理论则是从另外一个角度理解人的需求，它认为人有三种基本的心理需求：能力、关系和自主。

任何人都非常期望自己是有能力的，也非常需要有自主空间，最不喜欢被别人安排做事情，每个人都希望按照自己所愿，自行安排如何做事。此外，每个人都需要在工作中找到一种积极和快乐的关系，一种人和人之间的和谐关系，因为世界的本质就是关系。

马斯洛的需求层次论中的生理需求有什么特点呢？一个人只要满足了生理的某种需求后，他就不需要再去做这件事了。比如，当他饥饿时，就去吃饭，但吃饱了以后在一定时间内就不会再吃饭了，因为这个需求已经得到了满足。但是能力、关系、自主这三种心理需求，有一个共同的特点，那就是越满足，一个人就越想去做某一件事情。

根据这一理论，企业对员工的管理就必须进行调整、改变或升级。

一是能力。企业里要有一种鼓励创新并让员工尽情发挥的氛围，让员工有能力做自己喜欢的工作，并且他们的能力能够得到管理者的认同。

二是关系。当员工在企业里感到人和人之间关系简单平等，友好和谐，没有等级和距离感，工作起来如鱼得水时，他一定会有把事情持续不断地做下去的欲望。

三是自主。这可以从三个维度来说明：首先，在精神上，员工不会有任何受压制和摧残的感觉，企业里大家思维活跃，精神迸发，不会拘泥于一元化思维；其次，在言论上，人人都能畅所欲言，而不是老板的一言堂，企业能容纳和接受员工的意见和建议；最后，在行为上，员工没有受控制和煎熬的感觉，可以自由掌控自己的时间和工作，自主决定怎么去做事情，有自己充裕的空间。

自我决定理论认为，越满足就越强化，这是一种由员工内在所产生的动机，并不是由外部因素决定的。那种因为你给他钱或奖励，他才去做事情的传统思维显然不能适应现代管理的实际需求。能力、关系和自主才是员工持续把事情做好的源动力，才会给员工带来一种意义感，也才是企业文化能够有效落地的有力保障。

　　在实际工作中，哪怕有一个方面让员工觉得他是被控制的、被施舍的，或者是他在工作过程中觉得彼此之间的关系异常复杂，能力也不能得到肯定时，他就一定无法开心地工作和生活。

好管理需要"前提假设"

中国人有"投之以木桃，报之以琼瑶"的期许，但很多时候却面临"播下龙种，收获跳蚤"的无奈。你精心培养的员工，被对手公司以高薪挖走，你却只能道一声"祝你平安"。这也是许多企业不愿大力培养员工的重要原因，但这不是培训本身出了问题。人都是趋利避害的，假如你提前预判员工翅膀硬了就会飞，就应为员工打造一个更大的平台。遗憾的是，许多企业并未将管理假设作为管理的前提。

一、辩论前提假设

在论证中，理由有两种表现形式：被明确表达出来的叫"前提"；没有被明确表达出来的叫"假设"（隐含了前提）。中国有句老话叫"人善被人欺，马善被人骑"。"人善"的前提是：首先，被人欺的善良人总是时时刻刻与人为善，对人不加区分地友好相待；其次，被人欺的善良人要么不善于识人，要么容易轻听轻信，缺乏防人之心；其次，被人欺的善良人过于在乎名誉，不懂拒绝，不敢失礼。有些唯利是图或者内心阴暗的人，正是利用了好人脸皮薄的弱点，得寸进尺，为所欲为；最后，被人欺的善良人要么好脾气，要么日常惯于忍让别人，容易给人做人无原则，甚至缺乏底线的印象。这就容易招致小人滋扰，无事生非。以上都是无可争辩的事实。

但我们需要考虑一个严肃的问题：在企业的实际管理中，尤其是团队或组织在与客户、供应商和相关方长期打交道中，究竟应该注意什么？

一个小孩在公交上主动给老奶奶让座，这一定是后天通过教育才能做到的；老吾老以及人之老，幼吾幼以及人之幼，是从古至今圣人追求的道德境界，但不是人的本性。从经济学的角度看，在市场经济中，人们追逐个人利益是前提，由此促进了社会效益。从管理学的角度看，应以人性自私的假设作为前提，然后再做出科学的管理决策。职场中，我们赞美那些毫不利己专门利人的员工，我们可以弘扬其精神，表彰其行为，但却不能以此为前提进行管理。管理中承认人的自私性，并不是主张人要自私，也不是要把这种自私性加以扩大，让自私的思想泛滥；而是将自私作为前提假设，是要让管理者在制定决策时，做出更加理性的选择，来避免可能发生的矛盾。例如，面对两种工作，我们且不论这两种工作对未来会有何种影响，如果获得相同的报酬，员工一定会选择劳动强度相对较低的工作。这就是人性的选择。员工对工作的认知和对未来的规划要通过学习、培训、实践来塑造。除了天赋特征外，优秀的员工一定是培训和教育的产物。在管理中，有了这样的前提和假设，才能最大限度地规避负面结局。

二、假设最坏结局最好

这个原理，同样可以应用到组织运行的各个环节。一家制造型企业的管理者谈到供应商对他们的不公正对待时，显得很无奈。他们认为只要我对他们好，他们也一定会对我好。从道德上来讲，应该是这样的，但实际上并不见得。

我对他的建议是：任何时候不要靠人的道德和觉悟做生意，因为人的道德和觉悟不是恒久不变的。在管理上，无论从"人性本善"和"人性本恶"角度出发，我们都应该从对人的假设上下功夫，首先要假设与我们合作的人是"坏人"，是不讲道德和诚信的人，然后我们才能制定相应的对策，应对一切可能发生的事情。

20世纪90年代，我要从广州发送一件货物到西安，那个时候物流不像如今这样发达。有许多人抱怨货物到达目的地后要么包装破裂，要么物品损坏，严重者还有丢失的现象。

面对这种情况，如何确保货物完好无损地送达？我进行了一系列假设：

如果货物被摔坏怎么办？想要避免的前提是一定要包装好。我在包装时就格外用心：里边用海绵填塞得严严实实，外边加三层包装皮，防止刮擦或摔打。假设我包装的货物可以经得起从三层楼摔下的撞击，确保不被摔坏。我还以易碎物品的名义购买了货物托运保险，如果商品有破损，按原价三倍赔偿。

然后，办理好手续后，我一直守在货运公司，亲眼看着我的包裹上汽车，防止它被压在最底下，或暴露在最外边。

最后，西安的客户告诉我顺利收到货物，没有丝毫受损。他们里三层外三层地拆开包装，夸赞说从太空掉下来都没有问题。

而另外一个案例就没有那么幸运了。

2008年3月，加拿大乡村歌手达夫·卡罗尔乘坐美国联合航空公司航班抵达芝加哥的奥哈雷机场时，行李工将他和其他乘客的行李像"扔链球"一样随便扔，当时坐在机舱后部座位上的卡罗尔听到后面一名女乘客叫喊道："我的上帝呀，他们把吉他抛来抛去。"拿到行李后，卡罗尔发现自己的吉他已经被摔坏了,这是价值3 000美元的"泰勒"牌吉他。为了修好它,花费了1 200美元。卡罗尔先后向联合航空公司在芝加哥、纽约、加拿大甚至印度的服务部门投诉,结果"皮球"被踢来踢去。卡罗尔决定利用音乐讨回公道:"我当时就想要把这件事情写成歌曲、制成视频,然后放到网上去,让大家知道我的遭遇。"

卡罗尔将《美联航弄坏吉他》(United Breaks Guitars)拍成MV放在Youtube上之后,在10天之内,这首歌的点击量接近400万次,卡罗尔一夜成名。他发现自己和乐队的唱片销量大涨,在加拿大的Itunes打入前20名。

同时,美联航为此付出了巨大代价,股价暴跌10%,相当于蒸发掉1.8亿美元市值。最终,美联航一改之前的冷漠和推诿,付给卡罗尔赔偿金,还声称要用这个事件培训员工提高服务水平。

我们在企业管理中,做任何事必须都要防患于未然,尽量想办法不让负面事件发生。

管理中进行前提假设是解决问题的基础,管理的假设是管理实践的产物,是研究管理问题的前提。要做到"人善"不被欺,首先我们要假设对方是"小人",然后我们针对可能会发生的一切事件,提前制定出相应的对策,避免一切潜在的问题。但我们永远要坚信:这个世界上好人还是占绝大多数的,社会的发展过程一定是由好人来主宰的,要不然,社会将会停止不前或倒退。而管理假设也要随着经济环境和管理条件不断地进行修正。

德胜 治理的人和事

6 为什么德胜洋楼可以获得彼得·德鲁克中国管理奖

为什么德胜洋楼可以获得彼德·德鲁克中国管理奖

2021年,非常高兴的一件事是德胜洋楼喜获2021纪念彼得·德鲁克中国管理奖。在庆贺的同时,我们不禁要问:为什么德胜洋楼可以获得彼得·德鲁克中国管理奖?在此,我进行了简要的梳理。

获奖证书

一、公司简介

德胜(苏州)洋楼有限公司是一家研发、设计和建造现代轻型木结构住宅的企业,创建于1997年。德胜洋楼目前建造的项目包括旅游风景区招待楼、国宾楼、新农村住宅、公寓、科研院所研发楼等,项目遍布华北、东北、华南、西南、西北、华中。产品尤其在地震多发区、旅游风景区等表现出功能性优势,受到了业界和广大客户的一致好评。

公司的创始人是聂圣哲先生,他1981年考入四川大学化学系,先后在安徽大学及中国科技大学任教。1988年,23岁的聂圣哲被破格晋升为副研究员

(副教授)，后赴美国攻读博士课程，读书期间下海经商，放弃了博士学位。现任同济大学、哈尔滨工业大学、上海师范大学等校兼职教授、博士生导师，长江平民教育基金会主席等。

（一）公司经营现状

目前德胜的成品数量和利润水平均在专业领域内具有标杆式影响力。

虽然年销售额不大，但德胜洋楼却扛起了一个小众产品领域（全国有600多家轻型木结构企业），无论产品数量还是利润均过半，践行着德鲁克提出的新生代"生态利基战略"。

（二）社会评价

日本管理大师河田信先后三次来到中国苏州实地参观德胜洋楼。他在指导自己的博士生时，只做三个典型的案例研究：泰罗制、丰田汽车、德胜洋楼。他认为这三种企业管理模式分别体现了美国、日本和中国各自的文化属性，而德胜洋楼是中国管理范式的代表。

二、公司的使命、愿景、价值观

公司秉持"让农民工成为绅士"的企业理念，倡导"把丑话说透，把关爱给够"的工作氛围，坚守"质量问题与道德问题不可妥协"的管理底线，落实"让员工人人成为精神贵族、通过管理精细化，做一家真实的公司"的使命。

德胜洋楼的愿景是：做员工幸福和客户满意，被广泛认可的高尚企业。

德胜洋楼的核心价值观是：诚实、勤劳、有爱心、不走捷径。

德胜洋楼公司在管理中突出要做的一件事，就是首先要把散漫的农民工变成绅士和合格的产业工人，这当然并非一朝一夕可以完成的。对于每位处于试用期的新职工，德胜公司会特别提示："您正从一个农民转变为一名产业化工人，但转变的过程是痛苦的。"德胜公司对农民工的改造涉及方方面面，而且有非常详细的条例规定，甚至被认为琐碎或者初级。德胜公司先从最基本的卫生习惯着手，逐步提升农民工的个人素质。德胜明文规定，每天至少刷牙一次，饭前便后必须洗手，不得随地乱扔垃圾，卫生间用完之后必须立即冲刷干净，等等。

与大部分的建筑工地不同，德胜的建筑工地、施工现场整洁干净，工作服、安全帽以及各种安全设施齐全。工人不准带病上班，如果发现有人带病上班，不仅不会受到表扬，反而还要受到批评，甚至给予一定的罚款，因为这是不珍惜自己身体的行为，必须要制止。食宿条件非常好：宿舍24小时有热水供应，能安装空调的房间必须安装空调，一日三餐有丰盛的热菜热汤，只要花一两元就能吃饱吃好（公司给员工每人每天补贴伙食费）。

一方面在衣食住行及医疗、保险、休假等方面给予员工照顾，另一方面又实行"1855规则"，就是10%的优秀员工到年终要重奖，80%的合格员工要予以肯定，5%的员工要予以提醒或警告，最后5%的员工要进行单独谈话，有些背离核心价值观的员工可能会被解聘。但是这个解聘不是真正的解聘，而是给员工一次自我反省的机会，员工通过写思想悔改书还可以有一次再回到公司上班的机会。

德胜洋楼的管理模式在学术界引起了巨大反响，哈佛大学、重庆大学、日本名城大学、北京大学、清华大学、中国人民大学和耶鲁大学等先后将德胜管理现象列为他们的MBA或EMBA教学案例，至少有16篇论文在国内外期刊和平台上发表。2010年，华南外语外贸大学郝佳和Jacob Hill撰写了《德胜：基于品牌资产的管理客户案例》，提交哈佛大学，作为管理案例予以申报；2013年，日本名城大学教授河田信先生撰写了《中国式制造业经营改革的可能性：德胜洋楼公司的事例》；2014年，中国人民大学商学院徐京悦、焦叔斌和赵雷撰写了《"德"行天下、"胜"在爱人——德胜洋楼理想国》；2019年9月10日，全国工商管理专业学位研究生教育指导委员会对第十届"全国百篇优秀管理案例"作者予以了表彰。中南财经政法大学工商管理学院郑耀洲副教授团队开发的教学案例《小题大做：德胜听证会助力企业文化落地》，成功入选2019年"百优案例"。

有关德胜洋楼公司的部分书籍和杂志、论文和案例汇总如下：

书籍和杂志			
序号	书名	作者	出版社或杂志社	出版日期
1	《德胜员工守则》	周志友	安徽人民出版社	2005年12月
2	《德胜员工守则》全新升级版	周志友	机械工业出版社	2013年8月
3	《德胜世界》	周志友	长江文艺出版社	2008年3月
4	《德胜管理：中国企业管理的新突破》	温德诚	新华出版社	2009年4月
5	《美制木结构住宅导论》	聂圣哲	科学出版社	2011年3月
6	《BUSINESS MANAGEMENT THE CHINESE WAY 中国人是如何管理企业的》	聂圣哲	外语教学与研究出版社	2011年6月

续表

书籍和杂志			
序号	书名	作者	出版社或杂志社	出版日期
7	《德胜洋楼：中国式管理的新范本》	杨壮、王海杰	《商业评论》杂志	2012年7月
8	《德胜语法：假设驱动管理》、《德胜管理实验：用理性雕刻人性》	丛龙峰	《中国人力资源开发》杂志社，总第280期	2013年4月
9	《工匠精神：向价值型员工进化》	付守永	中华工商联合出版社	2013年6月
10	《德胜故事：乌托邦》	伯虎	《南方人物周刊》	2014年7月
11	《八问德胜》	梁雪	《经营与管理》杂志社，总第362期	2014年8月
12	《社会转型时刻，德胜洋楼带来了哪些启示？》	王学秀	《经营与管理》杂志社，总第362期	2014年8月
13	《德胜规矩》	付守永、赵雷	清华大学出版社	2015年1月
14	《做人做事看德胜》	李墨、赵雷	机械工业出版社	2016年1月
15	《工匠精神：开启中国精造时代》	曹顺妮	机械工业出版社	2016年4月
16	《躬耕匠心，让价值观更有价值》	齐向宇	《人力资源》杂志	2018年第2期
17	《德胜洋楼："管理平庸"员工成就非凡企业》	芮娜	《世界经理人》杂志	2011年1月
18	《以输出经验打造品牌IP，成就德胜业务发展》	厉琨	《培训》杂志	2020年2月

学术论文和管理案例			
序号	论文名称	作者	所在院校和机构	备注
1	德胜：基于品牌资产的管理客户案例	郝佳、Jacob Hill	华南外语外贸大学	
2	中国式制造业经营改革的可能性：德胜洋楼公司的事例	河田信	日本名城大学	
3	"德"行天下、"胜"在爱人——德胜洋楼理想国	徐京悦、焦叔斌、赵雷	中国人民大学商学院、德胜（苏州）洋楼有限公司	

续表

学术论文和管理案例			
序号	书名	作者	出版社或杂志社	备注
4	从农民工到产业工人的嬗变	徐世伟	重庆大学	
5	德胜洋楼的管理经典：员工守则	曲庆、富萍萍	清华大学经管学院、香港中文大学	《中国管理新视野》双语刊
6	制度化领导力的类型与作用机制	李鹏飞、葛京、席酉民	西安交通大学管理学院、西交利物浦大学领导与教育前沿研究院	
7	"德胜热"中的"冷"思考：德胜管理模式的问题与隐忧	程江	天津财经大学	
8	精细化管理案例之德胜洋楼	汪中求	北京大学精细化管理研究中心	
9	德胜洋楼：以仁义礼信育员工，以君子之道施管理	胡海波	江西财经大学工商管理学院	
10	基于君子文化的中国式管理模式：德胜洋楼的案例研究	胡海波、吴照云	江西财经大学工商管理学院	
11	德胜洋楼：解密中国精细化管理典范的成长之道	胡海波	江西财经大学工商管理学院	
12	德胜洋楼企业简文化案例分析	李天词等	华南理工大学新闻与传播学院	
13	个人及组织契合对反生产力工作行为、员工创造力及公司财务绩效之影响	刘祯、徐梅鑫	华南理工大学工商管理学院、科罗拉多大学商学院	
14	小题大做：德胜听证会助力企业文化落地	郑耀洲、冯媛媛、徐丽婷、郑行之、王芳、赵雷	中南财经政法大学工商管理学院、德胜（苏州）洋楼有限公司	2019年全国百优案例
15	基于"知-信-行"模型的企业文化落地机制研究——以德胜洋楼为例	徐丽婷、冯媛媛	中南财经政法大学工商管理学院	

续表

学术论文和管理案例				
序号	书名	作者	出版社或杂志社	备注
16	文化双融视角下中国本土企业家制度创业提升组织公平的机制	张党珠	天津师范大学管理学院	
17	制造企业员工工匠精神的形成机制——基于德胜洋楼公司的案例研究	朱永跃	江苏大学	
18	德胜公司人力资源能力建设研究	金德智、武慧藏	南京农业大学	
19	木结构住宅建筑企业营销策略研究——以德胜洋楼公司为例	蒋文绮	瑞士维多利亚大学	
20	德胜（苏州）洋楼有限公司实施品牌战略研究	路冉晋	四川大学苏州研究院	
21	论《德胜员工守则》在中国企业文化建设中的运用	赵雷	四川大学苏州研究院	
22	德胜的理想主义与务实精神——企业有效管理的启迪	徐景安	中国幸福研究院、深圳市市民情感护理中心	
23	构建工匠精神对话过程体系模型——基于德胜洋楼公司的案例研究	曾颢、赵宜萱、赵曙明	南京大学商学院、江西科技师范大学经济管理学院	

在价值观落地方面，德胜洋楼有两个管理现象引起了国内外朋友的关注和兴趣。这两个管理现象是：

第一，为倡导员工遵循"诚实"的价值观，公司自创办以来，实行财务报销不需要领导签字的规定；

第二，为倡导"勤劳"的价值观，公司实行弹性工作制、上下班不打卡和员工可以随意调休的制度。

报销时，报销人整理好所有报销票据，粘贴在费用报销单的后边，分类列明各类报销金额，填写好报销人的姓名，然后就可以直接去财务部报销了，并不需要哪一级领导签字。公司认为任何领导是没有权力签字的，领导又没有与报销人员共同经手某笔业务，为什么要给他签字呢？再者，领导签字后会产生责任转嫁的风险。因此，谁报销，谁就需要完全为每一笔业务和他的个人信用负责到底。

但每一次在报销时，财务人员要宣读一段《严肃提示——报销前的声明》。确认没有问题后，财务人员再把钱打到报销人的卡上或直接把现金交给报销人。

坚持宣读报销前的声明，是为了提醒报销人，任何时候他都必须要诚实。失去信用的成本是巨大的。一旦信用出现问题了，别人可以一次性从公司借5万元甚至更多，而有负面记录在案的员工只能借5 000元钱，还要确认什么时候归还。既失信誉，又丢面子的事，谁都不愿意干。

凡是员工敢拿去报销的凭据，都要经得起公司督察部门的随时抽查。

如果有人不如实报销怎么办？德胜洋楼有事后抽查的管理制度、举报制度、信用管理制度等，一旦有任何蛛丝马迹，公司要一查到底。其实，德胜洋楼从这个"诚实"制度中获得了许多益处。一个人一旦被尊重和信任，他会倍加珍惜，一般不去做出卖自己人格和尊严的事。

在德胜洋楼，上下班实行的是从来不要求打卡的制度。这个规定是从关爱和人性化的角度制定的。比如，头天晚上没有休息好，身体未处于最佳状态；或者喝酒了，第二天一早还昏昏沉沉的，出于安全考虑，没有必要为了打卡而导致意外事件。在这些特殊情况下，员工完全可以晚一两个小时来上班，只要在群里发一下信息，告知一下同事就行。那么，一旦有人恶意破坏这种制度，每天故意迟到，比如连续好几天都迟到上班，怎么办？此时，公司购买一台打卡机，专门放在迟到者的办公桌上，让他自己打卡，连打三个月，敦促他改变迟到的坏习惯。其他遵守上下班时间的员工依然都不需要打卡，这样就可对有意破坏管理制度的行为进行制止。

德胜的员工可以随意自行安排休息，这是从弘扬正义、提倡和保持优良传统的角度出发制定的制度。尤其在体现爱心、感恩心、孝心、慈善和公益等方面，员工可以暂把工作放置在一边，处理个人的事务。当然，员工觉得自己怀才不遇或者工作不顺心了，还可以请长假，甚至请长达5年的长假，自己去开办公司。如果他的公司业务开展非常顺利，那就继续经营自己的公司。德胜洋楼还以他为骄傲，还可以与其公司携手合作。如果他的公司经营不下去，还可以回到公司来上班。

三、市场与顾客经营

德胜洋楼参与了行业多项标准的制定，也是一家持续落实德鲁克的把员工作为企业资源理念的企业。在业务承接、成品提供、产品制造工程、产品质量把控这四个方面，德胜洋楼分别都做了些什么呢？

在业务承接上，公司秉持一个特殊的经营理念，就是实行"以能定产"，即公司现有员工有多大能力就做多少事。德胜明确规定，不允许任何员工随意向客户承诺建造 50 幢以下的项目，一定要对客户的信誉、支付能力、地域，尤其是对德胜洋楼的价值观的认同度进行综合考核后才决定是否承接业务。

目前的销售原则告示

在成品提供上，德胜洋楼履行三个"做到"原则：在轻型木结构领域里，做到绝对市场占有量；做到有产品定价权，绝不与同行打价格战；永远做到"以能定产"，而不是"以销定产"。

在产品制造工程上，所有施工项目全都由公司自己固定的技术人员进行施工，任何项目或子项目绝不分包给社会上其他施工队伍。这样就从用工上保证了住宅的质量、交期、安全、成本和环境要求等，确保了住宅的稳定性和耐用性。

在产品质量把控上，遵循"不走捷径"的价值观，严格按照施工工作流程操作，绝不盲目赶工期、夜间加班施工等。使用的主要建筑材料都进口自美国和加拿大，绝不使用来源不可靠的材料。

虽然拒绝了一些客户的订单，但是公司从创立至今，做到了没有客户投诉、没有质量问题、没有大中型安全事故。公司创立 20 多年来一贯坚持"质量是道德，质量是修养，质量是对客户的尊重"的施工质量方针，在全国广大客户中形成了良好的口碑。

2020 年 10 月，在工信部、住房和城乡建设部、中国木结构保护工业协会

从内部施工细则演变而来的《美制木结构住宅导论》

共同主办的"2020年第八届中国木结构产业大会"上，德胜洋楼公司获得了多项殊荣。这届会议也是全国木结构行业联盟当年举办的唯一一次盛会。

四、人才管理

在员工选用和管理方面，德胜洋楼公司提出"管理的灵魂是有效的教育""优秀是教育出来的"等管理和教育思路。

德胜洋楼作为一家轻型木结构装配式住宅建造企业，每年投巨资开办有企业学校，从理论知识到实践操作全流程教育教学，提供"养活教育"，成就"农民工变为绅士"的愿望，让员工的各种愿望获得成功。为了解决长期用工问题，2002年，德胜洋楼在安徽黄山设立木工学校，秉持"以品德为根基，以敬业为习惯，以技能为资本，以谦卑为情怀"的职业教育方针，专门为企业和社会培养木工专业人才，从根本上解决了公司用工的问题。

员工培养和训练是一个长期过程，为此，公司围绕"诚实"和"不走捷径"的价值观，采取了一系列独特的教育方法。例如，对第一次做出造假行为又公开承认错误的员工，德胜洋楼的处理办法是：现场奖励。

那么，发生质量问题又怎么处理？德胜洋楼的做法是，坚决按照质量标准返工，但是在不处罚的同时，让主要责任人巡回演讲、现身说法。

一次，上海某住宅施工现场不按照程序操作，违规建造走廊，违反了"不走捷径"的价值观，被公司的质量督察官发现。怎么办？如果要返工，不仅耽误工期，还会造成经济损失20多万元。公司决策人第一次对工程项目管理问题直接进行了干预，提出解决的办法：第一，为了质量和信誉，必须返工，打掉重做。工期与客户协调。第二，让9位施工人员全部停下手头的工作，把各自经历的事情经过写出来，然后请他们驾驶一辆中巴车，去全国各项目部进行巡回"演讲"——召集各项目部的全体员工，让9位员工轮流把他们的事情经过宣讲给同事们。公司不罚他们一分钱,让他们去全国其他各项目部进行宣讲教育,从而体会到公司对施工操作程序的重视程度。同时,这也教育了其他员工,一定要按照施工程序去做。这种教育方式比进行经济处罚的效果要好。

这些围绕德胜洋楼的核心价值观,以培养员工品德为前提的管理和教育方式,有效提高了每位员工的责任感,使公司20多年来客户的投诉为零,公司也始终坚持施工程序一板一眼地执行到底。

为了把员工留在公司长久、安心地工作,德胜洋楼公司实行了一种"终身用工制度",从员工进入公司第一天算起,凡是在公司连续或累计工作10年的职工,公司就会给他们颁发"终身职工证书",员工退休后,公司会额外给每一位员工发放一定数额的辅助养老金。

公司自1997年创办至今,没有发生劳资纠纷事件,连续工龄在10年以上的职工占40%,流失率近乎为零。德胜洋楼做到了让优秀人才在公司拥有荣耀感、自豪感和归属感!

中国人民大学董克用教授和李超平副教授共同主编的《人力资源管理概论(第四版)》收录了《德胜洋楼:把员工变成了绅士与君子》一文,德胜洋楼由此入选教育部面向21世纪人力资源管理系列教材、普通高等教育"十一五"国家级规划教材。

五、社会责任

在社会责任方面,2004年底,经江苏省教育厅、江苏省民政厅联合批准,聂圣哲先生以个人名义成立了江苏长江平民教育基金会。这是一家非公募的社会公益组织。它延续和发展了我国的平民教育事业,用实际行动为勤劳、厚道的贫苦家庭孩子创造得到平民教育的机会,使这些孩子能够"读平民的书、说平民的话、过平民的生活,将来走向社会做'诚实、勤劳、有爱心、不走捷径'的合格平民"。

长江平民教育基金会的业务范围是:接受社会捐赠;改善平民地区教育设施,支持平民教育事业的发展。

所谓平民,就是平凡的公民。平民教育就是在心理上灌输平民意识,从小培养劳动意识和敬业的劳动习惯,在传授文化知识的同时潜移默化地教给同学们对社会的责任心,只要他把对社会应尽的义务尽到了,他就是一个合格的好公民。平民教育理念提倡每个学生根据自己的具体情况,将来能从事什么行业就从事什么行业,但无论在什么岗位上都要做到"诚实、勤劳、有爱心、不走捷径"。"职业地位均平等,敬业程度比高低"也是平民教育坚持的另一个价值观。

长江平民教育基金会的主要资助项目包括：德胜-鲁班（休宁）木工学校，陶行知教育思想讲师团，对江苏、陕西、浙江等地中小学的资金资助与实物支持，与香柏教育机构合作资助四川灾区灾后重建的香柏教育项目。

前文已述及，德胜洋楼公司专门有一种拍卖会制度。德胜洋楼严禁任何形式的行贿受贿，来自客户的礼品首先在公司公布，然后拿到拍卖会拍卖，所得款项全部捐给长江平民教育基金会。通过这一制度，既营造了反腐败的氛围，又让员工有尊严地得到了实惠，同时还培养了员工的社会责任感，可谓一举三得。自基金会创办以来，德胜洋楼与基金会共同捐资、捐建、捐物价值超过7 000万元。

六、创新

德胜洋楼尽管有着严格的制度，却始终提倡"闲人不闲，自己找事，主动补缺，没事自我放假"的工作理念，实践着德鲁克倡导的企业管理要学会指引人，而不是控制人的思想。

（一）管理创新

德胜洋楼提出并实践了许多建设性的管理理念和思想。例如：对于员工来说，创新就是对自己所从事的工作极其熟练后的提升与升华。员工始终在心里要默念一句话：我实在没有大的本事，但我有认真工作的态度。

以德胜洋楼的管理实际为蓝本，2005年安徽人民出版社首次出版了《德胜员工守则》一书。2013年，经过大幅修编，机械工业出版社再次出版发行。这部员工手册自正式出版发行，改版4次，重印35次，发行量超90万册。

公开发行的《德胜员工守则》

2011年，德胜洋楼的一些典型的管理实践经验被北京大学和清华大学的教授和学者翻译成英文、波兰文、马来西亚文、土耳其文、匈牙利文等，由外语教学与研究出版社以《中国人是如何管理企业的》为书名出版发行。

不同文字的《中国人是如何管理企业的》

为了进一步扩大公司的品牌影响力，公司在2007年、2009年、2014年和2016年还分别出版了《德胜世界》、《德胜管理》、《德胜规矩》和《做人做事看德胜》四本书，从不同角度介绍了德胜洋楼的创新管理和实践经验。

其他有关德胜洋楼管理的书籍

（二）产品和技术创新

德胜公司和旗下的住宅研究院，经过多年的研发和努力，共申请了960多项专利。

（三）管理制度

德胜制定了高层守则，这里选取其中的25条。
1. 德胜就做三件事：尊重人的尊严，遵守共同的规则，服务和影响他人。
2. 高级管理人员的配偶不能涉足财务工作。
3. 董事长、总经理不直接介绍人员入职公司，需要委托其他同事调查和

部分专利证书

了解后才能决定是否可以入职公司。

4. 同等条件下要任命与自己没有关系的同事；但处罚时恰恰相反，要加重处罚与自己有关系的同事，这样才能树立管理人员的信誉，才能让其他同事信服。

5. 记住一句话："我首先是一位出色的员工。"要求员工做到的，管理人员必须首先做到，而且要做得更好。

6. 不能推荐配偶在公司或子公司工作。在公司恋爱后结婚的，不能在同一个部门工作，这样才能保证公平。

7. 管理者必须要做到三件事：

（1）自己能做的事不要麻烦别人。

（2）提前5至10分钟到达预定会场。

（3）离开一个地方时，要把环境恢复如初。

8. 管理中提倡"少一事不如多一事"。

9. 提倡报忧不报喜。快乐的事早知道或晚知道没有关系，忧患的事情越早知道越好，并要及时排除隐患，以免后患。

10. 信息畅通的三个准则是：

（1）信息要准确，明白无误，不能含糊不清和似是而非。

（2）信息不可加工，是什么就是什么。信息传递必须直达着力点，不能忘记、丢失、错误、矛盾或改变。

（3）信息要快，要第一时间告知。反馈要及时准确，不能拖拉走样。

11. 管理上要掌握一个平衡。

（1）要把关爱给够：给予全体员工绅士的待遇，提高他们的自豪感和生活的品位，使他们由弱势群体变为让他人刮目相看的现代产业工人。

（2）要把丑话说透：教会员工像君子一样遵守制度，按制度执行，特别是告诉他们为什么要遵守制度。

12. 用雄鹰般犀利的眼睛、猎犬般敏锐的嗅觉、钢铁般坚强的信念、水晶般透明的情怀，检查管理中的每一个瑕疵，通过有效的手段和方法，把破坏价值观和管理理念的行为扼杀在萌芽状态。

13. 在管理上要防止"一讲就会，一做就错"的现象，因为某些人总觉得一个问题非常简单，结果是一做就错。

14. 在工作中一定要将复杂的问题简单化，一旦变成简单的问题，就要十分认真地加以解决。但是，简单绝不等于草率，复杂也绝不等于认真。

15. 事情要分为：容易的事和不容易的事，简单的事和复杂的事。容易的事里有复杂的事，简单的事里有不容易的事。既容易又简单的事是最省力的，但往往很难遇到。即使能遇到，可能这件事根本不重要。

16. 虽然共同的利益让我们走到一起来，但能够让我们长期相依为命的却是共同的价值观，那就是诚实、勤劳、有爱心、不走捷径。德胜公司永远要做高尚的公司、充满良知的公司、捍卫正义的公司。假如只有与邪恶为伍才能生存，公司哪怕选择关闭也绝不屈服。

17. 说到不如做到，要做就做最好。做到不说是伟人，做到再说是君子，光说不做那基本上是骗子。

18. 优秀工匠必须具备：

（1）超责任感：坚持原则，不信邪。

（2）遇到质量问题不妥协，没有商量余地。

（3）做事客观，处理事情古板。

（4）技术娴熟。

（5）有良好的家庭教育，勤奋诚实，对质量的要求苛刻。

（6）不会溜须拍马，没有欺上瞒下的习惯。

19. 必须是经过物业培训的合格人员才能提拔和重用。凡是想得到重用的人，无论他曾经多么辉煌，都要经过物业教官的培训，经过严格考核过关后，就等于认同了德胜洋楼的核心价值观。物业是与人的吃、住、行、游、养生、健康等最紧密联系的行业，只有通过了物业培训，员工做事才能注重细节、认真负责，才不会邋里邋遢，更不会让问题石沉大海，不闻不问。

20. 管理人员必须在某一个专业领域有一技之长。有一技之长的人，至少做事会更加一板一眼，分析问题和解决问题的能力会更胜一筹。

21. 管理人员必须有吃苦耐劳、超负荷工作的精神，并且还要一如既往、始终如一地坚持，不能三天打鱼两天晒网。

22. 必须从根源上解决问题，杜绝同样的问题再次发生。对发生的问题要举一反三，能补充进制度或程序的，要及时组织相关人员补齐相应的条款。亡羊补牢什么时候都不晚。

23. 思考问题的一般路径是：发现问题，然后去解决问题，落脚点在答案上。新的思维方式是：解决问题，是为了更好地发现问题，落脚点在问题上。虽然不一定是最优的解决方案，但是鼓励以多种策略去解决问题，而且发现更新的问题，提出更大、更新的挑战。

24. 对管理中的点点滴滴要不断地总结和提炼。总结的结果可以通过培训和教育、讲座、出版书籍等形式分享给更多的人。

25. 管理人员不能是自私的人，不能斤斤计较，而要明辨是非、善于思考、有独到见解等。

多年来，正因为德胜洋楼做到、践行了德鲁克提出的"生态利基战略"，持续落实德鲁克的把员工作为企业资源的理念……实践德鲁克倡导的企业管理要学会指引人，而不是控制人的思想，加上其他一系列管理制度和举措，德胜洋楼才得到了学术界、企业界和出版界的广泛认可，当之无愧地获得了"彼得·德鲁克中国管理奖"这一殊荣。

今后，德胜洋楼将一如既往地关注人文精神，努力打造更具生命活力的企业文化，并把文化内涵和管理制度不断渗透到全体员工的血液中，持续推进管理创新，努力成为具有强大文化和竞争力的中国企业！

跋

跋一
常云磊

与德胜洋楼的结缘始于 2021 年 9 月 15 日，当天我参与接待了清华大学的曲教授和香港中文大学富教授一行，对于多年从事高等教育的我来说，当时颠覆认知的是我国居然还有一家规模不大、但却成为众多国内外名校 EMBA 管理案例的建造企业。

任何企业都离不开人、事、物，企业必须要解决一切与人相关的问题。在人和事方面，德胜洋楼把发生在员工身上的一件件事像产品和技术一样对待，对事件发生的背景、缘由、过程及结果进行梳理。

这本书读起来令人津津有味，不像有些管理类书籍，把一些道理硬塞给读者。一本"大而化之"的管理学理论书籍随处可见，而如果严加推敲，许多时候就会发现一些理论经不起考验，不合理的地方太多。而本书所谈的管理全部都是来自作者的探索和实践，把他们自创的管理和打造企业文化的方法，结合管理科学，细致地揭示了出来，使管理更明白，更加有灵魂、有思想、有方向，有利于企业的可持续发展，对广大企业界朋友而言，具有重要的指导意义。

在读者看来，德胜公司从事传统建造业，面对的主要是普通的务工人员，但其在管理思维和创新方面一点也不保守，书中提到的社群数字经济，把普通迎来送往的人际交往变成数据化管理，这是符合时代发展的创意，是通过实践检验的切实可行的做法。

书中还提到了德胜洋楼的量子化管理。兼具物理学、哲学、宗教和心理学博士学位的英国人丹娜·佐哈尔女士，我曾经邀请她为国内 500 强企业讲座。她是一位优秀的管理大师，是量子领导力和管理思维的开拓者，她提出的"魂商"是让人类拥有创造的能力，改变规则或环境，超越条条框框。同时，她提出在不确定时代，从事企业经营的职场人士都需要学会量子管理，并成为一个量子领导者。量子领导者对于责任感的重视，对于道德愿景、想

---

[1] 常云磊，企业人才管理专家、商学课程架构师联盟主理人、北阿拉巴马大学苏州教学中心顾问、上海闻义教育科技有限公司总经理。

法、价值和目的感的认识统称为魂商。这种精神方面的资本，对一个企业来说比实物的资本更加重要。

本书还收录了日本河田信博士的《回归原点：丰田方式的管理会计》中的文章，读者可以好好去品读，对于面临复杂的国际环境，以及力图突围、谋求海外布局的企业有一定的帮助。

这是作者尽心撰写的一本好书，我有幸第一时间阅读，爱不释手。读者朋友可以像我一样去认真读一读这本书，也可以将拿来就用的方式方法引入自己的企业。

跋二

魏浩征

十多年前就久仰德胜洋楼大名。

当时一部《德胜员工守则》，让我吃惊不已：企业的员工守则，还能出版成书，而且卖得如此之好？

那时，我创办劳达咨询（2005年）时间不长，劳达的核心业务之一，正是帮助各种类型的企业制定和完善规章制度。2007年劳动合同法颁布后，员工手册审查与定制业务正是如日中天的时候。

坦白讲，当时我对《德胜员工守则》并没有什么特别的感觉，原因不是书不好，而是自己当时的认知还不够。当时的劳达咨询还停留在劳动法服务1.0和2.0的阶段，我的眼中只有人力资源合规与风控，还不懂什么叫"组织治理"，倘有人聊员工"自主管理"，我甚至会认为那是天方夜谭。

2018年，我读了《奈飞文化手册》《塞氏企业》，被书中所传达出来的管理哲学深深吸引。2019年，我们将全球自组织知名咨询服务机构——荷兰的塞氏研究院（Semco Style Institute）引入中国，劳达咨询由此进入到3.0和4.0的阶段。我们不但如饥似渴地吸收组织进化的各种思想，还在劳达咨询集团推动组织改革，循序渐进地导入了自组织的理念与方法，并用这套方法论体系帮助一些本土企业走上了高维的组织进化之路，取得了很好的效果。

后来有幸认识了赵雷先生，他送了我一本新版《德胜员工守则》，再度阅读后，感受已然完全不同了。

只有正确认知组织发展的底层逻辑，才能真正理解德胜洋楼的员工自主管理与组织治理。此次赵雷老师出版新书《德胜治理的人和事》，邀请本人写文推荐，我欣然应允，并有幸抢先拜读。

基于德胜洋楼的管理案例，书中提出了"R（尊重员工的尊严）、O（遵守统一的规则）、S（服务和影响他人）和E（员工自主管理）"的跨文化治理系统。在这个系统中，R带给员工的是安定感，O带来的是秩序感，S带来的是价值感，E带来的是归属感。

通过这个"ROSE"组织治理系统，我感受到的德胜组织治理机制是一个

---

① 魏浩征，劳达咨询集团及塞氏中国研究院创始人，"魏浩征聊自组织"视频号主理人，著作有《自驱型组织》《组织重启》等。

靠人性化体系支撑的系统，这个系统强调信仰、价值观、意识形态等因素对组织的影响，强调人文关怀与制度规则的融合。

在德胜的组织观中，企业更像是一个有着勃勃生机的社会体，组织与人之间、人与人之间是相互依赖、相互影响的。为了确保这种影响是正向的，德胜塑造了一个充分信任和尊重员工的企业文化。比如，德胜洋楼实行的员工自主管理——报销不需要领导签字、上下班不需要打卡、随意调休、议事和开会规则、听证会制度、运营经理选举制……体现的就是信任和尊重。正如德鲁克所说："管理的本质是激发人的善意和潜能。"那么，如何激发和释放人的潜能和善意？我认为，德胜是一个很好的学习样本。

在组织跨越不同生命周期的历程中，我们不断反思自己所需要的组织能力，包括员工思维、员工能力和组织治理方式等，一直探究的问题包括：企业之于创始人、员工的意义是什么？我们为什么而存在？我们耗时在工作上是为了什么？我们要往哪去？企业的归宿是什么？组织如何运转才能更加高效？我们如何才能做得更好、更快乐？……

开卷有益，相信《德胜治理的人和事》一定能给你启发。

跋 三

霍久磊

第一次认识赵雷老师，是在 2017 年 6 月份的一次德胜游学活动中。论坛上，作为主人公赵总向来宾致欢迎词，并对德胜作了系统性介绍。语言质朴，掷地有声，这是我对赵雷的第一印象。

出于职业习惯，赵雷老师分享的每一点，我都会从管理学的角度来审视，发现德胜的成功不是偶然，而是必然。因为，遵循规律做事，就会被规律奖赏；违背规律做事，就会被规律惩罚。德胜之所以能持续发展，并被诸多院校列为经典案例，就在于其遵循了管理学逻辑。正如今天红火的"淄博烧烤"，其底层逻辑都是遵循人性。

那天，赵雷老师作为"导游"带领我们参观德胜的各个部门，对各部门的特色，他都如数家珍。作为一家民营企业，德胜的诸多细节令人惊叹。这使我想到一本书《细节决定成败》，细致入微，德胜当之无愧。对照赵雷老师给我的"第一印象"——质朴，突然发觉员工和企业之间有着一股说不出来的相同味道——实在。以我从事企业管理培训十多年的职业敏感，发现赵雷和德胜之间有一种低调、坚韧、务实、敬业的共同基因。或许，这就是德胜成功的因素之一吧。

今天，赵雷老师把德胜的"人和事"浓缩在一本书中，使他在德胜的宝贵经验得以传承。让"系统"来做事，这是德胜管理学的又一应用场景。

我在课堂上给企业家学员诠释企业价值的时候，经常引用管理学之父彼得·德鲁克的话：组织的目的是让平凡的人做不平凡的事。这一点德胜做得尤为突出，被业界誉为"把农民工变成绅士"。坦白地讲，德胜做到了。

德胜管理的科学性、艺术性，落实以人为本的管理艺术，确实走在了时代的前头。这一点，赵雷老师是践行者，也是传承者。

赵雷老师通过本书一个个看似简单的案例，向读者诠释了一条条制度的形成，它们都源于生活。用心解读事件、提取规律、设计防范制度，这是真正的管理思维——"躬身入局、两脚沾泥"。很多"故事"在一般企业里发

---

① 霍久磊，徐州市软实力企业管理咨询有限公司董事长、中国诚信品牌高级 ETT 导师、中国培训师研究院特约研究员、教育部社区教研中心高级家庭教练，荣获中国培训业"金手指"奖、中国三师节"诚信10强"奖，任多家企业管理顾问。

生了就发生了，而德胜则是借此发现漏洞、弥补不足、完善系统。故此，德胜的成功，又是"系统建设"的成功。在我的总裁班上，我也曾跟企业家们分享过：发现一个问题，设计一个系统，解决一类问题。

不过，再完善的系统，如果企业没有高效的执行都等于零。

德胜创始人聂圣哲老师说：有人讲我们的企业文化是"把话说透，把爱给够"。错！我们的企业文化是"把丑话说透，把真爱给够"。对此，我非常认同。所谓"丑话"就是制度规定"不可为"的事。我们很多老板、高管往往喜欢含蓄，碍于情面，导致企业制度形同虚设，无法产生价值、效益。当企业不能因为高效执行而产生效益，又如何兑现"把爱给够"呢？如果"虚情假意"，员工还会认为老板不讲诚信，如此则会形成恶性循环。

所以，聂圣哲老师特别强调"丑话说透、真爱给够"，只有这样，企业战略、战术才能获得高效执行，从而收获价值、分配价值、员工满意、客户满意，企业获得良性循环！

聂圣哲老师还说过：管理的本质就是教育。透过本书，你会发现，德胜在勤于系统建设的同时，并非生搬硬套、野蛮执行，而是非常人性化地落地，做到了以人为本。那么，这种人性化的"软着陆"，恰恰能使员工得到教育和启发。当企业处处都流淌着"人情味，被关注、关爱、尊重"时，任何人心底的恶都不会滋生，当"正义"被伸张，"邪恶"就无处藏身，人心里的"真善美"就会茁壮成长。试想，在这样的氛围里工作，谁的效率会不高呢？

管理学之父彼得·德鲁克说："管理学是一门科学。"没错，企业家们要本着严谨的态度来研究管理学。同时，管理学又是"一门艺术"，因为它在不同企业的应用是灵活多变的，正所谓"本质千古不变，方法因企而异"。本书诸多生动的案例，值得大家细细品味和借鉴。

祝愿每一位读者透过"德胜的人和事"，早日完善自己企业的"人和事"，提升企业软实力，倍增企业竞争力。成为德胜，超越德胜。